ELOGIOS PARA *LA TORMENTA QUE SE AVECINA*

«En el corazón del nuevo e impactante libro de Al Mohler hay una verdad fundamental para todos nosotros: lo que creemos influye profundamente en nuestra forma de vida. La mayoría de los creyentes entienden ese argumento, incluso cuando tratamos de ignorar o no tener en cuenta el aumento del inflexible secularismo militante en cada rincón de nuestra cultura. El doctor Mohler muestra cómo el menoscabo de los valores religiosos influye en una serie de problemas nacionales agudos, desde el inicio de la vida hasta su final. *La tormenta que se avecina* presenta una advertencia oportuna que puede ayudar a los cristianos y sus aliados a entender y vencer algunas de las fuerzas amenazadoras que nos rodean cada vez más claramente».

—Michael Medved, presentador radiofónico,
autor de *God's Hand on America*

«En medio de nuestra decadencia cultural y moral, Albert Mohler destaca como uno de los pensadores y comunicadores más incisivos de esta generación. Sus talentos se muestran plenamente en *La tormenta que se avecina.* En este libro, Mohler analiza los innumerables desafíos a que se enfrentan los cristianos de hoy y prescribe con tino el camino más bíblico y fiel. Según Mohler, estos no son tiempos de desesperación, sino de sobriedad, convicción y valentía. Pido a Dios que este libro tenga muchos lectores y que se preste atención a este mensaje».

—Jason K. Allen, presidente del Seminario Teológico
Bautista del Medio Oeste y de la Universidad Spurgeon

«Los que vivimos en la edad moderna tardía somos testigos de un gran derrumbe, de que hay un centro que es posible que no se sostenga», advierte el doctor Albert Mohler en su nuevo libro *La tormenta que se avecina.* El doctor Mohler no es un alarmista. Por eso te digo: si Al Mohler está preocupado, tú también deberías estarlo. Y mucho. Este libro no es un llamado a las armas, sino un *grito del corazón* dirigido a todos los que aún no están cerrados a escuchar un argumento desde otra perspectiva sobre cualquier cosa. Mohler ha estudiado cuestiones difíciles y apenas puede encontrar una señal esperanzadora. Insisto: Preocúpate. Y mucho. Pero no te quedes paralizado. Lee. Piensa. Ora. Comienza con este libro y con todo lo que Al Mohler tiene que decir».

—Hugh Hewitt

«Nunca es fácil decirle la verdad moral y espiritual al poder político, económico y cultural. Sin embargo, según los diferentes momentos y lugares, es más difícil o menos. Hoy en día es muy difícil, lo que explica por qué hay tan pocos cristianos y otros dispuestos a hacerlo. Muchos predicadores, maestros y gente común guardan silencio. Algunos incluso ceden ante ideologías que son opuestas a las enseñanzas morales del cristianismo, y con frecuencia a las otras grandes tradiciones religiosas del mundo y a los principios de la ley natural y de los derechos naturales que han dado forma a lo mejor de nuestra historia cultural, incluida la fundación de los Estados Unidos como una nación "concebida en libertad y dedicada a la afirmación de que todos los hombres son creados iguales". Albert Mohler, sin embargo, no admite presiones para ceder o callarse. La suya es una voz cristiana profética y sin complejos que le dice la verdad al poder. Sus palabras deben ser escuchadas y atendidas en cada rincón de la comunidad cristiana».

—Robert P. George, profesor de jurisprudencia McCormick, Universidad de Princeton

«En *La tormenta que se avecina*, Albert Mohler aborda brillantemente la cosmovisión primaria del mundo, los desafíos culturales y morales de nuestros días, y nos muestra por qué es tan crucial que comprendamos estos temas. Reconociendo que con demasiada frecuencia los cristianos hemos tenido problemas para ver las amplias implicaciones de estos asuntos, este oportuno y teológicamente bien compuesto volumen nos permite ver con mayor claridad cómo ha avanzado la secularización en todas las esferas de la vida. Además, Mohler, uno de los pensadores cristianos más incisivos del siglo veintiuno, presenta comentarios culturales sabios y perspicaces relacionados con una advertencia urgente sobre lo que realmente se están jugando los individuos, las familias, las iglesias y la cultura en general. Este excelente libro debería ser una lectura esencial para pastores, educadores cristianos y laicos de todo el país. ¡Altamente recomendado!».

—David S. Dockery, presidente de la Alianza Internacional para la Educación Cristiana y profesor distinguido de Teología del Seminario Teológico Bautista del Suroeste

«El nuevo libro de Al Mohler es para todas las personas preocupadas por la creciente marea del secularismo occidental, sobre todo en lo que afecta a la iglesia. Su capítulo sobre la iglesia cita la guerra interna en mi propia denominación, la Metodista Unida, sobre el matrimonio y la sexualidad, que debería servir de advertencia a todos los cristianos sobre lo que significa poner en compromiso las enseñanzas éticas cristianas históricas. La teología y la ética heterodoxas ya no son una amenaza solo en las denominaciones liberales históricas. Ahora son un remolino que está dentro de las iglesias evangélicas. Mohler nos recuerda que estas mareas pueden formar un remolino, pero no afectarán a la Roca».

—Mark Tooley, presidente del Institute on Religion and Democracy

LA TORMENTA QUE SE AVECINA

EL SECULARISMO, LA CULTURA Y LA IGLESIA

R. ALBERT MOHLER JR

Vida

La misión de Editorial Vida es ser la compañía líder en satisfacer las necesidades de las personas con recursos cuyo contenido glorifique al Señor Jesucristo y promueva principios bíblicos.

LA TORMENTA QUE SE AVECINA
Edición en español publicada por
Editorial Vida – 2021
Nashville, Tennessee

Este título también está disponible en formato electrónico.

Originalmente publicado en Estados Unidos de América con el título:
The Gathering Storm
Secularism, Culture, and the Church

Editora en Jefe: *Graciela Lelli*
Traducción: *Juan Carlos Martín Cobano*
Adaptación del diseño al español: *Setelee*

ISBN: 978-1-40022-990-1
ebook: 978-1-40022-991-8

CATEGORÍA: Religión/ Vida Cristiana/ Problemas Sociales

IMPRESO EN ESTADOS UNIDOS DE AMÉRICA
PRINTED IN THE UNITED STATES OF AMERICA

21 22 23 24 25 LSC 9 8 7 6 5 4 3 2 1

Dedicado a Katie y Riley Barnes

Hace unos años tuve el honor de presentar
a la feliz congregación a
«el señor y la señora Riley Barnes».
Nuestra hija y su marido se unieron en matrimonio,
dándonos un nuevo hijo y miembro de nuestra familia,
así como una nueva manifestación de fe, esperanza,
felicidad y amor. Desde entonces, nos han bendecido
de innumerables maneras, pero Mary y yo tenemos
dos regalos que superan a todos los demás.
Gracias por permitirnos compartir la inimaginable
alegría de amar a Benjamin y Henry como nietos,
y por ser unos padres tan maravillosos.
Su dulce hogar está lleno del amor de Cristo y
por la iglesia, y de una constante hospitalidad.
Juntos, son un oasis de alegría.
No podríamos estar más orgullosos y agradecidos.

Con amor eterno, papá

CONTENIDO

PRÓLOGO

El doctor Albert Mohler, uno de los atalayas más agudos del mundo evangélico de hoy, ha entregado a la iglesia contemporánea una visión sobria del presente, la cual nos permite avizorar una tormenta ya formada que viene en dirección nuestra a gran velocidad. La tormenta es moral, pero las repercusiones son evidentes en todas las esferas de la sociedad.

Los antivalores que la sociedad de Occidente rechazó por milenios han ascendido, y los valores que la sostuvieron en suspenso durante el mismo período han descendido. Es interesante verlo de esta forma porque los estudiosos de las tormentas climáticas nos dicen que, en la formación de estos fenómenos, la acción del aire caliente que asciende y del aire frío que desciende juega un papel clave en la formación de tormentas eléctricas severas. Esto permite ilustrar la caída de unos valores y el ascenso de otros antivalores que dan origen a la tormenta que se avecina.

No nos encontramos en el lugar actual por accidente, ni tampoco de manera sorpresiva. Es indudable que la cultura occidental ha mostrado una caída en los últimos cincuenta años que se ha acelerado en las últimas dos décadas, tal como lo demuestra el análisis de este libro.

El doctor Mohler nos muestra cómo la llegada de la modernidad marcó el inicio de una pendiente resbaladiza ineludible. Mientras la ciencia florecía, las mentes educadas iniciaron una campaña de «evangelización» secular en la que proponían a la ciencia como la única fuente de verdad reconocida en la arena pública. Los valores religiosos comenzaron a ser considerados más bien como sentimientos y opiniones que debían quedar relegados al mundo de lo privado. La verdad ya no era vista como un todo integrado, sino que fue dividida en dos terrenos profundamente separados: el campo de los hechos (ciencia) y el terreno de los valores (religión / moralidad).

En *La tormenta que se avecina*, el autor señala que esa división es el fruto del rechazo de la revelación de Dios. Si no hay revelación, solo nos queda la razón. Por lo tanto, la razón pasó a ser la nueva diosa de la humanidad.

La historia del desarrollo de Occidente es, en gran medida, la historia del impacto de los valores cristianos en esta parte del globo. La fortaleza de dichos valores fortaleció nuestra sociedad. Cuando los valores cristianos (los pilares de la sociedad occidental) quedaron relegados a un segundo plano, todas las áreas de la sociedad fueron afectadas. Por lo tanto, la remoción de la columna vertebral de la anatomía social traería como consecuencia el colapso de la sociedad.

Desde el nacimiento del movimiento moderno, la sociedad se ha ido distanciando cada vez más de la idea de un Dios Creador en contacto con su creación; la evidencia es un rechazo cada vez más militante a la revelación de ese Dios. El resultado ha sido la secularización de la mente de los ciudadanos. Un pensamiento secularizado traería como consecuencia la secularización del estilo de vida en general, como vemos hoy. El capítulo uno, «La tormenta que se avecina sobre la civilización occidental», desarrolla esto que acabamos de mencionar.

Mohler explica que esta secularización también ha impactado a la iglesia occidental que ha terminado produciendo una teología liberal, incapaz de salvar al ser humano de su propia corrupción. La Biblia perdió su infalibilidad y, con ello, su autoridad, pasando a ser solo un conjunto de principios, a lo sumo, convenientes. Esta dejó de ser vista como un conjunto de valores entregados por Dios para interpretar el mundo y para que vivamos de una manera que nos permita florecer para su gloria, nuestra libertad y gozo (cap. 2).

Este movimiento también ha dejado sus huellas sobre la dignidad de la vida humana, dejándonos como frutos el aborto, la eutanasia y la desvalorización de la vida humana en todos sus aspectos (cap. 3).

Cuando la vida humana pierde su valor, es lógico pensar que el matrimonio y la familia perderían su peso. Por ejemplo, Francia legaliza el matrimonio del mismo sexo en el año 2013 y Estados Unidos lo hace dos años después. Ahora vemos cómo los padres comenzaron a perder autoridad sobre sus hijos y el Estado comenzó a legislar para ejercer cada vez más autoridad sobre dichos hijos (caps. 4 y 5). Es como si hubiésemos vuelto a las ideas de Rousseau, que postuló que el Estado debía ser el ente responsable de la educación de los hijos.

Aun para muchos que se identifican como cristianos en medio de esta revolución secular, el Dios de la Biblia y su revelación han perdido relevancia. Cuando se quita a Dios del escenario, lo único que queda es el individuo independiente con todos sus deseos y pasiones sin restricción alguna. Eso llevó a cambiar totalmente la idea sagrada que hasta ahora tenía la sociedad sobre la sexualidad. Ahora se vende la idea de que el sexo se define por los órganos genitales, mientras que el género es la forma en que la persona se percibe o se siente con respecto a sí misma. En un mundo individualista donde reina la irracionalidad, las leyes han sido cambiadas para afirmar algo que solo cincuenta años atrás hubiese parecido un absurdo (cap. 6). Pensar que les otorgaríamos a niños de diez años el derecho a tomar la decisión de que les realicen una cirugía y de recibir hormonas para un cambio de sexo hubiese parecido descabellado hace unos pocos años, pero en nuestros días parece algo avanzado.

Albert Mohler nos demuestra cómo esta tormenta destructora ha sido preparada para afectar a las generaciones futuras y para constituirse en los motores propulsores de los cambios cataclísmicos de la cultura actual y la del futuro (caps. 7 y 8).

Esta revolución percibe a la iglesia de Cristo como la oposición o la resistencia a esos profundos cambios y, por lo tanto, la secularización de la sociedad ha comenzado a demandar que esa iglesia sea silenciada para que el movimiento pueda avanzar sin obstrucción (cap. 9).

Aquellos de nosotros que conocemos al doctor Mohler podemos testificar que no estamos frente a un alarmista inexperto, alguien simplemente desinformado o un pensador miope. Más bien, este libro nos ofrece el análisis de alguien que habla con mucha experiencia, que posee una vasta información y que tiene la visión de un atalaya extraordinario, que con sabiduría nos aconseja acerca de cómo navegar sin naufragar en tiempos difíciles. Por esta razón, tengo la convicción de que todo líder y persona pensante de nuestra sociedad necesita leer este tipo de advertencia. Mi consejo es: lee este libro con avidez y promueve su lectura.

MIGUEL NÚÑEZ

INTRODUCCIÓN

Se avecina una tormenta

Desde que estaba en octavo grado, Winston Churchill ha sido una figura que me fascina e inspira. Fue uno de los grandes líderes de la historia, y también una de las personalidades más interesantes. Vivió su vida en el escenario de la historia, y creía que estaba desempeñando un papel importante en ese escenario. De hecho, sin él no podríamos hablar de la supervivencia de la libertad en la era moderna.

Siempre me ha intrigado una gran pregunta: ¿cómo pudieron las proféticas advertencias de Winston Churchill sobre la amenaza nazi ser tan correctas y sin embargo tan ignoradas durante tanto tiempo? Esa es una de las grandes paradojas del siglo veinte.

Durante la mayor parte de los años treinta, Churchill fue un paria político en Gran Bretaña. Fueron sus «años del desierto», cuando Churchill advirtió del ascenso de la Alemania nazi y la clase política británica (y de la mayor parte de Europa) estaba decidida a no ver lo que él veía. Los horrores de la Primera Guerra Mundial eran todavía demasiado recientes y abrumadores.

Pero Churchill tenía razón, y por eso lo repusieron en el gobierno el mismo día en que Gran Bretaña declaró la guerra a Alemania y finalmente actuó para detener el progreso de la agresión nazi. Por eso, en 1940, el rey Jorge VI convocó a Churchill al Palacio de Buckingham y le pidió que fuera primer ministro. El resto es historia.

En su vasta historia de la guerra en seis volúmenes, Churchill tituló el primero «The Gathering Storm» (La tormenta que se avecina), que cubre los largos años de negación de la amenaza nazi en

Europa. El título me llamó la atención hace años. Churchill eligió las palabras perfectas. Estaba documentando una tormenta que se estaba gestando a la vista del público para que todos la vieran, si es que *querían* verla. Para resumir, Churchill describió el volumen como la historia de «cómo los pueblos anglófonos, por su falta de sabiduría, su negligencia y su buen talante, permitieron que los malvados regresaran».[1] Y, por supuesto, se rearmaran.

He tomado prestado el título de Winston Churchill porque veo una tormenta en ciernes que ya se presenta como un enorme desafío a la fidelidad de la iglesia cristiana. En realidad, esta tormenta lleva más de un siglo en el horizonte y abriéndose camino a través de la historia, pero en nuestros días lo hace con un dramático refuerzo y aceleración. Es la tormenta en ciernes de la era secular.

Las analogías históricas son siempre imperfectas. La tormenta de la era secular no es tan fácil de identificar como el surgimiento de la amenaza nazi, ni está centrada en un movimiento, un líder, o ni siquiera un conjunto de ideas fáciles de resumir. Pero, no te confundas, es una tormenta.

Mi idea principal al tomar prestado el título de Churchill es tomar también su argumento principal: la primera tarea de la fidelidad está en la comprensión de la realidad. Entender la tormenta y verla tal como es se convierte en un primer paso necesario.

El carácter cada vez más secular de nuestra época presenta a los cristianos un nuevo y abrumador conjunto de desafíos. Hemos sido testigos del desplazamiento del cristianismo dentro de la cultura de las naciones en toda Europa Occidental y Canadá, y ahora también en Estados Unidos. En Estados Unidos, podemos fácilmente señalar las robustas cifras de asistencia a la iglesia en algunos sectores y el hecho más general de que la mayoría de los estadounidenses todavía afirma tener, en cierto sentido, una identidad cristiana, pero esas cifras están cayendo rápidamente.

En octubre del 2019, el Pew Research Center publicó un nuevo e importante informe: «En Estados Unidos, el declive del cristianismo continúa a pasos agigantados». La investigación indica que, aunque el 65 % de los estadounidenses se identificaban como cristianos cuando se les preguntó sobre su religión, en realidad eso significaba una disminución del 12 % en solo diez años.[2] Es fácil proyectar los cálculos hacia el futuro. El declive de la identidad cristiana es particularmente pronunciado entre los estadounidenses más jóvenes, y un tercio de los que tienen treinta y cinco años o menos no posee ninguna afiliación religiosa. Los estadounidenses hemos creído por mucho tiempo que éramos una nación excepcional y que la secularización era una realidad europea, no nuestra. Ya no podemos permitirnos esa ilusión. Estados Unidos está en la misma trayectoria, solo que con un horario algo retrasado.

La palabra más familiar para el proceso que estamos presenciando es «secularización». Los estudiosos debaten con ahínco sobre el término, pero apunta a un proceso que se ha ido afianzando en las sociedades modernas desde los albores de la era moderna. No significa que todas las personas de estas sociedades se vuelvan verdaderamente seculares o irreligiosas, pero sí significa que el cristianismo, que forjó la cosmovisión moral y espiritual de la civilización occidental, está siendo desplazado. La sociedad se está secularizando de forma progresiva.

La edad secular no la pueblan necesariamente personas que se identifican como seculares. Pueden considerarse «espirituales» e incluso pueden mencionar su pertenencia a una religión como rasgo de identidad familiar. La cuestión clave es que la sociedad está lejos del teísmo cristiano como explicación fundamental del mundo y como estructura moral de la sociedad humana. Las afirmaciones de la verdad cristiana han perdido toda autoridad vinculante en la cultura, y esa pérdida de esa autoridad vinculante es el hecho más importante. La mayoría de las personas seculares no afirma una identidad secular beligerante, pero el cristianismo bíblico ya no tiene peso en su conciencia ni fundamenta sus valores fundamentales.

Oliver Roy, un destacado observador de la secularización en el contexto europeo, razona con acierto que el debate sobre la teoría de la secularización pierde de vista el punto esencial: que las sociedades occidentales están siendo progresivamente «descristianizadas». Tristemente, como él mismo señaló: «La descristianización nunca da un paso atrás».[3]

A veces, el proceso se debe a las exigencias de los secularistas, que ven la creencia en Dios como un gran obstáculo para el progreso humano. En su mayor parte, el verdadero desafío no es el laicismo, sino la secularización, un proceso que se da en una sociedad que en gran medida carece de debates o advertencias. La autoridad vinculante del teísmo cristiano, la comprensión bíblica de Dios y el mundo, se desvanece, reemplazada por una nueva cosmovisión.

En su reciente libro, *Dominio: una nueva historia del cristianismo*, el historiador Tom Holland sostiene que no puede concebirse nuestra civilización sin el papel central del cristianismo. Continúa argumentando que ni siquiera nuestra época secular puede entenderse sin el marco histórico del cristianismo. En su libro, documenta el surgimiento de los principales movimientos morales y políticos de los tiempos modernos y plantea que son extensiones de iniciativas morales cristianas, aun cuando su ideología básica sea secular. En una frase llamativa, escribió: «El cristianismo, al parecer, no necesitaba cristianos de verdad para que prosperaran sus supuestos».[4]

Esa frase no tiene sentido para un creyente cristiano. Es simplemente falso que la moral cristiana pueda existir mucho tiempo sin la creencia cristiana. La influencia residual del cristianismo bíblico en la cultura general existió durante algún tiempo, pero las presiones de la edad moderna reciente, y sobre todo de la revolución sexual, están erosionando y oponiéndose abiertamente incluso a esa influencia residual.

Holland tiene razón en que nuestra cultura, incluso en su actual forma secularizada, no puede entenderse sin el cristianismo. Pero, a estas alturas, está claro que los que mandan en nuestra cultura están haciendo todo lo posible para negar esa historia y para marginar la cosmovisión cristiana en la sociedad dominante.

La era secular firma cheques que no puede hacer efectivos. Afirma que defiende los derechos humanos, aun cuando socava cualquier argumento a favor de la dignidad humana y los derechos naturales. Inventa nuevos derechos (como el matrimonio entre personas del mismo sexo) a expensas de los derechos fundamentales (como la libertad religiosa). Afirma tener una alta visión de la dignidad humana, pero aborta a millones de seres humanos no nacidos. Y la lista continúa.

Hace medio siglo, el intelectual alemán Ernst-Wolfgang Böckenförde presentó lo que ahora se conoce como el «Dilema de Böckenförde»: «El estado libre y secularizado ¿existe sobre la base de supuestos normativos que él mismo no puede garantizar?».[5] Ese es un dilema central de nuestros tiempos. Si se la separa de la cosmovisión cristiana que la dio a luz, la cosmovisión occidental moderna no puede justificar la dignidad humana, los derechos humanos ni cualquier sistema objetivo de qué está bien o mal. Como advirtió el teólogo cuáquero D. Elton Trueblood hace muchos años, Estados Unidos y sus aliados se estaban convirtiendo rápidamente en «civilizaciones como flores cortadas», las cuales, separadas de las raíces cristianas, estaban destinadas a marchitarse y morir.[6]

Existe ahora un fuerte debate entre los teólogos conservadores y los teóricos políticos sobre la cuestión de la tradición liberal clásica que se convirtió en el marco del concepto de libertad que ha sido atesorado por lo que Churchill llamó «el mundo anglófono». Esta tradición se convirtió en el argumento central de la libertad ordenada y el autogobierno constitucional de las tradiciones políticas británicas y estadounidenses. Pero el liberalismo clásico (del que proceden tanto los argumentos políticos conservadores como los liberales en Estados Unidos) se viene abajo.

Un hecho central de la tormenta que se avecina es el liberalismo moral, que no puede explicarse sin la descristianización de la sociedad. El liberalismo moral se ha convertido en el compromiso moral dominante de los sectores más influyentes de la sociedad estadounidense, desde las universidades hasta la industria del entretenimiento y los centros artísticos, pasando por los medios de comunicación y los titanes de Silicon Valley. Según parece, ser hipermoderno es también ser hiperliberal en la cosmovisión moral.

¿Los cristianos creen suficiente verdad bíblica como para soportar el liberalismo moral de esta época? Las formas culturales del cristianismo han sido en gran medida descristianizadas y domesticadas, y el cristianismo nominal está desapareciendo rápidamente. Unirse a una congregación definida por la verdad bíblica no aporta ningún capital social. Al contrario, ser miembro de una de ellas mermará dicho capital. El protestantismo liberal es la quintaesencia del cristianismo cultural, y hace mucho que la cultura prevaleció sobre el cristianismo. ¿Están los evangélicos y otros cristianos conservadores de Estados Unidos preparados para ser tenidos por enemigos del régimen?

El politólogo Patrick J. Deneen entiende que el liberalismo político y moral carece ya hasta de la conciencia de sí mismo necesaria para reconocer el abismo. Dicho en sus palabras: «La quiebra de la familia, la comunidad y las normas y las instituciones religiosas, especialmente entre quienes menos se han beneficiado de los avances del liberalismo, no ha empujado a los descontentos con el liberalismo a intentar la restauración de dichas normas. Eso supondría un esfuerzo y un sacrificio improbables en una cultura que devalúa ambas cosas».[7]

Una de las grandes virtudes de Winston Churchill fue su capacidad de ver la tormenta y luego reunir el coraje y la convicción para enfrentarse a ella. Ese es el desafío al que se enfrentan los cristianos de Estados Unidos hoy: ver la tormenta y entenderla, y luego manifestar la valentía para enfrentarse a ella. Debemos ver la tormenta y entenderla, si queremos ser fieles a Cristo en esta era secular.

Tal como Churchill observó al cerrar el primer volumen de su gran historia de la Segunda Guerra Mundial: «Los hechos son mejores que los sueños».[8]

UNO

LA TORMENTA QUE SE AVECINA SOBRE LA CIVILIZACIÓN OCCIDENTAL

Era como si la civilización occidental estuviera ardiendo, justo ante nuestros ojos. La gran catedral conocida durante siglos como Notre Dame de París ardió en una noche de abril, y los daños fueron catastróficos. La majestuosa catedral que había simbolizado a París durante más de novecientos años era una brasa encendida.

La imagen icónica de Notre Dame es más que una proeza del ingenio arquitectónico; la catedral se erigió como un monolito esencial de la civilización occidental, que señalaba el papel central del cristianismo en el desarrollo de la identidad europea. De hecho, el diseño de su estructura marcó el surgimiento de la arquitectura gótica, un estilo arquitectónico destinado sobre todo a comunicar la trascendencia y la gloria de Dios. La arquitectura gótica pretende que la persona que se adentre en su espacio se sienta pequeña, casi *infinitesimal*. Las aparentemente interminables líneas perpendiculares dirigen los ojos hacia arriba incluso ante la impresión que deja la magnitud del espacio. El mensaje que enviaba la arquitectura de las catedrales estaba claro: el cosmos habla de la gloria de Dios.

Las grandes catedrales de Europa, y sus sucesoras en otros lugares, tenían el propósito de declarar en términos descomunales la identidad cristiana a toda la sociedad. Durante siglos, las catedrales y sus altísimas torres y agujas dominaron el paisaje de Europa. El mensaje sería claro.

La relevancia del incendio de Notre Dame en la crisis de la civilización occidental estaba ahí a la vista de todos, pero pocos parecían verla. La historia de la civilización occidental no puede contarse sin las catedrales de Europa. Que catedrales como Notre Dame dominaran durante siglos el horizonte de las ciudades europeas señala el papel central del cristianismo a la hora de proporcionar la cosmovisión que hizo posible la civilización occidental. Los principios básicos de la teología y la ética cristianas construyeron la superestructura de la cultura europea, aportando su moralidad, las afirmaciones básicas de la verdad, la comprensión del cosmos y el lenguaje del significado.

Y todo eso estaba en llamas, pero la amenaza a los valores de la cultura occidental ya llevaba tiempo encendida.

La historia de Notre Dame relata la erosión del dominio del cristianismo sobre la civilización occidental. La tormenta en ciernes del secularismo puede contarse con el relato de la catedral más famosa del mundo. Más allá de las piedras y el mortero, la historia de Notre Dame capta la pena del secularismo y de su corrosiva determinación de exterminar la influencia de la cosmovisión cristiana.

Una historia de los tiempos

Cuando la Revolución francesa arrasó las calles de París, los revolucionarios radicales procuraban erradicar la herencia cristiana de Francia. El 10 de octubre de 1793, los revolucionarios marcharon hasta Notre Dame y sustituyeron la estatua de la virgen María por una estatua a la diosa de la razón.

De ese modo, una sociedad enmarcada, forjada y fundada sobre la cosmovisión cristiana trataba de limpiarse de todo vestigio cristiano. La Revolución francesa seguía una visión radical de una cosmovisión secular gobernada no por la creencia religiosa, sino por el culto a la razón. Pero, como era de esperar, el culto a la razón fracasó, no pudo mantener el movimiento revolucionario. Cuando la Revolución francesa destronó a Dios, sumergió a la sociedad francesa en «El terror», un caos de locura y asesinatos. La revolución reveló la absoluta insuficiencia del laicismo para establecer una civilización y ordenar una sociedad.

Así, en 1794, el llamado culto al Ser Supremo reemplazó al culto a la razón. Esto no significó de ninguna manera un regreso de los franceses al Dios de Abraham, Isaac y Jacob, no volvieron al Dios trinitario de la Biblia. Más bien, los franceses crearon un nuevo dios a su propia imagen. Crearon una nueva deidad cósmica que esperaban que sirviera como el control necesario sobre las pasiones revolucionarias.

Luego, en 1801, Napoleón devolvió a la Iglesia Católica Romana el estatus de religión nacional de Francia, pero lo hizo como una maniobra puntual. La Iglesia estaba subordinada al régimen autocrático y totalitario del emperador Napoleón Bonaparte. No le concedió autonomía en su imperio, pero comprendió el valor de la Iglesia como una institución de moralidad, que le parecía necesaria para una sociedad bien ordenada. Napoleón veía la tradición cristiana de manera pragmática, como una herramienta para mantener el orden, y no como base de una cosmovisión de la sociedad. De hecho, a principios del siglo veinte, el gobierno francés incluso reclamó la propiedad de las principales iglesias de Francia, incluida Notre Dame.

Por lo tanto, es el estado francés el que debe reconstruir Notre Dame, no la Iglesia Católica Romana. Aunque la Iglesia Católica utiliza la catedral para sus funciones religiosas, no es propietaria de ella. Además, los franceses tienen ahora un gran debate sobre el futuro de la catedral. ¿Volverá a su grandiosidad formal o se convertirá ahora en un monumento a la confusión posmoderna? Lo más probable es que sea lo segundo.

Cuando la tormenta del laicismo truena en el horizonte, a menudo parece algo sin importancia, nada temible, un mero cambio de clima. Pero el laicismo seducirá a una civilización para que se aleje de los mismos cimientos sobre los que se irguió durante siglos. La historia de Notre Dame apunta al final del secularismo: lo que una vez fue un testimonio de la centralidad del cristianismo en la cultura es ahora sobre todo un monumento civil y un símbolo del nacionalismo francés. De hecho, cuando el presidente francés Emmanuel Macron realizó su declaración, lamentó la pérdida de un tesoro nacional, en un sentimiento carente de reflexión teológica y ajeno al significado de la catedral dentro de la herencia cristiana de la nación.

Esto ya no es una respuesta sorprendente, y el patrón no se limita a Francia. Algo fundamental ha reformado toda nuestra cultura. En Europa, el proceso está ahora muy avanzado, y la descristianización de las sociedades europeas es ya una realidad en gran medida en Canadá, donde la sociedad, a este respecto, se parece mucho más a Europa que a Estados Unidos, que está justo al otro lado de su frontera. En Estados Unidos, podemos ver el mismo proceso ahora en marcha, y acelerando. Con el tiempo, este proceso reformará toda la cultura. Está sucediendo ahora mismo, justo ante nuestros ojos.

El avance secular

El nuevo entorno cultural y moral de Occidente no surgió de un vacío. Los enormes cambios intelectuales han dado y vuelto a dar forma a la cultura occidental desde el amanecer de la Ilustración. En el corazón de este gran cambio intelectual hay un replanteamiento secular de la realidad.

La palabra «secular», en términos de conversación sociológica e intelectual contemporánea, se refiere a la ausencia de cualquier autoridad o creencia teísta vinculante. Es tanto una ideología, que se conoce como *secularismo*, como una consecuencia, que se conoce como *secularización*. Esto último no es una ideología; es un concepto y un proceso sociológico por el cual las sociedades se vuelven menos teístas, y en nuestro contexto esto significa menos cristianas en el panorama general. A medida que las sociedades entran en una modernidad más profunda y progresiva, salen de una situación en la que la creencia religiosa —concretamente, la creencia en el Dios de la Biblia— proporcionaba la autoridad que mantenía unida a la sociedad y aportaba una moral común, un común entendimiento del mundo y un concepto común de lo que significaba ser humano. Las sociedades secularizadas se dirigen a una realidad en la que cada vez habrá menos creencia teísta y menos autoridad hasta que apenas quede memoria de la existencia de tal autoridad vinculante.

La secularización de Europa se ha producido a lo largo de más de doscientos años. Lo que comenzó como un juego de salón de los filósofos se ha convertido ya en el motor ideológico de la sociedad. En Europa, acontecimientos como la Revolución francesa aceleraron el proceso, pero también lo hicieron las dos devastadoras guerras mundiales del siglo veinte. Por muchas razones, Estados Unidos no siguió el programa de secularización de Europa. Durante al menos un siglo, Estados Unidos resistió la secularización de la sociedad occidental de maneras que dejaron perplejos a muchos intelectuales. En algunos países escandinavos, menos del 2 % de las personas asiste regularmente a la iglesia, mientras que se estima que el 40 % de los estadounidenses al menos afirma asistir con regularidad a la iglesia. La gran mayoría de los estadounidenses afirma al menos que cree en Dios. Esas estadísticas han llevado a muchos cristianos de Estados Unidos a creer que la mayoría de los estadounidenses comparte las mismas creencias generales sobre Dios, la moralidad y el significado del mundo.

Sin embargo, hay un sector de la vida pública del país que ha seguido el ritmo de la secularización de Europa: las universidades. Si la secularización consiste en última instancia en la evaporación de la creencia religiosa y de su autoridad, entonces este proceso ha triunfado en la cultura universitaria estadounidense. Cuanto más se acerca uno a la mayoría de las universidades de nuestro país, más se acerca a un espacio público laico, un lugar laico desde el punto de vista intelectual. Además, los motores de la cultura son las élites intelectuales. ¿Y dónde se aglutinan para una influencia óptima sobre los jóvenes? En el campus de la universidad. La clase intelectual y las élites académicas, que representaban una visión mucho más radical de Estados Unidos que la que la mayoría del país entendía, veían dónde estaba el futuro: en la juventud.

La secularización que Estados Unidos ha evitado en gran medida en el pasado está viva en sus instituciones de enseñanza superior y se ha liberado en la nación a lo largo de muchas generaciones sucesivas de estudiantes cuya visión del mundo ha sido moldeada por las élites intelectuales seculares. Así, las condiciones intelectuales de Estados Unidos son cuantitativa y cualitativamente diferentes de las que dominaban en la cultura hace apenas veinte años. La tormenta de pensamiento secular que ha inundado las naciones de Europa se ha extendido ahora sobre el Atlántico. Ya podemos ver los efectos en nuestra sociedad, con una revolución en la moral, la ética y la cosmovisión total en el horizonte.

Los pensadores estadounidenses y europeos que primero trataron de entender lo que estaba sucediendo pensaban que la decadencia de la religión —en particular, el cristianismo— era un proceso que la edad moderna desencadenaría de forma automática. Ser moderno sería abandonar la creencia en Dios. La vieja moral cristiana se desharía y sería reemplazada por una nueva moral secular, que incluye una nueva moral sexual.

Pero el duro ateísmo y agnosticismo característico de las élites intelectuales y políticas no fue seguido por la población en general. En cambio, lo que ocurrió entre los milénicos fue el avance de una gran indiferencia religiosa. En palabras de Stephen Carter, profesor de Derecho en la Universidad de Yale, Dios se convirtió en una afición, con cada vez menos aficionados serios.[1]

Peter Berger, uno de los más agudos estudiosos de la secularización, llegó a la conclusión de que Estados Unidos se estaba secularizando, pero siguiendo un patrón diferente al de Europa.[2] Como Berger ha explicado, en los Estados Unidos del siglo veintiuno, el cristianismo y la religión en general se transformaron en algo no cognitivo y opcional. Las creencias y doctrinas perdieron importancia y con frecuencia retrocedieron en significado. Como resultado, se perdió la autoridad vinculante de la tradición moral cristiana o de cualquier tradición religiosa. En consecuencia, muchos de nuestros amigos y vecinos siguen profesando la fe en Dios, pero esa profesión está cada vez más vacía de cualquier autoridad moral o contenido intelectual serio. Mirando desde fuera, Estados Unidos no parecía estar secularizándose al mismo ritmo que Europa. Sin embargo, la realidad es que las profesiones de fe en Dios tenían cada vez menos sustancia teológica o espiritual real. Estados Unidos está cayendo en su propio momento Notre Dame; y nuestra propia sociedad es mucho más secular de lo que la mayoría de los estadounidenses cree. Ahora, las tendencias dominantes en nuestro país apuntan a una secularización mucho más agresiva en el futuro. Estados Unidos está empezando a parecerse a Europa, y parece que la está alcanzado rápidamente.

Berger predijo que el colapso de los compromisos religiosos conscientes, junto con la ruptura de la autoridad vinculante, llevarían a que, ante la oposición cultural, la creencia en Dios o los principios religiosos capitularía rápidamente ante la agenda secular, que es justo lo que está sucediendo en la cultura general. Hace solo diez años, casi todas las encuestas mostraban que la mayoría de los estadounidenses se oponía al matrimonio entre personas del mismo sexo. Sin embargo, en nuestros días, hay una mayoría —que incluye a muchos de los mismos encuestados hace una década— que ha emitido un juicio moral opuesto sobre el mismo tema. Tal como Berger explicó, cuando la marea cultural se volvió en contra de los compromisos religiosos vacíos de nuestra sociedad, la gente no tuvo ningún reparo en dejar a un lado su juicio moral sobre la homosexualidad para mantener su posición social. Adaptaron sus creencias religiosas y sus juicios morales para estar «en el lado correcto de la historia», tal como lo dirigían los progresistas de la cultura.

Uno de los acontecimientos más claros de las dos últimas décadas ha sido la inevitable colisión entre la libertad religiosa —la «libertad primera» y más preciada de Estados Unidos— y las recién inventadas libertades sexuales. La colisión más urgente la provocó la legalización del matrimonio entre personas del mismo sexo por parte del Tribunal Supremo en el 2015. En los últimos años, ha quedado claro que todo el movimiento LGTBQ representa un claro desafío para cualquiera que se aferre a la posición histórica y bíblica sobre la moral sexual y el matrimonio.

Así pues, el telón de fondo de las elecciones presidenciales del 2020 revela aún más el omnipresente secularismo que redefine los fundamentos tradicionales de la civilización occidental. Las primarias demócratas han subrayado especialmente el ritmo de las demandas del laicismo. Muchos de los candidatos se presentaron lo más a la izquierda posible, tratando de superarse unos a otros en posiciones radicales que habrían sido impensables en su partido hace solo cuatro años. ¿En qué realidad política hemos caído cuando la senadora de Nueva York y excandidata a la presidencia por los demócratas, Kirsten Gillibrand, abogó por el aborto de bebés no nacidos como la opción *cristiana*?

De hecho, la candidatura del alcalde de South Bend, Pete Buttigieg, que es homosexual y está casado con un hombre, sirve de ejemplo. Buttigieg se identifica como cristiano y miembro de la Iglesia Episcopal, y pide un resurgimiento del cristianismo liberal. En su opinión, el eclipse de la moral sexual cristiana tradicional es una liberación de la sexualidad humana. De hecho, reivindica una identidad cristiana a la vez que priva al cristianismo de sus enseñanzas irrenunciables, incluida la definición del matrimonio. Pero sin esta verdad y doctrina no hay verdadero cristianismo. Buttigieg simboliza la secularización del cristianismo que no adopta una forma dura de secularismo. La candidatura de Buttigieg muestra el cambio radical en la comprensión del cristianismo en nuestra cultura y su intento de apartarse de las enseñanzas explícitas de la Biblia, un alejamiento del cristianismo de sus raíces históricas y bíblicas. Buttigieg, además, sostuvo que su fe cristiana no lo llevó a otra conclusión que una agenda secular y progresista, que apoya el acceso libre al aborto y a todos los aspectos de la revolución sexual. Buttigieg trató de elaborar un argumento *teológico* para rechazar las enseñanzas cristianas históricas. Afirmó que la única forma viable de leer la Biblia es una nueva ortodoxia secular. Planteó un lugar para la religión en la esfera pública, pero solo para una religión en línea con su teología secularizada.

La candidatura de Buttigieg, aunque es importante como evolución política, lo es aún más como indicador de la dirección en que se encamina nuestra cultura. El cristianismo histórico es ahora objeto de un rechazo cada vez mayor, o de ser cada vez más relegado a la insignificancia cultural. O, como en el caso de Buttigieg, se redefine el cristianismo para cumplir con el nuevo «arco» de moralidad progresista.

La imposibilidad de creer

El filósofo canadiense Charles Taylor ha investigado minuciosamente la influencia y los efectos de la secularización en el mundo occidental. Como explicó en su importante libro *La era secular*, la forma en que la gente se aferra a las convicciones teológicas y a los principios religiosos en la era moderna es fundamentalmente distinta de la forma en que la gente creía en el pasado.[3] La modernidad ha hecho que la creencia religiosa sea provisional, opcional y mucho menos urgente de lo que era en el mundo premoderno. Como señaló Taylor, en este lado de la modernidad, cuando la gente cree, toma *la decisión de* creer que las generaciones anteriores no tomaban. Para muchas personas, la creencia ahora no es sino un ejercicio de autonomía personal.

Taylor también demostró con acierto que la historia occidental puede definirse con tres épocas intelectuales: antes de la Ilustración, la imposibilidad de no creer; después de la Ilustración, la posibilidad de no creer; y en la época moderna reciente, la imposibilidad de creer. En la era previa a la Ilustración, era imposible no creer. Simplemente no se podría explicar el mundo sin apelar a la Biblia o a alguna otra forma de sobrenaturalismo. Para los miembros de la sociedad no había otras cosmovisiones que las sobrenaturales, en particular, en Occidente, la cosmovisión cristiana. Aunque la sociedad tenía sus herejes, no había verdaderos ateos entre ellos. Todos creían en alguna forma de teísmo, aunque fuera confuso.

Todo eso cambió con la Ilustración y la disponibilidad de cosmovisiones alternativas. Estas nuevas cosmovisiones alternativas hicieron posible que los miembros de la sociedad rechazaran el sobrenaturalismo de la fe cristiana o de otros sistemas teístas por una visión naturalista del mundo. En este momento se hizo *posible no creer*. Sin embargo, incluso en este clima intelectual, todavía era poco probable que la persona educada promedio rechazara la cosmovisión cristiana porque las explicaciones teístas de la vida eran simplemente más generalizadas, vinculantes y convincentes que las cosmovisiones no teístas.

Pero, en la actualidad, para muchas personas es la tercera condición intelectual la que prevalece. En su mundo mental y social, es *imposible creer*. Esto significa que, sobre todo en lo que respecta a las élites intelectuales y los sectores de formación cultural de la sociedad, el teísmo no es una cosmovisión a considerar. Muchas personas de los sectores más privilegiados de nuestras sociedades modernas ni siquiera *conocen* a un cristiano creyente. Ya ni siquiera sienten las reminiscencias de un estado mental cristiano. Son seculares de verdad.

De manera significativa, Taylor señala esta incredulidad como una falta de compromiso consciente con un Dios que existe en sí mismo y se revela. La secularización no consiste en rechazar toda religión. Taylor señaló que las personas de la actual cultura hipersecularizada estadounidense suelen considerarse religiosas o espirituales. La secularización, según Taylor, rechaza la creencia en un Dios personal, uno que tiene y ejerce autoridad. Él describió la era secular como una era profundamente «presionada por la cruz» en su experiencia personal de cierta espiritualidad y rechazo de la autoridad personal de Dios. La cuestión es la autoridad vinculante.

En estas condiciones culturales, los cristianos son los nuevos proscritos intelectuales. Entrar en un debate basándonos en una afirmación teísta o teológica es romper una regla cardinal de la modernidad reciente al pasar de una proposición o pregunta a una obligación; o al pasar de un «es» a un «debe». Por supuesto, quedan algunos «debe», pero el lenguaje de mandato, ley y autoridad se ha secularizado de forma explícita y su alcance se ha visto reducido a conciencia. En Estados Unidos, la secularización ha venido acompañada de una revolución moral sin precedentes y sin desenlace. Los motores culturales del progreso que conducen a la autonomía personal y la autorrealización no se detendrán hasta que el ser humano se haya definido completamente a sí mismo. En este proceso es necesario rechazar explícitamente la moral cristiana para el proyecto de liberación humana.

En 1983, el teólogo Carl F. H. Henry advirtió proféticamente:

> Si la cultura moderna quiere escapar del olvido que ha engullido a las primeras civilizaciones del hombre, la recuperación de la voluntad del Dios que se revela a sí mismo en el reino de la justicia y la ley es un imperativo clave. El regreso a las concepciones erróneas paganas de los gobernantes divinizados, o a un cosmos divinizado, o a una concepción cuasicristiana de la ley natural o de la justicia natural traerá una inevitable desilusión. No todas las súplicas de autoridad trascendente servirán realmente a Dios o al hombre. Mediante la colocación de la ley y los derechos humanos y del bienestar por encima de su soberanía, líderes terrenales de todo tipo evitan ansiosos el papel de lo divino y restan visibilidad al Dios vivo de la revelación de las Escrituras. Las alternativas son claras: o regresamos al Dios de la Biblia o perecemos en el pozo de la anarquía.[4]

En escritos anteriores, Henry ya había identificado el mayor obstáculo intelectual para un retorno cultural al Dios de la Biblia. Publicado en 1976, el primero de los seis volúmenes de su obra maestra *God, Revelation, and Authority* comenzaba con estas palabras: «No hay ningún hecho en la vida occidental contemporánea tan evidente como la creciente desconfianza en la verdad final y su implacable cuestionamiento de toda palabra segura».[5] Este obstáculo para el retorno a la autoridad de una cosmovisión cristiana es parte de un círculo vicioso que comienza con el alejamiento de al menos una impresión cultural de la autoridad revelada de Dios. El abandono de la cosmovisión cristiana lleva a la desconfianza en la verdad final y al rechazo de la autoridad universal, lo que vela el camino de regreso al Dios de la Biblia.

La historia del ascenso del secularismo es una revolución intelectual y moral impresionante. Es difícil exagerar al respecto. Debemos admitir que es mucho más generalizada de lo que nos gustaría creer, ya que esta revolución intelectual ha cambiado la cosmovisión incluso de muchos de los que se consideran contrarios a ella. Como mínimo, muchos creyentes religiosos de las sociedades modernas ejercen ya como consumidores teológicos e ideológicos, comprando constantemente nuevas prendas intelectuales, aun cuando se consideran creyentes tradicionales. Son las mismas palabras de siempre, después de todo.

Los ministros, teólogos y pensadores cristianos que se apoyan en la autoridad bíblica rompen las reglas establecidas al comprometerse con una cultura basada en la revelación de sí mismo de un Dios que existe en sí mismo, que posee la autoridad moral suprema, que se ha dirigido a sus criaturas con *mandatos* y que obra y juzgará finalmente conforme a sus leyes y mandamientos. Esta cultura se vuelve cada vez más resistente a un Dios —el que sea— que nos habla con palabras como «Esto has de hacer» y «Esto no has de hacer». Que los cristianos participen en todos sus debates como creyentes en el Señor Jesucristo condicionados por la revelación bíblica significa que no pueden ni empezar sin romper las nuevas reglas. Y debemos recordar que los que rompen las reglas no son bienvenidos por los que las *hacen*.

Debemos protestar

Los cristianos que leemos esto podemos responder de una de dos maneras. Primero, podemos responder con total desesperación, retirándonos juntos a las esquinas de los cafés con un falso sentido de nostalgia de un pasado, habitualmente idealizado. Pero, como cristianos bíblicos, estamos llamados a vivir en el presente y a preparar a la próxima generación para el futuro.

La segunda respuesta es igualmente errónea. Podríamos estar tentados a buscar que una victoria política nos rescate, con la idea de que el pensamiento secular retrocederá después de las próximas elecciones. Dicho de otro modo, los cristianos podrían intentar, y de hecho lo han intentado, rescatar a la sociedad por medio de un movimiento social y político. Si bien no debemos restar importancia a las elecciones ni minusvalorar la mayordomía responsable que los cristianos tienen con su voto, tampoco osamos creer que la victoria política asegure una paz definitiva y duradera. El rescate no vendrá de la simple política. No necesitamos un movimiento político. Necesitamos una protesta teológica.

El cristianismo verdadero y la verdadera predicación del evangelio dependen de un firme compromiso con la autoridad de las Escrituras. Por eso se viene atacando la inspiración, la inerrancia y la autoridad de las Escrituras desde la época de la Ilustración. En la Ilustración, los filósofos modernistas como Descartes, Locke y Kant enfrentaron a la cultura occidental con una serie de preguntas que acabaron transformando el concepto de verdad en el pensamiento occidental. El resultado fue la imposición totalitaria del modelo crítico de racionalidad sobre toda verdad, la afirmación de que solo los datos científicos pueden ser comprendidos, definidos y defendidos de manera objetiva. En otras palabras, en la visión modernista del mundo no cabe el concepto de revelación especial y se ataca abiertamente la posibilidad de una intervención sobrenatural en la historia del mundo. Así, la modernidad presentó a la iglesia del Señor Jesucristo como afectada de una importante crisis intelectual.

En Estados Unidos, una filosofía quintaesencialmente estadounidense conocida como pragmatismo también desafió la autoridad final y la veracidad de las Escrituras. El pragmatismo era la idea de que la verdad es una convención social y que las ideas son meras herramientas instrumentales cuya «veracidad» se determinará en función de si satisfacen las necesidades particulares de su época. Para los pragmáticos, las ideas no son más que una respuesta provisional a desafíos reales; y la verdad, por definición, es relativa en función del tiempo, el lugar, la necesidad y la persona.

Como la mayoría sabemos, la modernidad ha dado paso a la posmodernidad, que es simplemente la modernidad en su apariencia más reciente, que no es más que la extensión lógica de la modernidad en un nuevo entorno. Al afirmar que todas las nociones de verdad son construcciones de la sociedad, los posmodernistas se enrolan en una guerra total contra la verdad misma. Esta es la consecuencia de la secularización que ha envenenado la civilización occidental. La secularización ha dado a luz a este momento posmoderno, que ha llevado a un proyecto deconstruccionista empeñado en derribar toda autoridad religiosa o teológica.

Los cristianos no debemos retroceder ni buscar nuestra salvación en una falsa esperanza. Debemos, con cada fibra de nuestra fuerza dada por Dios, con total dependencia del poder del Espíritu Santo, con cada gramo de convicción del que podamos hacer acopio en oración, con un coraje inquebrantable, *protestar* ante este momento secular.

La única manera de escapar de las afirmaciones racionalistas del modernismo o del nihilismo hermenéutico del posmodernismo es la doctrina de la revelación: un regreso a la doctrina de la *sola Scriptura*. Los cristianos debemos recordar que en la doctrina de la inspiración y la autoridad de la Escritura que nos legaron los reformadores podemos hallar confianza en la Palabra de Dios a pesar de los problemas filosóficos y teológicos de esta época. Dios nos ha hablado de una manera razonable, en un lenguaje que podemos entender, y nos ha dado el don de la revelación, que es la revelación de Dios de sí mismo por gracia.

La tormenta que se avecina sobre la civilización occidental —el secularismo que ha provocado un caos moral absoluto en lugares como Europa— ha cubierto el horizonte de una intensa y oscura sombra. Muchos han celebrado esta tormenta implacable. Pero los cristianos nos encontramos en una situación particular. Podemos enfrentarnos a la cultura porque amamos de verdad a nuestro prójimo y, por tanto, trabajamos para la preservación de lo que es bueno y fiel: leyes buenas que fomentan la dignidad humana y defienden la justicia y la rectitud. Pero, al mismo tiempo, no podemos declarar una lealtad definitiva a ninguna cultura, sino solo al Señor Jesucristo.

Los evangélicos de hoy, como herederos teológicos de Martín Lutero, Juan Calvino y muchos otros, no podemos capitular ante las demandas de una revolución en la doctrina y la moral cristianas. La afirmación de la inspiración divina y la autoridad de la Biblia ha sido central en la fe evangélica desde el siglo dieciséis, y la ha caracterizado como heredera de la fe cristiana por más de dos mil años. Somos los que confesamos, junto con los fieles de todos los tiempos, que *cuando la Escritura habla, Dios habla*. Solo la Escritura es autoridad definitiva para la vida y la doctrina. En cierto sentido, la teología cristiana depende de la exactitud de esa proposición.

La iglesia cristiana no puede sobrevivir mucho tiempo sin el compromiso explícito de la iglesia con la autoridad de las Escrituras y con el Señor Jesucristo por encima de todo lo demás. Sin la autoridad de las Escrituras, nuestras convicciones teológicas reflejarán el secularismo de la sociedad en general, nos limitaremos a conjeturas en lugar de tener convicciones concretas y duraderas, y nuestra predicación se reducirá a una mera exhibición de promesas vacías.

Mientras continuamos afrontando el vendaval de oposición de la tormenta de la era secular, los cristianos debemos continuar siendo fieles. Debemos decir y contar lo que sabemos que es verdad. Debemos protestar contra todo falso evangelio y contra toda visión errónea del mundo que menoscaba la capacidad de crecimiento del ser humano. Debemos continuar aferrándonos a las convicciones teológicas centrales de la fe cristiana y a la primacía y autoridad de las Escrituras. No debemos renunciar a ver cómo se proclama correctamente la Escritura, cómo se edifica la iglesia y cómo se extiende el mensaje del evangelio a todos los rincones de la tierra.

Toda la autoridad

La era secular socava las condiciones que hacen posible nuestra civilización. La tormenta secular a la que nos enfrentamos socava todas las nociones de autoridad y sienta en el trono al yo subjetivo: una falsa noción de la humanidad liberada; liberada de los grilletes del teísmo y de la cosmovisión bíblica. La tormenta que se avecina amenaza con nada menos que un cambio de régimen, para inaugurar un nuevo imperio, bajo el disfraz de la libertad y la autonomía del hombre. Sus consecuencias serían devastadoras. Cuando la sociedad se desprende de la verdad objetiva, se mete en una madriguera que ni la Alicia del país de las maravillas se atrevería a explorar. Conviene, por tanto, comenzar este libro abordando la tormenta que se avecina sobre toda la civilización occidental. Cada capítulo posterior detalla un aspecto de la crisis que se avecina. La marea secular, muy parecida a la horda nazi que Churchill y el Reino Unido enfrentaron en la batalla por Gran Bretaña, acabará dando forma a todas las dimensiones de nuestra sociedad.

A estas alturas, casi todos los pensadores reconocen que hay fuerzas colosales y poderosas que están remodelando nuestro mundo y alterando nuestra cultura en sus fundamentos. Pero los cristianos no caemos en el pánico. Creemos en el Señor Jesucristo. Miramos de cara a la verdad y vemos la realidad. Nos preocupamos, somos conscientes, diligentes, perspicaces, cuidadosos y, a veces, incluso se nos parte el corazón. Vemos la tormenta que se avecina tal como es, y no osamos negarlo.

Antes de dejar a sus discípulos con la tarea de edificar la iglesia, Jesús se fue con estas rotundas palabras: «*Toda potestad me es dada* en el cielo y en la tierra. Por tanto, id, y haced discípulos a todas las naciones, bautizándolos en el nombre del Padre, y del Hijo, y del Espíritu Santo; enseñándoles que guarden todas las cosas que os he mandado; y he aquí yo estoy con vosotros todos los días, hasta el fin del mundo» (Mt 28.18–20).

Los cristianos debemos afrontar esta tormenta no solo con el evangelio de Jesucristo, debemos también hacerlo con plena fe. Nuestra esperanza no radica en una victoria política temporal, aunque comprende la importancia de la política, sino en Aquel que está sentado a la diestra del trono de Dios; radica en Aquel que creó todas las cosas. Nuestra fe está en Aquel que fue clavado en la cruz, se levantó de la tumba, subió al cielo y estableció su indiscutible dominio sobre el cosmos. La muerte está derrotada, la cabeza de la serpiente ha sido aplastada. El intento del secularismo de usurparle el gobierno al Hijo de Dios es el colmo de la locura humana. *Nada* prevalecerá contra nuestro Dios. *Nada* puede resistir al poder del evangelio.

Los cristianos, por lo tanto, no podemos callar. Vemos la tormenta que se avecina y entendemos qué significa y qué debemos hacer. Tenemos una responsabilidad política real e innegable. De hecho, nos enfrentamos a cuestiones como el aborto y la dignidad de la vida humana. Tenemos una responsabilidad cultural muy real. Puede que no seamos los productores de la cultura, pero nos desenvolvemos en ella y somos administradores del evangelio en nuestro contexto cultural. Tenemos muchas responsabilidades como cristianos, pero tenemos una esperanza evangélica: el evangelio de Jesucristo. Debemos decir, como el apóstol Pablo: «no me avergüenzo del evangelio, porque es poder de Dios para la salvación a todo aquel que cree» (Ro 1.16).

Somos llamados a ser fieles en el reino de este mundo, pero nuestra lealtad por excelencia se la debemos al reino de Cristo, y solo a su reino.

DOS

LA TORMENTA QUE SE AVECINA SOBRE LA IGLESIA

A finales del siglo veinte, el impacto del liberalismo teológico se apreciaba en casi todas las denominaciones. Las demandas de una actualización en la teología y la moral —para la redefinición del cristianismo en una era secular— estaban remodelando seminarios, congregaciones, escuelas cristianas y denominaciones. Para la década de los años setenta, la mayoría de las antiguas denominaciones históricas habían capitulado. Es revelador que, aunque los profetas del liberalismo teológico habían prometido que el liberalismo salvaría a sus iglesias, la realidad fue que la teología liberal vació esas iglesias y denominaciones. Cayeron sus cifras de miembros y asistencia. En fecha tan reciente como el 2018, una denominación liberal de Canadá predijo que para el 2040 no tendría «ni miembros, ni asistentes ni donantes».[1] ¿Creen que no hay problema? Esto fue así incluso en la Convención Bautista del Sur hasta que los conservadores pudieron redirigir la denominación en los últimos años del siglo veinte.

En los albores del presente siglo, las tendencias seculares de la sociedad estaban bien documentadas y muchas denominaciones de la cultura estaban marcadas por un declive religioso general. Los cristianos conservadores y comprometidos con la Biblia se enfrentaban a una nueva serie de desafíos.

J. Gresham Machen, el gran teólogo presbiteriano de las primeras décadas del siglo veinte, evaluó brillantemente el estado del cristianismo moderno y el ascenso del liberalismo protestante. En lugar de ver la teología liberal como una variante de la fe cristiana, Machen la calificó como una religión totalmente nueva que se hacía pasar por cristianismo. Para Machen, no había puntos comunes entre el cristianismo ortodoxo y el liberalismo protestante: el primero buscaba la fidelidad teológica al Dios de la Biblia, mientras que el segundo se convertía en una religión completamente nueva. Tituló a su famoso libro *El cristianismo y el liberalismo*, y dejó claro que el liberalismo era una religión totalmente nueva y aparte.

El protestantismo liberal y la secularización se han fusionado, creando un nuevo y peligroso contexto para los cristianos comprometidos con la Biblia. Este nuevo contexto pondrá en evidencia a los verdaderos seguidores de Cristo, y bien podrían evidenciarse por ser los últimos de nuestra cultura que se acuerdan de lo que es el auténtico cristianismo. La fusión de la secularización con el protestantismo liberal hizo que la teología liberal fuera más normal a los ojos de la cultura, ya que una cultura secular ni siquiera necesita una teología secular. No quiere ninguna teología. Pero, gracias al efecto de la secularización, la teología liberal a veces incluso se infiltra en las iglesias que se consideran comprometidas con la ortodoxia teológica. El secularismo ha insensibilizado a muchas personas que ocupan las bancas de las iglesias que son fieles y que predican el evangelio, llevándolas a sostener sin darse cuenta incluso doctrinas heréticas. Es aterrador ver cómo algunas personas pueden ser secularizadas con tanta eficacia, incluso cuando asisten regularmente a la iglesia. ¿Cómo? El hecho es que muchos cristianos tendrán dificultades para definir el cristianismo fiel o para vivir y definir las doctrinas centrales y eternas.

No dudo, por ejemplo, que muchas iglesias y sus miembros asentirían verbalmente a la realidad y existencia de un infierno eterno; pero esto no significa que lo crean de una manera coherente. La religión secular, que trata la religión como una mera afición, redefine de maneras sutiles las creencias cristianas esenciales. El sociólogo

Christian Smith ha descrito esta realidad como «deísmo terapéutico moralista», que es lo que ahora creen muchos que se consideran cristianos fieles. El deísmo terapéutico moralista consiste en creer en cierto dios que existe y creó el mundo; un dios que quiere que las personas sean simplemente simpáticas y amables; y que el objetivo de la vida es la felicidad y la realización personal. Lo más devastador es tal vez la creencia general de que las buenas obras le garantizan a la persona un lugar en el cielo.

La tentación secular confunde las creencias con las emociones, y sugiere que lo único que importa son los sentimientos y la autorrealización. Conforme la sociedad se ha vuelto más secular, hasta los miembros fieles de la iglesia adoptan sin querer formas de pensar y creer que son extrañas y no bíblicas. Además, el liberalismo teológico que nos rodea ha incursionado en muchas iglesias. La secularización ejerce sobre la iglesia una presión tanto pasiva como activa. La presión es pasiva en tanto que, al alejarse la sociedad de cualquier apariencia de moralidad bíblica, las iglesias sacrifican la convicción confesional en el altar de la relevancia cultural. Pero la presión también es activa en tanto que a menudo hace demandas explícitas a la iglesia para que renuncie a sus afirmaciones teológicas esenciales. En el siglo pasado, se les exigía abandonar doctrinas como el nacimiento virginal y la resurrección corporal para ser consideradas intelectualmente respetables. En nuestros tiempos, la presión adquiere a menudo la forma de exigencias de abandonar una moralidad sexual bíblica para ser considerada moralmente aceptable. Por cierto, ese trato nunca funciona, ni siquiera a nivel social. La exigencia secular acaba pidiendo el abandono de todas las doctrinas y enseñanzas que están en conflicto con el espíritu de la época. Pero, allí donde las iglesias abandonan sus enseñanzas, la sociedad no abandona las suyas.

No existe ninguna amenaza externa, ni siquiera en una época secular, que pueda amenazar el evangelio de Cristo, ni las promesas eternas que Cristo ha hecho a su iglesia. De hecho, esta es la promesa de Jesús a sus discípulos en Mateo 16.18: «Sobre esta roca edificaré mi iglesia, y las puertas del Hades no prevalecerán contra ella». Ni siquiera la muerte amenazará en realidad las promesas de Dios que tenemos en el evangelio de Cristo. La gran amenaza a la que nos enfrentamos no ataca la existencia de la iglesia, sino su *fidelidad.* Nada en el cosmos, ni siquiera el vendaval y el raudal de una marea secular, invalidará la promesa de Cristo para su iglesia. Pero la fidelidad de la iglesia siempre está en juego, y eso es especialmente así en una época secular. Debemos ser conscientes, perspicaces y cuidadosos en nuestra forma de pensar, de predicar y de educar a nuestros hijos. Si podemos ser secularizados dentro de nuestras iglesias, también podemos serlo en nuestra vida en el hogar, si no nos caracterizamos por la convicción y la fidelidad.

Secularismo pasivo

Si observamos con atención, podemos ver cómo se infiltra en las iglesias el secularismo pasivo, y ejerce inadvertidamente una presión liberal sobre los cristianos y las denominaciones. La secularización pasiva funciona de manera sutil, con presión e influencia en lugar de con claras exigencias. La secularización pasiva se produce solo porque respiramos la cultura y somos constantemente bombardeados con mensajes culturales. Hollywood, los medios de comunicación y las fuerzas de la sociedad que dan forma a la cultura nos dicen constantemente que los que tienen una mentalidad correcta y culturalmente aceptable creen esto y no aquello. Las expectativas de la cultura cambian y lo arrastran todo (y a casi todos) consigo.

Del mismo modo, la era secular ejerce una influencia sutil pero constante en las iglesias y los cristianos. Si no tienen cuidado, las iglesias parecerán cada vez menos iglesias y se parecerán cada vez más al mundo secular que las rodea. En cierto sentido, la teología liberal comienza a sustituir poco a poco a la fe ortodoxa. O, en otros casos, las iglesias simplemente dejan de hablar o enseñar importantes verdades reveladas en la Biblia. Lo que se exige es simplemente no hacer nada. Esto es lo que pasó con la doctrina del infierno, claramente revelada en la Biblia. Como ha mostrado la historia, el infierno desapareció de la predicación de muchas iglesias y nadie pareció darse cuenta. Lo mismo ocurre con muchas enseñanzas bíblicas, desde el divorcio hasta la exclusividad del evangelio. En este sentido, está claro que el silencio *no* es oro. La falta de enseñanza de la verdad acaba llevando al pueblo de Cristo a no *conocer* la verdad.

Ateísmo: la nueva ortodoxia

La Iglesia Unida de Canadá ha tratado recientemente una cuestión aparentemente desconcertante y controvertida: ¿puede un ateo servir como pastor o pastora? La pastora en cuestión era Gretta Vosper, una atea declarada que, en el 2008, escribió el libro *With or without God* (Con o sin Dios), que trivializaba la creencia en Dios y cambiaba la fe por su propio concepto de la moralidad y la virtud como características básicas de un cristiano. En el 2013, Vosper hizo público su ateísmo, y en el 2015 escribió una carta en la que desacreditaba la presencia de Dios en el mundo y su actividad en los acontecimientos históricos. Argumentaba que Dios no puede ser responsable porque no existe. Su argumento: Dios no existe; no hay nadie al mando. Simplemente se producen accidentes. La creencia en Dios, según Vosper, pertenece a una cosmovisión anticuada.

Curiosamente, en su afán por apartarse de una cosmovisión anticuada y teocéntrica, la congregación de Vosper se redujo *drásticamente* en tamaño. Cuando dejó de lado el Padre Nuestro, su iglesia descendió de 150 a 50 asistentes, un éxodo de dos tercios de la congregación. Resulta que la «relevancia cultural», en lugar de salvar a una iglesia marginada, la precipitó a una rápida desaparición.

Su ateísmo provocó que la jurisdicción local de la Iglesia Unida de Canadá llevara a cabo lo que Vosper calificó como un juicio por herejía. La junta local la declaró no apta para el ministerio y casi expulsó a la pastora atea. Luego, la denominación nacional realizó la revisión final de su caso y llegó a un acuerdo con Vosper. La Iglesia Unida de Canadá explicó su decisión de concluir la investigación declarando: «Esto no altera de ninguna manera la creencia en Dios de la Iglesia Unida de Canadá».[2] En otras palabras, según esta denominación, el ateísmo y el teísmo *no* son incompatibles. El requisito de que creas en Dios no contradice la realidad de que niegues la existencia de Dios. Es una capitulación por todo lo alto. La Iglesia Unida de Canadá, al legitimar el ateísmo como una expresión posible en sus ministros, ha borrado todos los límites, salvaguardias y convicciones que deben guiar a la iglesia del Señor Jesucristo. No hay nada fuera de los límites; no hay nada que pueda cruzar la raya porque la raya ha desaparecido. La Iglesia Unida de Canadá redujo la creencia en Dios a un principio anticuado, obsoleto e inconsecuente de la fe cristiana. Esto ha llegado a ser una parábola, o hasta una caricatura, de lo que sucede cuando una iglesia abandona el evangelio. Ahora, hasta los ateos pueden ser ministros. ¿Por qué no?

Julian Falconer, el abogado de Vosper, explicó por qué la Iglesia Unida de Canadá optó por llegar a un acuerdo en lugar de ir a juicio: «Ambas partes analizaron la relación costo-beneficio de realizar un juicio por herejía, si era bueno para alguien, y los resultados hablan por sí solos».[3] Esta explicación revela una realidad extremadamente importante y desgarradora, y señala la devastación de la ideología secular en una iglesia. La Iglesia Unida de Canadá realizó un análisis de la proporción costo-beneficio y decidió que la herejía era el menor de dos males. La denominación sopesó la fe en Dios frente a la «inclusividad» y dio más valor a la inclusividad que a la fidelidad teológica. Por el bien de la iglesia, la creencia en Dios tenía que desaparecer.

El libro de Kevin Flatt *After Evangelicalism: The Sixties and the United Church* (Después del evangelicalismo: los sesenta y la Iglesia Unida) relata la degradación teológica de la Iglesia Unida de Canadá desde la década de 1960. La denominación estaba más preocupada por las cuestiones de justicia social que por los compromisos teológicos. Como tal, esta iglesia se convirtió en sierva del secularismo y el liberalismo en Canadá. Fue pionera en la ordenación de ministros transexuales, apoyó el aborto y defendió el matrimonio entre personas del mismo sexo, incluso antes de que se legalizara en su país. El análisis de Flatt identificó el lema típico de «mantenerlo o morir» que condujo al deterioro teológico de la denominación.

La Iglesia Unida de Canadá no es la única en esto. Muchas denominaciones están recibiendo este mismo impulso secular. Han renunciado a la convicción teológica con la errónea esperanza de que la supervivencia en esta era secular depende de abandonar las doctrinas y verdades del evangelio que han guiado a la iglesia desde su creación. Las consecuencias de esta idea, sin embargo, han devastado las iglesias liberales. Resulta que «mantenerlo *o* morir» realmente significa «mantenerlo *y* morir».

Perder la iglesia

En el 2015, el Tribunal Supremo de Estados Unidos emitió una decisión que legalizaba el matrimonio entre personas del mismo sexo en los cincuenta estados. Siguiendo su estela, hay momentos en los que la nueva ortodoxia sexual plantea exigencias inflexibles a las que ella define como cosmovisiones desviadas, sobre todo a la cosmovisión bíblica. Sin embargo, la legalización del matrimonio entre personas del mismo sexo también ha tenido un impacto en las iglesias y denominaciones que tratan de navegar en estas nuevas y extrañas aguas. Nos encontramos con algo similar a la secularización de la Iglesia Unida de Canadá: una denominación acepta la validez de una pastora atea mientras otras iglesias envían señales confusas sobre las claras enseñanzas bíblicas acerca del matrimonio, el género y la sexualidad.

Aunque el asunto de la revolución LGTBQ lo abordamos en un capítulo posterior, es importante ver cómo la secularización de la cultura ha llevado a las iglesias por un camino que va hacia una completa negación de las Escrituras, renunciando a la gloria del matrimonio bíblico para seguir siendo culturalmente relevantes y parecer amables.

El año pasado, dos actores de Hollywood intercambiaron opiniones sobre la cuestión del matrimonio gay y la iglesia. Ellen Page interpeló a Chris Pratt en un tuit, diciendo: «Si eres un actor famoso y perteneces a una organización que odia a cierto grupo de personas, no te sorprendas si alguien se pregunta por qué no se habla de eso. Ser anti-LGTBQ está mal. No hay dos lados. El daño que eso ha causado es grave. Punto. Con amor para todos». En el tuit, Page acusó concretamente a Pratt de ser miembro de la que consideran que es una iglesia anti-LGTBQ. La iglesia en cuestión es la Zoe Church, una iglesia asociada al movimiento Hillsong. No hay duda de que Page no se dirigía solo a Pratt, sino directamente a cualquier organización o iglesia que se aferre a cualquier cosa vinculada, aunque sea remotamente, con una ética sexual de base bíblica.

El tuit de Page representa la secularización activa, las exigencias explícitas de una cultura secular para que los cristianos renuncien a sus compromisos teológicos, pero la respuesta de Pratt pone de relieve la realidad de la secularización pasiva. Declaró:

> Recientemente se ha sugerido que pertenezco a una iglesia que odia a cierto grupo de personas y que es infamemente anti-LGTBQ. Nada más lejos de la realidad. Voy a una iglesia que abre sus puertas a absolutamente todo el mundo. A pesar de lo que la Biblia dice sobre mi divorcio, la comunidad de mi iglesia estuvo ahí para mí en cada paso del camino, sin juzgarme, solo acompañándome con gracia en mi camino. Me ayudaron muchísimo, ofreciéndome su amor y apoyo. Es lo que les he visto hacer por otros en innumerables ocasiones, independientemente de la orientación sexual, la raza o el género. Mi fe es importante para mí, pero ninguna iglesia me define a mí ni mi vida, y no soy portavoz de ninguna iglesia ni de ningún grupo de personas. Son mis valores los que definen quién soy. Necesitamos menos odio en este mundo, no más. Soy

un hombre que cree que todo el mundo tiene derecho a amar a quien quiera, libre del juicio de sus semejantes.

Esa última línea resume la ortodoxia secular moderna: «Todo el mundo tiene derecho a amar a quien quiera, libre del juicio de sus semejantes».

La respuesta de Pratt revela al menos dos consecuencias de la seducción de la secularización. En primer lugar, la presión llevó a Pratt a tratar de mantener un compromiso cristiano (de algún tipo) por un lado, mientras que a la vez sostenía por otro lado cierta simpatía por la revolución sexual. Seamos claros, se trata de cosmovisiones mutuamente excluyentes, pero esa es la consecuencia de la seducción secularizadora, que intenta conciliar cosmovisiones incompatibles. En el 2017, Carl Lentz, pastor de la iglesia de Hillsong de Nueva York, perdió varias oportunidades de expresar claramente una visión bíblica de la homosexualidad y del matrimonio entre personas del mismo sexo. En una entrevista en la CNN, dio una no-respuesta, diciendo: «No nos corresponde a nosotros decirle a nadie cómo debe vivir. Ese es su camino». La defensa de Pratt y la elusión de Lentz representan nada menos que una abdicación del cristianismo bíblico.

Pero tanto Pratt como Lentz revelan otro peligro de la secularización pasiva de la iglesia; a saber, una eclesiología cada vez menor. ¿Dónde está la iglesia de Cristo? ¿Qué es una iglesia? Una iglesia verdadera no da una no-respuesta a una pregunta bíblica directa. Pratt y Lentz representan la eclesiología más endeble, una concepción de la iglesia separada de las Escrituras. Pratt afirmó que «ninguna iglesia me define a mí ni mi vida». Sin embargo, según la Biblia, la iglesia *nos* define. Aunque Pratt niega que su iglesia lo defina, las Escrituras enseñan que la iglesia fundada por Cristo es la familia del Dios vivo, comprada con la sangre de Cristo, unida en el pacto por la causa del evangelio. Esa es la visión de una iglesia bíblica. Una iglesia así, unida en obediencia a Cristo, sí define la vida de un miembro. Además, la ambigüedad de Lentz en su entrevista del

2017 en la CNN menoscaba la clara y gloriosa identidad de la iglesia de Jesucristo. Lentz describió a la iglesia como un cuerpo sin autoridad ni responsabilidad para llamar a sus miembros al discipulado cristiano. Jesús comisionó a sus discípulos para que establecieran una iglesia de obedientes seguidores, hijos e hijas de Dios, que dedicaran sus vidas a la gloria de Cristo y a su reino.

Por tanto, es inevitable que las presiones pasivas de la secularización socaven las estructuras eclesiales establecidas por Cristo en el Nuevo Testamento. Conforme la cultura continúa secularizándose, y muchas iglesias renuncian a su autoridad como embajadas del evangelio y sucumben a la idolatría del yo, la autonomía individual le quita el lugar a cualquier norma de conducta objetiva y generalizada. Además, la Gran Comisión habla de hacer *discípulos* que obedezcan los mandamientos de Cristo: «Id, y haced discípulos a todas las naciones [...] *enseñándoles* que *guarden todas las cosas* que os he *mandado*» (Mt 28.19-20, énfasis añadido).

El discipulado de Cristo hace demandas objetivas sobre conducta, virtud y moralidad. El Dios revelado en las Sagradas Escrituras da mandatos a su pueblo, y Dios llama a sus hijos a vivir en obediencia a sus mandamientos y estatutos. De hecho, como escribió el apóstol Juan: «Pues este es el amor de Dios, que guardemos sus mandamientos» (1 Jn 5.3). Donde hay una iglesia, hay una comunidad de creyentes que se esfuerzan en la santa obediencia a Dios. Por el contrario, una iglesia que no les dice a las personas cómo vivir en obediencia a Cristo no es una iglesia en absoluto.

Cuando las llamadas iglesias difuminan las líneas de la autoridad de las Escrituras y renuncian a los compromisos teológicos fundamentales, están cediendo, de forma lenta pero segura, a las presiones de la modernidad. De hecho, la idolatría de la relevancia cultural conduce a una confusión teológica, una confusión deliberadamente marcada.

Como mínimo, la secularización pasiva retuerce los corazones y las mentes incluso de quienes afirman ser fieles seguidores de Jesucristo. En realidad, no creemos en las osadas y escandalosas afirmaciones de las Escrituras, ni ordenamos nuestras vidas en torno a los radicales mandamientos de Cristo. En una era secular, todo parece negociable. La doctrina puede reformularse. Puede eliminarse todo lo que sea desagradable para el *espíritu de la época*. En una era de secularización, la iglesia debe estar siempre consciente de cómo incluso *nuestro* pensamiento es seducido para reorganizarse y reestructurarse. La única resistencia posible viene de la fiel predicación de la Palabra de Dios, lo que los reformadores llaman «medios ordinarios de gracia». Donde no hay una predicación y enseñanza bíblica consistente, cabe esperar un caos teológico y algo peor.

Secularización activa

Mientras que la secularización pasiva presenta una amenaza muy real y apremiante para la iglesia, la secularización activa se enfrenta directamente a la autoridad de la iglesia y exige de manera explícita la capitulación teológica. Las élites seculares sienten una devoción particular hacia la rendición incondicional de las cosmovisiones divergentes y teístas, sobre todo la cristiana.

De hecho, la hostilidad del secularismo hacia la visión cristiana del mundo salió a la luz en un artículo de *The Guardian* con el título «If We Reject Gender Discrimination in Every Other Arena, Why Do We Accept It in Religion?» (Si rechazamos la discriminación de género en cualquier otro ámbito, ¿por qué la aceptamos en la religión?). Beatrice Alba, la autora del artículo, sostenía, como si nada, que los padres, sean cuales sean sus creencias religiosas, no tienen derecho a enseñar esas creencias a sus hijos si son contrarias al programa LGTBQ. Según Alba, la sociedad ha progresado hasta el punto en que las organizaciones religiosas, las iglesias e incluso los cristianos particulares ya no deberían disfrutar de libertad religiosa: o se rinden ante la revolución moral y secular o se van. Su artículo representa el ataque del secularismo contra el teísmo: una sociedad secular no tolerará a ningún individuo, institución, iglesia o denominación que no se rinda totalmente a una cosmovisión secular. Esta es la exigencia que la secularización le hace a la comunidad cristiana.

Los ataques de la secularización al cristianismo no se dirigen solo a reivindicaciones teológicas específicas, sino también a las expresiones de esa teología en la esfera pública. Por ejemplo, pensemos en la cantidad de estados y municipios que han eliminado o prohibido las agencias de adopción y de acogida cristianas. Muchas de estas agencias se niegan a colocar a los niños con parejas del mismo sexo, debido a las claras creencias religiosas de que el matrimonio debe incluir a un hombre y una mujer. Sin embargo, los revolucionarios de la secularización creen que estas políticas adoptan la forma de un prejuicio dañino y discriminatorio, un prejuicio al que hay que poner fin.

De hecho, justo el año pasado, la administración Trump ofreció protección a las agencias de adopción religiosas asediadas por la revolución moral y sexual. Los revolucionarios exigieron con vehemencia que estas agencias cambiaran su política o cerraran sus puertas. El senador de Oregón, Ron Wyden, dijo: «Es inmoral rechazar a los padres en función de su religión, orientación sexual o identidad de género y negarles un hogar seguro».[4] Seamos claros, las parejas del mismo sexo tienen otras opciones para buscar la adopción. Aquí no se trata de acceso, sino de indignación contra la cosmovisión cristiana. El mensaje que se envía a los ministerios cristianos es claro: sigan adelante y provean o financien a las agencias de bienestar social, pero abandonen sus convicciones cristianas si quieren seguir en esa actividad.

A veces, los ataques de la secularización contra el cristianismo saltan de los diarios o destacan en los titulares. En el 2018, apareció en el *USA Today* un artículo del ministro bautista y abogado Oliver Thomas, titulado «American churches must reject literalism and admit we got it wrong on gay people» (Las iglesias estadounidenses debemos rechazar el literalismo y admitir que nos equivocamos con los gais).[5] El artículo comienza con una declaración provocadora:

«Las iglesias continuarán perdiendo miembros hasta que afrontemos la verdad: ser un cristiano fiel no significa aceptar todo lo que la Biblia enseña». En concreto, Thomas se refiere a las enseñanzas de la Escritura sobre ética sexual y a los pasajes que condenan expresamente la homosexualidad.

Según Thomas, el origen del error de la iglesia no es haber interpretado mal las Escrituras, sino que la Biblia se equivocaba: sus escritores estaban condicionados por un tiempo, una cultura y una cosmovisión anticuadas que definían y condenaban erróneamente el comportamiento homosexual. De hecho, Thomas cree que los problemas que asolan hoy a la iglesia provienen de su forma errónea de abordar las Escrituras. Escribió: «Esta es la encerrona en la que nos hemos metido nosotros mismos. *La Biblia lo dice. Yo lo creo. No hay más que hablar.* Sin embargo, las Escrituras hebreas y cristianas no bajaron del cielo perfectas y sin errores. Fueron escritas por hombres, y esos hombres cometieron errores». En pocas palabras, Thomas negó la postura que mantiene la iglesia creyente desde su creación: que las Escrituras son sagradas y se erigen como la Palabra inspirada y autoritativa del Dios vivo. Es una negación explícita de la *sola Scriptura*. De hecho, es una negación de la Escritura como Escritura.

Lo que mueve a Thomas es un impulso moral. La Biblia no se corresponde con su visión moral y ética del mundo, que celebra todo el surtido del espectro LGTBQ. La revolución sexual no es compatible con la Biblia, por lo que hay que desechar las Escrituras como creaciones erróneas (y peligrosas) de una época pasada. Esto equivale a un ataque total y despiadado contra la autoridad de la Biblia. Ahora, la verdad hay que definirla mediante el emotivismo subjetivo en lugar de mediante la verdad permanente y objetiva del Dios trascendente.

Estos ataques activos contra la cosmovisión cristiana también han proliferado en las elecciones presidenciales del 2020, quizás de forma más evidente con la candidatura de Pete Buttigieg, que ha utilizado su fe como pararrayos para su campaña. Desde Jimmy Carter y Bill Clinton no habíamos visto a un candidato demócrata hablar de su fe de manera tan explícita como Pete Buttigieg, pero sus afirmaciones religiosas señalan una desviación total y absoluta de la cosmovisión bíblica. De hecho, en un discurso el año pasado, Buttigieg señaló directamente al vicepresidente Mike Pence, diciendo: «Desearía que los Mike Pence del mundo entendieran [...] que si tienen un problema con quién soy, su problema no lo tienen conmigo. Su disputa, señor, es con mi Creador».[6] El tema de esta declaración es la homosexualidad de Buttigieg y su matrimonio con otro hombre.

Buttigieg reconoce la existencia de un Creador y confiesa que su identidad sexual existe como una extensión de la voluntad del Creador: Dios lo hizo así. Este es un argumento común de los activistas LGTBQ que ahora suena aún más fuerte con la candidatura de Buttigieg. Pero el argumento no encaja de ninguna manera con la ortodoxia bíblica ni con las enseñanzas de las Escrituras. Sin embargo, Buttigieg exige que los cristianos evangélicos «evolucionen» en su manera de entender las Sagradas Escrituras. La interpretación bíblica ortodoxa de la sexualidad representa una moralidad anticuada de un libro culturalmente obsoleto. Según Buttigieg, debemos mantener los principios universales, pero desechar los pasajes que son cultural y socialmente inconvenientes y que no concuerdan con nuestra ideología moral moderna. Los cristianos debemos, en resumen, redefinir la sexualidad bíblica en términos no bíblicos.

El argumento de Buttigieg presiona a los cristianos a ver la homosexualidad y la identidad LGTBQ como un don del Creador. Al no evolucionar y adoptar una visión de la Biblia liberada de la visión premoderna del mundo, los cristianos se sitúan en el lado equivocado de la historia. Ahora se introduce la presión cultural contra los cristianos bíblicos. La exigencia de Buttigieg equivale nada menos que a una capitulación coercitiva, una capitulación sobre cuestiones profundas de importancia eterna. Su candidatura exige que los cristianos evangélicos vean la luz del razonamiento progresista y rechacen el anticuado dogma de una época pasada. *Si,* y *solo si*, los evangélicos capitulamos en temas como el matrimonio, el género, la sexualidad y el aborto, tendremos un sitio en la mesa del discurso público y político.

Los ataques activos contra el cristianismo bíblico y ortodoxo vienen no solo de fuera de la iglesia, sino también de dentro. El año pasado, muchos esperaban los resultados de la Conferencia General especial de la Iglesia Metodista Unida (UMC), que se reunió para discutir la posición doctrinal de la UMC con respecto a la homosexualidad. Durante muchas décadas, la UMC tendía hacia el liberalismo protestante; otro ejemplo de cómo la secularización proporcionó el combustible para que la teología liberal germinara y creciera. Muchos creían que el periodo extraordinario de sesiones terminaría con otra denominación histórica capitulando ante los caprichos culturales y las fuerzas de la secularización; estaban muy equivocados.

Después de muchas maniobras, la UMC dio marcha atrás del esfuerzo de abandonar su afirmación histórica de la sexualidad bíblica y del matrimonio. Aquello fue una especie de terremoto, que envió sus ondas sísmicas por todo el mundo. La Conferencia General mantuvo sus normas bíblicas sobre el matrimonio como una unión exclusiva entre un hombre y una mujer y rechazó la revolución LGTBQ. Fue algo sin precedentes. Era historia de la iglesia ante nuestros ojos: nunca una denominación protestante histórica caracterizada por el liberalismo teológico había derrotado al monstruo LGTBQ y reafirmado la visión bíblica del matrimonio y la sexualidad.

Mientras la revolución sexual apuntaba y capturaba a muchas denominaciones protestantes históricas, la UMC se mantuvo en pie en su reunión especial. Los miembros de la iglesia que eran conservadores comprometidos no se fueron; siguieron adelante con un liderazgo crítico mientras intentaban detener las oleadas del secularismo y la teología liberal.

Sin embargo, las presiones activas del secularismo actuaron sobre la UMC. Esta vez, la presión venía de *dentro* de la iglesia.

Adam Hamilton, el pastor de la mayor iglesia de la UMC de Estados Unidos, sugirió que todos los textos de la Biblia, incluyendo los textos sobre la sexualidad humana, deben ser clasificados en tres categorías distintas. La primera contiene versículos que nunca llegaron a ser «la expresión de la voluntad de Dios». La segunda abarca textos que, en un momento dado, denotaban la voluntad expresa de Dios, pero ya no. La última contiene textos que «son expresiones verdaderas de la voluntad de Dios y siempre lo serán».

Hamilton ha negado repetidamente la inerrancia de la Palabra de Dios. Pero fue aún más lejos y argumentó que corresponde a los seres humanos decidir qué textos bíblicos son, o han sido alguna vez, la Palabra de Dios. La audacia de aplicar la razón humana para desechar los versículos como si nunca hubieran expresado la voluntad de Dios es una arrogancia de primer orden. Además, algunos sicarios de élite de la hermenéutica serán quienes decidirán ahora qué versículos caen en cada categoría. Puedes imaginarte qué versículos van en seguida a la primera categoría. La confusión engendra confusión. La capitulación sobre la primera siembra la capitulación sobre todas las cosas. Cuando una iglesia se deshace de las doctrinas fundamentales de la fe, permite que entre por sus puertas cualquier desviación cultural, todo en nombre de la relevancia.

Después de la lucha de los metodistas, lo que más urge ver es que los que presionaban por la liberalización *no se rindieron.* Aun después de que la Conferencia General especial defendiera la definición histórica de la iglesia del matrimonio como unión entre un hombre y una mujer, e incluso después de que la iglesia reafirmara su compromiso con la moralidad sexual bíblica, los obispos liberales siguieron socavando la autoridad de la iglesia, citando la autoridad superior de la revolución LGTBQ. A los pocos meses de la reunión especial, parecía que la iglesia se acabaría dividiendo, con amenaza de cisma. Para los que se atreven a defender la ortodoxia bíblica no hay victorias finales, al menos en esta era.

Sobre esta roca

El secularismo pasivo y activo, así como la secularización, amenazan la fidelidad cristiana. La secularización de la cultura lanza un desafío a la iglesia y exige una rendición incondicional. Dentro de la iglesia, vemos continuos esfuerzos por socavar la autoridad de la Biblia y usurpar el gobierno de Cristo, llamando al pueblo de Dios a abandonar sus puestos y a redefinir la fe cristiana para que sea algo más «aceptable» para la cultura dominante. Sin embargo, la iglesia de Jesucristo debe vivir siempre como un pueblo del Libro, como un pueblo de las Escrituras dedicado al estudio ferviente de la Palabra de Dios. La Biblia es la norma que no puede ser sometida a otra norma. Los cristianos deben afirmar la autoridad bíblica y recordar siempre que, cuando se renuncia a la autoridad de las Escrituras, se amenaza la existencia misma de la iglesia. Donde encuentras una iglesia, encuentras una comunidad comprometida con la Biblia. Si no, no has encontrado una iglesia.

¿Por qué debemos los cristianos aferrarnos a la autoridad bíblica a toda costa? Por algo que ocurrió en Mateo 16.13–18:

> Viniendo Jesús a la región de Cesarea de Filipo, preguntó a sus discípulos, diciendo: ¿Quién dicen los hombres que es el Hijo del Hombre? Ellos dijeron: Unos, Juan el Bautista; otros, Elías; y otros, Jeremías, o alguno de los profetas. Él les dijo: Y vosotros, ¿quién decís que soy yo? Respondiendo Simón Pedro, dijo: Tú eres el Cristo, el Hijo del Dios viviente. Entonces le respondió Jesús: Bienaventurado eres, Simón, hijo de Jonás, porque no te lo reveló carne ni sangre, sino mi Padre que está en los cielos. Y yo también te digo, que tú eres Pedro, y sobre esta roca edificaré mi iglesia; y las puertas del Hades no prevalecerán contra ella.

Cuando Pedro confesó que Jesús era el Cristo, pronunció un reconocimiento como ningún otro en la historia. Las gentes de todas las naciones del mundo confieren autoridad a sus reyes, reinas y líderes democráticos. Incluso en Estados Unidos, honramos y respetamos a nuestros cargos electos por el puesto que ocupan. Los ciudadanos de todas las naciones deben ser leales a las autoridades. Pero, cuando Pedro declaró que Jesús era el Cristo, el Hijo del Dios viviente, proclamó la regla irrefutable y universal del único y verdadero Rey del cosmos. Todas las demás reivindicaciones de autoridad, todos los demás compromisos de la ciudadanía con los reinos físicos son como nada ante los juramentos que los cristianos prestamos a Jesucristo, el Mesías, el Hijo del Dios vivo.

Jesús felicitó a Pedro por su respuesta, pero también dejó claro que la verdad de que Jesús es el Cristo, el Hijo del Dios viviente, es una verdad revelada, no un descubrimiento humano. Cristo también declaró que su iglesia la edificaría sobre la confesión de Pedro. Esto es esencial para los cristianos que viven en esta era secular, que se enfrentan a la tormenta secular. Cuando las iglesias y las denominaciones se rinden ante las fuerzas del secularismo, lo hacen porque se alejaron de la «roca», es decir, del señorío de Jesucristo. Jesús dijo a sus discípulos que la afirmación confesional de su señorío es el fundamento inamovible sobre el que la iglesia permanecerá. Jesús prometió que nada en la tierra, ni siquiera las puertas del infierno, derrotará a la iglesia de Cristo mientras esté edificada sobre la roca de Cristo y su señorío.

El señorío de Cristo también exige que la iglesia *viva* su convicción y obedezca a Cristo en todos sus mandamientos. La autoridad moral de la iglesia se ha visto seriamente afectada por el escándalo de la inmoralidad sexual tolerada y el escándalo del abuso sexual negado. La iglesia obediente de Jesucristo no puede simplemente predicar una moral bíblica, sino que debe vivir esa moral. De lo contrario, nuestras palabras sonarán huecas.

Al final, las iglesias deben defender la fe que ha sido dada una vez a los santos. Esto significa que nuestra fe y nuestra teología vienen de Cristo y sus apóstoles. Permanecemos en la fe que Cristo enseñó a su iglesia y que sigue enseñando en las Sagradas Escrituras. Esta es la fe que la iglesia verdadera ha creído, confesado y enseñado desde los tiempos del Nuevo Testamento hasta hoy.

Además, las iglesias deben permanecer en la predicación de la Palabra de Dios como distintivo principal de la iglesia. Donde no se predica correctamente la Palabra de Dios, no hay iglesia. Así de simple.

La iglesia también debe mantenerse en la fidelidad confesional como un sello de su identidad. La fe una vez dada a los santos debe ser expresada, definida y defendida en forma confesional. Cada generación de cristianos redescubre, a menudo con dolor, la necesidad de los credos y confesiones. Debemos definir lo que creemos y rendirnos cuentas unos a otros con respecto a esa identidad confesional. Las iglesias y denominaciones que no tienen una confesión de fe, o que la tienen solo de forma nominal, quedan doctrinalmente desarmadas.

Las iglesias también deben defender la totalidad de la cosmovisión cristiana. La Biblia presenta la única visión completa, veraz y universal del mundo. Desde Génesis hasta Apocalipsis, la Biblia ofrece a los cristianos una teología pura que dio forma e instruyó a la iglesia en todas las épocas. Desde los primeros siglos de la existencia de la iglesia, hasta nuestro momento secularizado, la Biblia sigue siendo el refugio seguro para los cristianos como fuente de su cosmovisión.

Por último, las iglesias deben volver a comprometerse con la Gran Comisión. Este es el mandato de dar a conocer a Cristo a las naciones. Conocer a Cristo es obedecer sus mandamientos, y esto significa llevar el evangelio hasta lo último de la tierra. Solo Cristo nos recuerda la verdad de que el evangelio es el único mensaje salvador, y es nuestra responsabilidad predicar el evangelio a las naciones. Esta es nuestra estrategia ofensiva como iglesia: no nos escondemos detrás de nuestras paredes; llevamos el evangelio a todas las personas del mundo, incluso al mundo secularizado. Ese es nuestro llamado.

La tormenta del secularismo se avecina sobre la iglesia. Esta tormenta exige la rendición y no cederá hasta que los cristianos capitulen. Por la iglesia de Jesucristo, podemos soportar esta avalancha. Podemos soportar el aluvión del secularismo. Podemos mantenernos firmes porque estamos sobre la roca, sobre la confesión inamovible de que Jesucristo es el Señor, el Hijo de Dios, el que venció al sepulcro y prometió que nada prevalecería contra su iglesia.

TRES

LA TORMENTA QUE SE AVECINA SOBRE LA VIDA HUMANA

El aborto se perfila como una gran cicatriz moral en la era moderna, un símbolo particular de la adopción de la cultura de la muerte en las naciones tecnológicamente más avanzadas. Esta cicatriz se extiende abiertamente por el panorama estadounidense. En cierto sentido, los estadounidenses hemos estado muy divididos sobre el aborto durante los últimos cincuenta años, desde la infame decisión del Tribunal Supremo en el caso *Roe contra Wade*, en 1973. Pero, a diferencia de lo que sucede en muchas otras naciones, y a diferencia del consenso más liberal que en tantas otras cuestiones en Estados Unidos se había retrasado, el debate sobre el aborto en nuestro país sigue levantando pasiones y condicionando a los partidos estadounidenses, hasta a la presidencia.

Como el difunto columnista Charles Krauthammer señaló: «De todos los grandes problemas sociales, el aborto es el único que no ha evolucionado hacia una creciente liberalización».[1] Es una observación acertada. Aunque los estadounidenses se han vuelto más liberales en muchas cuestiones (sobre todo en las relativas a los LGTBQ), la conciencia nacional sigue estando profundamente dividida en lo que respecta al aborto, y cinco décadas de activismo en favor del derecho al aborto no han resultado en un consenso liberal. Eso es una buena noticia. Pero la mala es que la situación es muy distinta si el niño no nacido vive en un vientre de Nueva York a si vive en uno de Alabama.

El horror del aborto parece presentarse a diario, y de forma cada vez más terrible, en los titulares de la nación a medida que los estados de todo el país se comprometen a apoyar las leyes de aborto en etapas avanzadas. Estas leyes básicamente permitirían el aborto hasta el momento del nacimiento. Las leyes recientemente aprobadas en Nueva York y Rhode Island suponen un nuevo hito en el movimiento abortista, que se esfuerza por hacer del útero el lugar más inseguro para cualquier bebé de Estados Unidos. En todo nuestro idioma no encontraríamos cómo describir la barbarie absolutamente escalofriante y abominable de la agenda del movimiento abortista.

En el pasado, los defensores del derecho a elegir no han defendido abiertamente el derecho a abortar durante el tercer trimestre. Sin embargo, salió a la luz la verdad cuando el movimiento abortista se opuso vehementemente incluso a la prohibición del aborto por nacimiento parcial. La mayoría de los estadounidenses, incluso entre los que se declaran a favor de alguna forma de derecho al aborto, sostiene que, si un bebé puede sobrevivir fuera del útero de la madre, se le debe dar protección.

Eso ha cambiado. El inevitable resultado de la cosmovisión abortista conduce al aborto a la carta en cualquier momento del embarazo. Según este dogma radical, los estados deben proteger el derecho de la mujer a abortar en cualquier momento y por cualquier motivo relacionado con su salud; y la salud se define no solo como condición de vida y muerte, sino también como salud emocional y mental. La mortífera lógica del movimiento abortista dio un giro aún más mortal en la escena política estadounidense durante el pasado año, con el telón de fondo de las elecciones presidenciales del 2020.

El movimiento abortista ha sembrado una cultura de la muerte. Intenta destruir y negar la santidad de la vida, y ya se ven con claridad las consecuencias. Esto es lo que sucede cuando una sociedad abandona el código moral basado en la verdad de que cada ser humano es una extensión de la gracia común de Dios y un portador de su imagen. A menos que esta deriva hacia la muerte se invierta, solo veremos titulares más horribles y aún más mortíferos.

De hecho, en el 2018, el Senado de Estados Unidos intentó revertir esta extendida cultura de muerte mediante una resolución que prohibía el infanticidio, definido legalmente como acabar con la vida de un niño vivo. Sin embargo, la medida no logró obtener los votos suficientes para proteger las vidas de los niños nacidos *vivos* después de un intento de aborto. Esta votación es uno de los hechos más importantes de la reciente historia política estadounidense, y es trágica y reveladora a la vez. Este último fracaso en la protección de la vida humana es el último capítulo de la deplorable y terrorífica cultura de la muerte en Estados Unidos, una cultura impulsada principalmente por el movimiento abortista.

El Senado bloqueó una resolución que pretendía castigar a cualquier médico que no proporcionara atención médica a un niño nacido después de un intento de aborto. Una escasa mayoría votó a favor de la legislación, mientras que votaron en contra cuarenta y cuatro senadores. Esta cifra, cuarenta y cuatro, exige atención: cuarenta y cuatro senadores votaron *en contra* de un proyecto de ley que prohíbe el infanticidio. Este es un momento escalofriante en la historia de Estados Unidos.

El senador de Nebraska, Ben Sasse, autor y principal patrocinador de la ley, dijo: «Quiero preguntar a todos y cada uno de mis colegas si estamos de acuerdo o no con el infanticidio. Para muchos en esta Cámara es demasiado directo, pero, francamente, de eso es de lo que estamos hablando hoy aquí [...]. ¿Somos un país que protege a los bebés vivos, nacidos fuera del útero después de haber sobrevivido a un aborto fallido?». Sasse describió la propuesta de ley como una «prohibición del infanticidio» que habría protegido las vidas de los inocentes recién nacidos que sobrevivieran a un aborto fallido.

El fracaso de esta propuesta de ley muestra con toda crudeza el peligro del movimiento abortista y de la mortífera presión que ejerce sobre el actual Partido Demócrata. Las fuerzas abortistas presionan ahora en favor de leyes de aborto radicales, que permiten el aborto hasta, e incluso después de, la fecha de parto. Defienden el aborto en todas las circunstancias legales. La cosmovisión cristiana afirma la santidad de la vida humana en todo momento, desde la concepción hasta la muerte natural. Así que cada aborto equivale al asesinato de un niño no nacido. Sin embargo, hasta este punto, incluso los grupos de presión proaborto más radicales han carecido del apoyo público y entusiasta al aborto en gestación avanzada. Ahora, sin embargo, se han eliminado todos los límites. No hay ninguna línea tan extrema que no se pueda traspasar, no hay ningún absoluto moral que rija la ideología abortista. Su único absoluto es el apoyo absoluto al aborto.

Solo tres demócratas se atrevieron a desmarcarse y apoyar este proyecto de ley contra el infanticidio. Ese dato no sorprende, considerando a qué estados representan esos senadores: Virginia Occidental, Pensilvania y Alabama. Es revelador que todos los postulantes a la nominación demócrata para la presidencia del Senado se han negado a aceptar este proyecto de ley que prohíbe el infanticidio. Este es el nuevo vector moral del Partido Demócrata de cara a una temporada electoral para la presidencia del país. Ahora es un partido que no está dispuesto a proteger la vida de los bebés nacidos vivos.

En el Senado, el líder de la mayoría Mitch McConnell llamó a la proposición de ley «una pieza directa de legislación para la protección de los recién nacidos». También acusó a los demócratas, argumentando que «parecen sugerir que el derecho a la vida de los recién nacidos puede depender de las circunstancias de su nacimiento». El senador McConnell acertó en su evaluación de las terribles implicaciones del argumento demócrata, pero, recientemente, el movimiento abortista y sus aliados en el Congreso han seguido quitando la dignidad de la vida de la brújula moral de la sociedad estadounidense. La mayoría de su partido incluso se opuso a la Ley de Prohibición del Aborto de Nacimiento Parcial, que impedía y proscribía el macabro asesinato de un bebé no nacido, todavía en el vientre.

Las medidas promovidas por el Partido Demócrata y la deriva izquierdista de los candidatos demócratas para apoyar los proyectos de ley de aborto más radicales ponen de manifiesto el aumento de la amenazadora cultura de la muerte. De hecho, el Partido Demócrata está obligado a cumplir el programa moral de la Planned Parenthood Federation of America, la organización abortista empeñada en asegurar para todas las mujeres el acceso libre y financiado al aborto, sin importar las circunstancias, razones o edad del niño en el útero. Leana Wen, expresidenta de la Planned Parenthood Federation of America, dijo: «Debemos llamar a la votación de hoy por su nombre: un ataque directo a la salud y los derechos de la mujer. Esta propuesta de ley se basa en mentiras y en una campaña de desinformación, destinada a avergonzar a las mujeres y a criminalizar a los médicos por una práctica que no existe ni en la medicina ni en la realidad».[2]

Aquí es donde los argumentos de la agenda abortista se quiebran y se alejan de toda honestidad o coherencia intelectual. Primero, argumentan que la práctica no existe. Pero, si no existe, ¿por qué oponerse a un proyecto de ley que prohibiría el infanticidio? El argumento abortista pone de relieve una contradicción letal en su razonamiento moral y ético. Argumentan que las prácticas descritas en este proyecto de ley no se producen y que no debemos prohibirlas. De hecho, algunas de las declaraciones contra la legislación dejan ver un nivel de locura sin precedentes. La senadora de Washington Patty Murray describió la legislación como «claramente en contra de los médicos, las mujeres y la familia». ¿En qué planeta pueden los legisladores considerar contrario a la familia un proyecto de ley que prohíbe el infanticidio?

La senadora Murray continuó: «No ha lugar a que sea ley. Sus defensores afirman que haría ilegal algo que ya es ilegal. Lo único que haría la propuesta de ley sería ayudar a los republicanos en su objetivo de negar a las mujeres sus derechos protegidos por la Constitución».

La senadora ha levantado una estructura de un argumento incompatible sobre otro. Si el proyecto de ley se propone hacer ilegal algo que ya es ilegal, ¿por qué oponerse a él? Si ya es ilegal, ¿cómo puede esta ley negar el derecho a elegir de la mujer? ¿Esta práctica se produce o no? Lamentablemente, sí.

Las opiniones en contra de este proyecto de ley no parecen tanto argumentos racionales basados en la realidad como basados en *Alicia en el país de las maravillas*: locura, fantasía y una profunda madriguera de lógica mortífera. Las palabras ya no importan, ya que los defensores del aborto presentan todos los argumentos, por desesperados e infundados que sean, contra todo proyecto de ley provida imaginable, aunque pretenda proteger la vida de un bebé fuera del útero. Es el mismo patrón argumental que se presenta cuando los políticos se oponen a leyes que prohibirían el aborto realizado para seleccionar el sexo. Argumentan que no se produce (cuando está claro que sí) y continúan diciendo que sería un error prohibir esa práctica. Su argumento cambia cuando se trata de leyes que impedirían el aborto realizado simplemente por un diagnóstico de síndrome de Down. Admiten que tales abortos sí se producen, pero que de todos modos la mujer tiene derecho a abortar el bebé. Trágicamente, ahora la gran mayoría de los bebés diagnosticados en el útero con síndrome de Down son abortados. Esta es la nación en que nos hemos convertido.

Algunos adoptaron una posición

A pesar de que el Senado no aprobó un proyecto de ley para prohibir el infanticidio, y de que la cultura de la muerte crece en lugares como Nueva York, Rhode Island, Virginia e Illinois, algunos estados se opusieron a la tormenta que se avecina sobre la santidad de la vida humana. La resistencia de estos estados debería alentar el movimiento provida, pero la respuesta del movimiento abortista, sobre todo en los aspirantes a la nominación demócrata, exige nuestra atención.

A principios del 2019, el estado de Nueva York aprobó un nuevo proyecto de ley sobre el aborto que legalizaba en efecto el aborto hasta el momento del nacimiento con vida. La nueva «Reproductive Health Act» (Ley de Salud Reproductiva) incluso eliminó totalmente el aborto del derecho penal del estado, lo que significa que asesinar a una mujer embarazada y a su hijo no nacido es ahora, en Nueva York, un solo homicidio: el asesinato del niño no nacido no se considera asesinato en absoluto. Esta es la lógica mortal que se abre paso en los estados dominados por el movimiento abortista. Estos estados a menudo financian directamente los abortos a través de los programas de Medicare o por otros medios. Cuando el proyecto de ley fue aprobado en la asamblea legislativa de Nueva York, se oyó una gran ovación. La cultura de la muerte tiene sus «animadoras».

Lamentablemente, otros estados, incluido Illinois, emularon lo sucedido en Nueva York. Ahora está claro el panorama del aborto en Estados Unidos: un mapa de los estados que son cada vez más provida y los estados que son aún más ampliamente proaborto. Esta gran división moral es ahora una división política.

Varios estados han adoptado importantes medidas de protección para la vida de los no nacidos. Estas leyes —y la respuesta a ellas— constituyen un retrato muy revelador de la situación actual de Estados Unidos. Cumpliendo con su promesa de campaña, el gobernador de Georgia, Brian Kemp, firmó el proyecto de ley del latido fetal. Esta medida prohíbe el aborto una vez que los médicos pueden detectar el latido del corazón de un niño en el útero de su madre, algo que solo se puede detectar a las seis semanas de embarazo. Como cabía esperar, la medida provocó una reacción inmediata del *lobby* abortista.

El movimiento abortista considera que los proyectos de ley del latido son una amenaza directa a la protección de las mujeres conseguida tras el caso *Roe contra Wade*, la decisión del Tribunal Supremo que legalizó los abortos en el primer trimestre de embarazo y durante la mayor parte del segundo trimestre. Así, el proyecto de ley del latido fetal prohíbe el aborto en el primer trimestre, algo que el movimiento abortista sencillamente no va a tolerar.

Se produjo una rápida reacción de todas las fuerzas imaginables para la agenda abortista: políticos, organizaciones políticas, grupos de apoyo e incluso Hollywood se apresuraron a rechazar el proyecto de ley del latido de Georgia. De hecho, en Estados Unidos, el motor más poderoso de producción e influencia cultural es posiblemente Hollywood, y su respuesta a las leyes provida revela la inquietante línea del más poderoso productor de cultura y moralidad de Estados Unidos.

La CNN publicó un artículo sobre la abierta hostilidad de las élites de Hollywood hacia la ley de Georgia. Según la CNN, la actriz Alyssa Milano «escribió una carta abierta al presidente de la Cámara de Georgia, David Ralston, y al gobernador Brian Kemp en contra del llamado proyecto de ley del latido. Docenas de famosos, como Sean Penn, Alec Baldwin, Don Cheadle, Rosie O'Donnell, Patton Oswalt, Sarah Silverman y Mia Farrow firmaron su apoyo a la carta».[3]

No nos equivoquemos: es un acto de coacción abierta. Las élites culturales lanzaron una amenaza contra el estado de Georgia: si no se rinde y abandona su curso actual de protección de la vida de los no nacidos, Hollywood responderá con todo el poder de su ira. Hollywood dejaría de trabajar en Georgia, lo que supondría una pérdida estimada de 2.700 millones de dólares para el estado. Según el *Hollywood Reporter*, solo en el 2019, Georgia acogió 455 producciones cinematográficas.

La carta de las estrellas de Hollywood dice: «Queremos quedarnos en Georgia. Queremos seguir apoyando a las maravillosas personas, empresas y comunidades que hemos llegado a amar en el estado del durazno. Pero no lo haremos callándonos y, si [el proyecto de ley] se convierte en ley, haremos todo lo que esté en nuestra mano para llevar nuestra industria a un estado más seguro para las mujeres». El proyecto de ley se convirtió en ley y Hollywood cumplió su promesa.

La carta abierta enmarcó su imperativo moral bajo el disfraz de la «seguridad». ¿Seguridad para quién? No para los bebés vivos en el vientre de sus madres. Es seguridad para el derecho de una mujer a terminar con el niño que lleva dentro, en cualquier momento, por cualquier razón, con todos los gastos pagados.

Una vez más, los revolucionarios de la moral definieron el problema en torno al derecho de la mujer, sin tener en cuenta al niño que lleva en su vientre. Han borrado al niño de la ecuación moral. La única cuestión moral que importa es la de la mujer y su autonomía de decisión sobre su cuerpo. Para Hollywood, y para más gente de mentalidad similar, el bebé no existe.

El bombardeo cultural de Georgia no solo vino de los actores y actrices, sino también de los escritores que los respaldaban: el Writer's Guild of America East y el Writer's Guild of America West. Estas dos poderosas entidades aunaron sus esfuerzos coercitivos y publicaron una declaración conjunta en la que se afirmaba: «Esta ley convertiría a Georgia en un lugar poco acogedor para el trabajo de los integrantes de la industria del cine y la televisión, incluidos nuestros miembros». Si la asamblea legislativa de Georgia y el gobernador Kemp lo llevan adelante [el proyecto de ley], es muy posible que muchos de los que trabajan en nuestra industria quieran dejar el estado o decidan no llevar allí las producciones. Ese es el posible precio de un descarado ataque al derecho de toda mujer a mandar sobre su cuerpo». Esto abarca un amplio espectro de las fuerzas culturales de la modernidad. En la declaración conjunta no solo se acusa a Georgia por su propuesta política, sino que se deja muy claro que, si el estado sigue adelante, como lo hizo, ya no será un lugar idóneo para hacer negocios. Hollywood no tendrá relaciones con el estado, o eso dice su amenaza.

Llegaron más consecuencias cuando el gobernador Kemp firmó el proyecto de ley. Toni Van Pelt, presidenta de la Organización Nacional para la Mujer, emitió una declaración en la que decía: «El hecho es que las mujeres tienen un derecho constitucional al aborto seguro y legal, y estas alarmantes maquinaciones legislativas forman parte de un calculado y bien financiado esfuerzo nacional por conseguir apoyo político para los candidatos antiabortistas en las próximas elecciones. Entretanto, la salud de la mujer, su autonomía y su derecho a la búsqueda de la felicidad están seriamente amenazados». ¿A qué era tan moralmente atroz hemos llegado cuando sacrificamos bebés en el altar de «la salud de la mujer, su autonomía y su derecho a la búsqueda de la felicidad»?

Los proyectos de ley del latido propuestos en muchos estados llevaron a Estados Unidos a una discusión moral sobre la vida dentro del útero de una madre y el valor inherente de ese niño no nacido. George Will, del *Washington Post*, escribió que los proponentes de los proyectos de ley del latido tienen como objetivo «provocar una reflexión sobre la dimensión moral de la extinción de un ser que tiene un corazón que claramente late».[4] De hecho, estos proyectos de ley nos piden que, como pueblo, nos planteemos que sea realmente moral silenciar un corazón que late. Desde una cosmovisión cristiana, afirmamos la dignidad de la vida en el momento de la concepción, no solo cuando se detecta el latido del corazón, a las seis semanas de embarazo. *Toda* la vida es sagrada y digna de protección. También debemos destacar el gran esfuerzo de los principales medios de comunicación por evitar el uso del término «latido fetal». El término «latido» señala con fuerza la humanidad del niño no nacido. Subraya la realidad de que el habitante del útero *es un niño*.

El *New York Times*, al informar sobre la reelección de John Bill Edwards como gobernador de Luisiana, señaló que había firmado un proyecto de ley «que prohíbe el aborto después de que se note el pulso de lo que será el corazón del feto».[5] En el mismo artículo sobre la ley de Luisiana, hace referencia al «pulso embrionario». Los medios seculares harán todo lo posible para evitar el término «latido». Es un patrón revelador. Una vez más, se ridiculiza la humanidad del no nacido.

Al mismo tiempo, esta provocación saca lo peor del *lobby* abortista. De hecho, muestra la degeneración de los que están dispuestos a defender el aborto cueste lo que cueste. George Will citó un editorial del *New York Times* del 28 de diciembre del 2018, en el que el consejo editorial se oponía a la idea de que «un feto en el útero tiene los mismos derechos que una persona totalmente formada».[6]

Este debate también sacó a relucir los sorprendentes comentarios de los candidatos en la carrera presidencial del 2020. Resulta que este tema no tiene solo que ver con el derecho de la mujer a abortar, sino que es también un tema teológico. No nos engañemos, cada persona es un teólogo, aunque sea una senadora de Estados Unidos por Nueva York y excandidata a la nominación demócrata para la presidencia.

La senadora Kirsten Gillibrand dejó claro este hecho cuando hizo un alto en la campaña en Georgia poco después de que el proyecto de ley del latido se convirtiera en ley. En un panel de discusión sobre el aborto a la luz de esta nueva ley, la teóloga Gillibrand dijo que las leyes que prohíben o restringen el aborto están «en contra de la fe cristiana». Esa es una declaración que hay que examinar a fondo.

Para entender el comentario de la senadora Gillibrand, es importante recordar que ella no siempre ha sido tan liberal como ahora en este tema. Fue nominada para el Senado en el 2009, cuando Hillary Rodham Clinton dejó vacante el puesto. Cuando fue elegida al Congreso en el 2006, Gillibrand era conocida como una demócrata perteneciente a la coalición Blue Dog, más moderada, e incluso era muy bien considerada en la Asociación Nacional del Rifle. Pero, desde su nombramiento como senadora, Gillibrand se ha desplazado hacia la izquierda.

De hecho, en su candidatura a la presidencia se ha desplazado hacia la extrema izquierda, sobre todo en el tema del aborto. Exigió que el gobierno de Estados Unidos aprobara una legislación que le quitara a los estados el poder de restringir el aborto en cualquier sentido. También ha pedido que se desestime la Enmienda Hyde, que garantiza que no se pueda usar el dinero de los contribuyentes para financiar el aborto. Además, ha exigido que se abran más clínicas para abortos y que este goce de una cobertura obligatoria tanto en los planes de seguros privados como en los estatales, como Medicaid. También se comprometió a nombrar jueces federales y del Tribunal Supremo solo a aquellos que se comprometieran a ratificar el caso *Roe contra Wade*.

Actualmente, esas propuestas son típicas de cualquier candidato demócrata para cualquier cargo en la nación. Lo impactante fue su inyección de teología en el debate cuando dijo que las leyes que prohíben o restringen el aborto están «en contra de la fe cristiana». Según parece, su argumento se basa en la doctrina del libre albedrío. Dijo: «Si eres una persona de fe cristiana, uno de los principios de nuestra fe es el libre albedrío. Uno de los principios de nuestra democracia es la separación entre la Iglesia y el Estado, y en ninguna circunstancia debemos imponer nuestra fe a otras personas». Teológicamente, eso es absurdo. Dios no creó a los seres humanos como criaturas moralmente responsables y luego nos invitó a usar esa facultad de elección para destruir la vida del no nacido en el vientre de su madre. El argumento es absurdo, pero también es mortífero.

La senadora Gillibrand intentaba decir que la afirmación de la responsabilidad humana y la participación de la voluntad humana en la toma de decisiones implican que no debemos tocar la legislación sobre el aborto. Ella convierte a la voluntad humana esencialmente en soberana en términos de responsabilidad moral. ¿Pero cómo funcionaría en la práctica esta libertad moral absoluta? La ley existe para reconocer la responsabilidad moral humana, pero también para poner límites a la libertad. Por ejemplo, cometer asesinato va contra la ley en todo estado y nación. Sería inconcebible elevar el libre albedrío hasta el punto de que un gobierno no ponga restricciones a sus ciudadanos para que no asesinen.

Siempre habrá debate político sobre la medida en que la ley debe obligar a la conciencia y poner límites al comportamiento humano, pero la esencia de la sociedad humana se construye sobre la existencia de tales leyes. *Todas* las leyes restringen la libertad humana.

Para la senadora Gillibrand, la libertad de una mujer para plantearse y optar por el aborto es una libertad absoluta que nadie debería poder restringir de ninguna manera. Básicamente dijo que poner límites a la toma de decisiones de una mujer que se plantea abortar va en contra de la fe cristiana.

Este argumento es un galimatías teológico que lleva a una confusión mortal. En el argumento de la senadora está la afirmación de que no se puede legislar la moralidad. Hizo referencia a la separación entre Iglesia y Estado y dijo que las restricciones al aborto son un ejemplo de imposición de una fe a otras personas. Pero detrás de cada ley siempre hay una profunda motivación moral. La cuestión es: «¿De quién es la moralidad que estamos legislando?».

Se nos recuerda que no hay personas que no sean teológicas y que, en última instancia, no hay cosmovisiones que no lo sean también. La cosmovisión puede fingir ser secular y no teológica, pero incluso una cosmovisión secular es teológica al rechazar el teísmo. De hecho, toda cosmovisión tiene que determinar cómo debe estructurarse y ordenarse la sociedad humana. Toda sociedad debe responder a la cuestión del ser. Y, en última instancia, toda cosmovisión debe responder a la pregunta de qué es un ser humano. La respuesta siempre será teológica, sea o no sea esa su intención.

En el 2018, el estado de Alabama aprobó una legislación que efectivamente prohibía el aborto. Y punto. Una negociación de última hora incluyó una exención limitada para los embarazos que amenacen la vida de la madre. Eso significa que el proyecto de ley no aseguraba la exención en los embarazos fruto de violación o incesto. Poco después de que el proyecto de ley fuera aprobado por el Senado, el gobernador de Alabama, Kay Ivey, firmó la ley. El osado gesto de Alabama marca un nuevo capítulo en la crónica estadounidense del conflicto del aborto.

Sin embargo, Alabama dio un salto sin precedentes al prohibir el aborto de forma absoluta. Los proponentes de la legislación posicionaron estratégica e intencionalmente esta prohibición del aborto como un desafío a *Roe contra Wade*, el infame caso de

1973 en el Tribunal Supremo. Es una batalla constitucional sobre la cuestión central: ¿la Constitución de Estados Unidos otorga a la mujer el derecho a matar a un bebé no nacido?

Los defensores del aborto trataron de denegar esta legislación de Alabama debido a la composición de género de su asamblea legislativa. Los miembros de la asamblea que aprobaron esta amplia prohibición del aborto eran mayoritariamente hombres. De hecho, en el Senado de Alabama, de sus treinta y cinco escaños, treinta y uno los ocupan varones. Por lo tanto, el argumento del movimiento abortista afirma que un grupo de hombres decidió unilateralmente lo que las mujeres pueden y no pueden hacer con su cuerpo, lo cual, según su valoración, es una injusticia.

Pero este argumento no tiene en cuenta la composición del movimiento provida. La mayoría de las personas involucradas en el movimiento provida no son hombres, sino mujeres. En junio del 2018, la organización Gallup publicó una encuesta que revelaba que las mujeres constituyen un mayor porcentaje entre los provida. Aunque los legisladores de Alabama son en su mayoría hombres, el movimiento provida está representado por una mayoría de mujeres. Las sucesivas encuestas señalan que las mujeres son aún más provida que los hombres, lo cual, si se piensa bien, tiene bastante sentido. La mujer es la primera en tener una relación con el bebé no nacido que lleva dentro.

Durante el debate, algunos legisladores intentaron insertar exenciones en el proyecto de ley. Tradicionalmente se abre la puerta a tres exenciones en la legislación que restringe el aborto: el riesgo para la vida de la mujer, el embarazo causado por violación o el embarazo causado por incesto. La legislación firmada en Alabama permitía una exención si el embarazo ponía en peligro la vida de la madre, pero no en los casos de violación o incesto. Cada una de estas exenciones exige una cuidadosa consideración moral.

Primero, de manera natural, hay muy pocos embarazos que pongan en peligro la vida de la madre. Además, la cosmovisión cristiana afirma que, cuando la vida de una mujer está en juego, no se hace mal al salvarla. La práctica intencionada de un aborto está mal, pero no es así en un aborto como resultado de una situación inevitable en que hay que salvar la vida de la madre que corre peligro si da a luz, aunque esas son circunstancias muy raras.

Hay que añadir una importante advertencia: es la *vida* física de la mujer la que debe estar en riesgo, y no su *salud*. El movimiento abortista ha etiquetado estratégicamente la atención al aborto como atención sanitaria, por lo que oponerse a él equivale a oponerse al acceso de las mujeres a los servicios de salud. Sin embargo, el concepto de salud puede incluir toda clase de definiciones que se ajusten al programa abortista. La salud puede referirse a la salud psicológica o emocional, lo que significa que una mujer puede abortar por cualquier motivo.

La exención de Alabama, sin embargo, distingue entre la *vida* de la madre y su *salud*. Esta es una distinción importante y crucial que hay que mantener.

Las otras dos exenciones se referían a los embarazos resultantes de una violación o un incesto. Los senadores presentaron enmiendas al proyecto de ley de Alabama para conceder estas exenciones; las medidas fracasaron. El debate sobre esta cuestión es de enorme importancia y exige nuestra atención.

Si una vida humana comienza y se desarrolla después del momento de la concepción, esa vida exige protección y cuidado en ese mismo momento. *Esa* es la cuestión moral en juego, a saber, la protección en el vientre de la madre de las vidas no nacidas. La condición ontológica del niño no nacido es una cuestión primordial, y la consideración del niño como persona es esencial para la dignidad humana, una dignidad que no puede ser borrada ni erosionada por el movimiento abortista. En el vientre de la madre, desde el momento de la concepción, hay una vida humana. Esa vida no debería, no debe, ser destruida.

La realidad moral de la vida humana está por encima del *modo* como vino a la existencia el ser humano. La violación y el incesto constituyen graves actos de injusticia moral y son, en efecto, actos pecaminosos e ilegales. Estas atrocidades morales causan un daño indecible a las mujeres y atentan contra su dignidad. Si una violación o un incesto producen un embarazo, el modo de producirse el embarazo es inmoral, pero no lo es la vida que ahora reside en el vientre.

La cosmovisión cristiana, por lo tanto, entiende que no hay hijos ilegítimos. Toda vida es preciosa. Toda vida es digna de protección. Ni el más ferviente abortista se atrevería a argumentar que un niño es ilegítimo, una vez nacido, en función de cómo fue concebido. Las circunstancias de la concepción, con todo lo horribles y pecaminosas que son, de ninguna manera niegan la dignidad ontológica y la importancia moral del niño no nacido.

Desde hace décadas, la realidad política ha llevado a muchas personas provida a admitir las exenciones por violación e incesto. Incluso antes de *Roe*, muchos provida permitieron esas exenciones con la esperanza de que impregnara la moral del país un consenso provida, lo que en la práctica haría innecesarias las exenciones.

Pronto cayó la furia sobre Alabama, sobre todo por parte de los candidatos a la nominación demócrata del 2020 para la presidencia de Estados Unidos. Como informó el *New York Times*, los críticos más enérgicos de la medida fueron las principales candidatas: la senadora de California, Kamala Harris, la senadora de Massachusetts, Elizabeth Warren, la senadora de Minnesota, Amy Klobuchar, y Kirsten Gillibrand, la senadora de Nueva York, que ha hecho de la lucha feminista un elemento central de su campaña. De hecho, la senadora Gillibrand tuiteó: «Esta es una guerra contra las mujeres, y es hora de luchar a muerte».

Además, a raíz de las leyes de estados como Georgia y Alabama, los estadounidenses vieron cómo los demócratas tomaron la palabra en su primer debate televisado, donde Julián Castro, exsecretario del Departamento de Desarrollo Humano (HUD), declaró: «No creo solo en la libertad reproductiva, creo en la justicia reproductiva. Todas las mujeres, y eso incluye a la comunidad trans, tienen derecho a abortar». Al parecer, el derecho al aborto está tan extendido que ahora se le debe garantizar a una mujer transexual, que, por cierto, es biológicamente un hombre y no puede tener hijos. El verdadero argumento aquí es que a una persona que se identifica como *hombre* transgénero, aunque esté embarazada, se le garantiza poder abortar. Justo cuando pensamos que la demencia moral del argumento abortista ha llegado a sus límites, ahora tenemos candidatos que llevan la línea aún más lejos.

Los cristianos y la santidad de la vida humana

Estamos en un momento decisivo de la historia estadounidense. El año 2020 pasará a la historia como un año decisivo en el que Estados Unidos abordó el desafío del aborto y la cuestión de la santidad de la vida humana. En estos tiempos, cada proceso electoral es, en efecto, un referéndum o una abstención. Los cristianos deben tomar nota de las preocupantes tendencias y prestar mucha atención a la retórica de muerte del movimiento abortista. La cultura de la muerte parece avanzar por momentos en Estados Unidos. No se trata de un mero asunto o debate de política; es algo que tiene que ver con vidas reales, seres humanos reales, asesinados legalmente de forma masiva. Los acontecimientos del 2019 y esta crisis política actual sirven como una resonancia magnética moral, una prueba de diagnóstico de la condición ética de Estados Unidos. Los exámenes actuales nos presentan un diagnóstico horrible. La cultura de la muerte ha hecho metástasis y sigue extendiéndose por toda la nación.

Una cosa es clara: los cristianos estadounidenses no solo debemos trabajar por la preservación de la vida del no nacido y defenderla, sino también orar por ella. Estamos en un momento decisivo para el carácter moral de la nación. Se necesita no solo la atención de las mejores mentes intelectuales y legales que la nación pueda ofrecer, sino también las oraciones de todos los cristianos.

Que Dios tenga misericordia y revierta la cultura de la muerte que ha plagado esta nación. Que Dios nos ayude a preservar y proteger la vida de cada ser humano, nacido y no nacido.

El testimonio cristiano exige que planteemos a las personas, de manera colectiva e individual, preguntas que las lleven a una seria reflexión moral. Las leyes del latido, por ejemplo, no son solo actos saludables de provocación, son actos *santos* de provocación. Estas leyes buscan provocar un debate en el que los cristianos puedan dar testimonio de la gloria del Creador señalando el desarrollo y la belleza de la vida humana en el vientre de la madre. Los cristianos entienden la importancia de estos debates. No se trata de un simple debate público sobre un tema meramente político: están en juego la vida y la muerte; de hecho, está en juego la vida humana. Por eso, provocar un debate con las leyes del latido es un llamado santo.

Nos corresponde a los cristianos defender la santidad de la vida humana y enfrentarnos a los argumentos que exigen el acceso sin límites al aborto. El aborto destruye innumerables vidas humanas cada año. No podemos callar. Los gritos de los niños agonizantes desde el vientre exigen nuestros mayores y más celosos esfuerzos para hablar por ellos, defenderlos y tratar de erradicar el aborto con todas nuestras fuerzas.

Para ello, los cristianos debemos, ante todo, orar. Oramos a Dios para que intervenga, cambie los corazones y derrame su misericordia sobre una nación perdida en los mares del secularismo. Oramos por nosotros mismos: que Dios nos conceda valor, convicción y compasión, no solo por los niños abortados, sino también por muchas mujeres que se sienten atrapadas, que ven el aborto como su única opción viable.

En segundo lugar, los cristianos debemos equiparnos con la Palabra de Dios para predicar y proclamar la gloria de una humanidad consagrada en el mandato creador de Dios. Los seres humanos, en cada etapa de la vida, son portadores de la imagen de Dios. Destruir deliberadamente a los portadores de su imagen es un acto de alta traición contra la gloria de nuestro Dios que hizo al hombre y a la mujer a su imagen, la cual comienza en la concepción. Los cristianos debemos luchar por la santidad de la vida humana equipándonos con la poderosa Palabra del Dios vivo.

Por último, si toda la vida es sagrada, entonces los cristianos debemos defender la adopción y la acogida temporal, y estar dispuestos a hacernos cargo de niños que de otra manera habrían sido abortados. Los creyentes en Jesucristo deberíamos ser los primeros en el cuidado de los niños. Si deseamos ver el fin de los abortos, debemos proveer el cuidado necesario a quienes sobreviven a esta crisis de aborto.

Se avecina una tormenta, y ya se ha cobrado la vida de millones de niños no nacidos. Nos enfrentamos a una crisis política, moral y ética en este país: a menos que los cristianos encaremos la tormenta y declaremos la santidad y dignidad de la vida humana, el número de bajas será aún más catastrófico. No podemos callar. No podemos aceptar la lógica de la cultura de la muerte. Pero la única respuesta real a la cultura de la muerte es el evangelio de la vida.

CUATRO

LA TORMENTA QUE SE AVECINA SOBRE EL MATRIMONIO

«Queridos hermanos, estamos aquí reunidos ante Dios y ante esta congregación, para unir a este hombre y a esta mujer en santo matrimonio, que es un estado honorable, instituido por Dios en el tiempo de la inocencia del hombre, que significa para nosotros la unión mística entre Cristo y su Iglesia».

Este familiar lenguaje del *Libro de oración común* anglicano, recitado miles de veces cada semana en distintas formas, presenta una visión del matrimonio como una institución profundamente cristiana, incluso como un retrato necesario del amor que une a Cristo y su iglesia. Como el matrimonio indica esta «unión mística», apunta a una idea que nos lleva mucho más allá de la relación entre el marido y la esposa. ¿Acaso tenemos la más mínima idea de esto la mayoría de los cristianos?

Ya es bastante malo que el mundo secular haya rebajado el matrimonio a un contrato cuasi legal que, como otros contratos voluntarios, puede hacerse o romperse a voluntad. La mayor tragedia es el fracaso de los cristianos a la hora de tomarnos en serio el matrimonio. Según la Biblia, el matrimonio no solo es algo diseñado por el Creador como un escenario para la felicidad humana y la continuación de la especie, sino que también es el escenario de la gloria de Dios, donde los deleites y las disciplinas del matrimonio apuntan al propósito para el cual fuimos creados los seres humanos.

El matrimonio tiene que ver con nuestra felicidad, nuestra santidad y nuestra integridad, pero, muy por encima de eso, con la gloria de Dios. Cuando uno entra como debe en el matrimonio, cuando se guardan los votos matrimoniales con pureza, cuando se disfrutan en su lugar apropiado todas las bondades del matrimonio, se glorifica a Dios.

Nuestro principal objetivo es glorificar a Dios, y el matrimonio es un medio para mayor gloria de Dios. Como pecadores, nos preocupamos por nuestros propios placeres, nuestra satisfacción, nuestras prioridades, nuestra concepción del matrimonio como un acuerdo de convivencia. El propósito final del matrimonio es la mayor gloria de Dios; y se glorifica más a Dios cuando se celebran y reciben correctamente sus dones, y cuando se honran y cumplen adecuadamente sus pactos.

En nuestra cultura posmoderna no se respeta mucho el matrimonio. Para muchos, se ha dejado a un lado el pacto matrimonial en favor de un contrato de cohabitación. La ética de la autonomía personal ha dado lugar a generaciones sucesivas que conciben el mundo como el escenario de su propia realización personal, y el matrimonio como una reliquia anticuada de una obsoleta cultura de obligaciones.

La nuestra es una era de expresión de uno mismo. Los individuos se expresan a sí mismos a través del matrimonio, y luego a través del divorcio, como si toda la vida no fuera más que una sucesión de actos de expresión de uno mismo.

La cultura del divorcio explica la obligación y las promesas sagradas como declaraciones temporales de disposición emocional. Es posible que hoy me *sienta* casado, puede que mañana no me *sienta* casado.

Nuestra cultura está tan confundida en cuanto al sexo que ha separado las bondades del sexo de los votos y obligaciones del matrimonio. Gracias a las tecnologías modernas, podemos tener sexo sin bebés, bebés sin sexo, y tanto lo uno como lo otro sin matrimonio. Para muchos, el matrimonio ha pasado a ser algo irrelevante.

Para otros es peor. Algunas feministas han arremetido contra el matrimonio como una prisión doméstica, una institución patriarcal y opresiva que se impone a hombres y mujeres incautos para negarles la libertad, la autonomía, la realización y la liberación. Y, para una cultura poscristiana, está el fastidioso problema del carácter esencial del matrimonio como institución sagrada. Una sociedad que no cree en Dios acabará por no creer en el matrimonio.

Además de estos desafíos al matrimonio, se avecina la tormenta de la revolución LGTBQ, que exige una total reorientación del matrimonio y de las relaciones humanas. La revolución sexual rechaza la visión cristiana del matrimonio e introduce en la ecuación una nueva ética, mediante una redefinición radical de una institución que no fue hecha por la humanidad y para la humanidad, sino por Dios para nuestro bien y para su gloria.

Las parejas cristianas que se comprometen con este alto concepto del matrimonio deben verse a sí mismas como contrarrevolucionarias. En un sentido muy real, lo son. Van contra la corriente de la opinión pública, de la tendencia moral moderna, de la erosión del orden y de la cada vez menos valorada fidelidad. Ante Dios, tienen un compromiso entre ellos dos y solo entre ellos dos: vivir juntos el uno para el otro, sin importar lo que venga.

La procreación

La procreación y la educación de los hijos son un pilar esencial en el diseño del matrimonio de Dios. A veces hay infertilidad o abortos espontáneos, lo cual es señal de la maldición del pecado en el mundo. Sin embargo, estos momentos desgarradores no menoscaban la procreación diseñada por Dios como sello distintivo del matrimonio. Hay que recibir a los hijos como regalos para la institución del matrimonio, que transforman a los esposos en padre y madre. En nuestra era antinatalista, algunos ven a los niños como imposiciones, o algo peor. Negar la orientación procreadora del matrimonio, en la que todo matrimonio está abierto de verdad al don de los hijos, es negar la visión bíblica del matrimonio mismo.

Las cifras, sin embargo, reflejan un triste retrato del estado de la maternidad en Estados Unidos. El año pasado, el *Wall Street Journal* publicó un editorial titulado «America's Millennial Baby Bust» (La caída de nacimientos en los milénicos estadounidenses). Como informó el periódico, la tasa de natalidad de Estados Unidos ha llegado a su punto más bajo en treinta y dos años. Durante el periodo comprendido entre 1960 y 2017, la tasa de fertilidad del país (nacimientos por mujer) se redujo prácticamente a la mitad. La dramática caída de la tasa de fertilidad coincidió con el desarrollo de la píldora anticonceptiva.

El control de la natalidad y la planificación familiar dieron lugar a la idea de que dar a luz es simplemente una opción, un plan en el que se puede elegir participar o no. Para algunos, los hijos no son más que inconvenientes y sanguijuelas que nos dejan sin tiempo y dinero. De hecho, vivimos en una sociedad cuyos dirigentes piden el acceso sin restricciones al aborto por cualquier razón en cualquier momento del embarazo. Los niños que están en el vientre son prescindibles, una mercancía que puede eliminarse si presenta algún inconveniente. Vivimos en una época en la que se reduce el valor de los bebés a productos accidentales de la pasión sexual.

Sin embargo, otro argumento trata de conectar un imperativo moral de *no* tener hijos con el cuidado del medio ambiente. Hace unos diez años, un par de científicos de la Universidad Estatal de Oregón publicaron un estudio en el que se argumentaba que en cualquier esfuerzo por limitar las emisiones de carbono había que tener en cuenta el impacto de las opciones reproductivas en la ecuación ecológica.

Paul A. Murtaugh y Michael G. Schlax expusieron su caso en «Reproduction and the Carbon Legacies of Individuals» (La reproducción y el legado de carbono de los individuos), publicado en la revista *Global Environmental Change*.[1] Su argumento decía: «Si bien el crecimiento demográfico es obviamente un componente clave de las proyecciones de las emisiones de carbono a nivel mundial, se ha hecho relativamente poco hincapié en las consecuencias ambientales de las opciones reproductivas del individuo». Después de todo, no solo están los «efectos inmediatos» causados por cada descendiente, sino también los «impactos adicionales» si estos dan a su vez lugar a más descendientes.

Según el estudio, la decisión por parte de una hembra de reproducirse, aunque sea con un solo hijo, podría tener tremendos efectos ecológicos. Para defender su tesis, los investigadores calcularon la hipotética «contribución genética a las generaciones futuras» de una sola mujer y proyectaron el legado de carbono que esta contribución supondría. Ellos plantean que, al legado de carbono de una mujer promedio, cada niño añadirá 9.441 toneladas de dióxido de carbono.

Hay que reconocer que los investigadores han dedicado mucho esfuerzo a pensar en cómo realizar la proyección de este «legado de carbono». Hicieron sus cálculos entendiendo que los niños, tanto varones como hembras, probablemente pasen a formar parte de una pareja reproductora y produzcan generaciones futuras. Dieron por sentada una tasa de reproducción de 1,85 niños por mujer para el año 2050.

Teniendo en cuenta todo esto, Murtaugh y Schlax estimaron que una mujer estadounidense que haga importantes ajustes en su estilo de vida para reducir su legado de carbono —como ahorrar más combustible de su automóvil, recorrer menos kilómetros, adoptar tecnologías de eficiencia energética, reciclar, etc.— ahorraría alrededor de 486 toneladas de emisiones de dióxido de carbono a lo largo de su vida. Sin embargo, si tuviera dos hijos, habría que añadir casi cuarenta veces esa cantidad de dióxido de carbono a la atmósfera. En otras palabras, todos sus esfuerzos por ser respetuosa y cuidadosa con el medio ambiente se verían desbordados por su decisión de tener apenas dos hijos.

Los investigadores argumentaron:

> Es evidente que las opciones reproductivas de un individuo pueden tener un efecto dramático en el total de las emisiones de

carbono finalmente atribuibles a su linaje genético. Obviamente, es esencial comprender las formas en que las actividades cotidianas de un individuo influyen en las emisiones y explicar las enormes disparidades en las emisiones per cápita entre los países, pero ignorar las consecuencias de la reproducción puede llevar a subestimar gravemente el impacto a largo plazo de un individuo sobre el medio ambiente mundial.

En cierto sentido, un informe científico como este podría representar poco más que una respuesta hipotética a una conjetura. Sin embargo, aquí hay más en juego. Estos investigadores dejaron claro este punto cuando, al principio de su artículo, afirmaron: «Nuestra premisa básica es que cada persona es responsable de las emisiones de carbono de sus descendientes, ponderadas por su relación con ella».

Es una afirmación muy destacable. Aunque estos dos investigadores dirigían su informe a la comunidad científica, reconocen abiertamente que los interesados en el desafío político del cambio climático deben tomar en cuenta su argumento. Como ellos argumentaron: «Está claro que los posibles ahorros por la reducción reproductiva son enormes comparados con el ahorro que puede lograrse mediante cambios en el estilo de vida».

Desde la década de 1960 han sido comunes las advertencias de que la reproducción humana conducirá a un desastre ecológico. En general, estos argumentos se han formulado teniendo en cuenta la limitación de los recursos naturales y la sostenibilidad del medio ambiente. Ahora se añade un nuevo elemento, con una propuesta de modelo para cuantificar un impacto ambiental previsto. Estos dos investigadores sostienen que, si no se tienen en cuenta las «opciones reproductivas» de los individuos, se condenarán todos los demás esfuerzos por reducir el nivel de las emisiones de carbono.

La lógica de este argumento es clara y escalofriante. Es casi seguro que se producirá el salto del análisis científico a las propuestas de políticas públicas. ¿Cuánto tardaremos en ver que se advierte a los futuros padres de que su decisión de reproducirse podría ser catastrófica para el medio ambiente? ¿Nos vendrá ahora una propuesta de límites y «derechos de emisión» para los bebés?

Puede que no sea una idea muy lejana. De hecho, justo el año pasado, la congresista Alexandria Ocasio-Cortez cuestionó en su Instagram la moralidad de los padres que se plantean tener hijos. Afirmó:

> Nuestro planeta se enfrentará a un desastre si no giramos el rumbo de este barco. Y básicamente es así: existe un consenso científico en el sentido de que la vida de los niños va a ser muy difícil y creo que eso lleva a los jóvenes a plantearse una pregunta legítima: ¿está bien seguir teniendo hijos? No solo financieramente, porque la gente se gradúa con una deuda de 20.000, 30.000, 100.000 dólares en préstamos estudiantiles y así no pueden permitirse tener hijos, sino también por esta pregunta moral básica: «¿Qué hacemos?».

Las filosofías antinatalistas existen desde mucho antes que los argumentos sobre la ecología y la sostenibilidad. Dada nuestra responsabilidad bíblica por la gestión del medio ambiente, los cristianos deberíamos, en efecto, ocuparnos con atención de las cuestiones relacionadas con las emisiones de carbono, el cambio climático y el respeto por el planeta. Sin embargo, cuando empezamos a medir a los bebés en términos de un «legado de carbono» y una futura amenaza al medio ambiente, nos alejamos de la cosmovisión bíblica. De hecho, cuando tener o no tener hijos se convierte en una «cuestión moral básica», la sociedad ha caído en un caos inexplicable. Los seres humanos no pueden ser reducidos a un «legado de carbono», y el don de los hijos nunca debe verse como un ataque al planeta. La procreación no es una cuestión o dilema moral básico, fue diseñada por Dios como algo bueno, glorioso y, de hecho, parte del mandato bíblico, previo a la caída, de crecer y multiplicarse.

En la década de 1970, se nos advirtió que la civilización humana y el futuro del planeta estaban amenazados por una «explosión demográfica».[2] Paul Ehrlich, autor de *The Population Bomb*, advirtió de la hambruna masiva y de la muerte de millones de personas en esa década. Ni que decir tiene que no sucedió, pero la clase intelectual de Estados Unidos y Europa abrazó una visión del mundo que sigue intentando reducir la población humana mediante la reducción de los nacimientos.

En realidad, el gran peligro que enfrenta la sociedad no es tener demasiados bebés, sino *demasiado pocos*. Hace más de una década, el *New York Times* publicó un artículo con el titular «No Babies?» (¿No hay bebés?).[3] Luego, a finales del 2019, el mismo periódico publicó otro sorprendente titular: «The End of Babies» (El fin de los bebés).[4] En Estados Unidos, la tasa de natalidad ha disminuido drásticamente, lo que amenaza la fuerza del país a largo plazo. En Europa, el panorama es aún más dramático, ya que la tasa total de natalidad está por debajo de la reposición de población, lo que apunta a una crisis económica. En Japón, la realidad es catastrófica.

Vivimos en una época de la historia de la humanidad en la que esencialmente se separa el tener relaciones sexuales del tener hijos. Todo esto presagia el desastre, pero también subraya, gráficamente, la bondad del matrimonio como el regalo que Dios diseñó como unidad central de la sociedad humana.

De hecho, la cosmovisión bíblica envía un mensaje inequívoco de que los niños son regalos preciosos que debemos recibir. No son resultados accidentales ni intromisiones en nuestras felices vidas adultas; creerlo y comportarse así equivale a quitarle a Dios su gloria.

Un remedio contra el pecado

En 1 Corintios 7.2, 5, el apóstol Pablo escribió: «Pero a causa de las fornicaciones, cada uno tenga su propia mujer, y cada una tenga su propio marido [...]. No os neguéis el uno al otro [...], y volved a juntaros en uno, para que no os tiente Satanás a causa de vuestra incontinencia». Pablo se preocupaba por la iglesia de Corinto debido a su seducción por el pecado sexual y su flagrante inmoralidad en ese ámbito. Pablo entendía que los pecados sexuales comprometían la capacidad de la iglesia para representar a Cristo en Corinto. El apóstol señaló el matrimonio como un medio para canalizar el deseo sexual en su contexto adecuado, para evitar que los creyentes se estén «quemando» y pequen contra Dios (v. 9).

La tormenta secular, sin embargo, convirtió el «ardor de la pasión» en una especie de arte hedonista. La sexualidad explícita, despojada de los límites del matrimonio, es la energía que mueve gran parte de nuestra economía y nuestro entretenimiento, y es la mejor herramienta para la publicidad. La secularización corrompió la ética sexual bíblica y hace que la convicción de que el coito debe limitarse al matrimonio se vea como algo anticuado, como un retroceso moral, como algo irremediablemente obsoleto. El secularismo ha paganizado la cultura. Los paganos se refieren a las cosas santas como bajezas, mientras que se refieren a las bajezas como santas. La mentalidad pagana adora las bajezas y menosprecia las cosas sagradas. La paganización del sexo le ha robado su gloria, lo ha vaciado de su belleza y ha difamado su propósito ordenado por Dios como una gracia que se disfruta dentro del pacto matrimonial.

De hecho, para los maridos y las esposas, el pacto matrimonial sirve como un recordatorio de gracia de un amor trascendente y permeante que protege la relación entre el hombre y la mujer. El marido pertenece a su esposa y a ninguna otra; la esposa pertenece a su marido y a ningún otro. Dios da al hombre y a la mujer en matrimonio para compartir sus pasiones bajo la protección del pacto matrimonial. No es un sistema opresivo patriarcal, ni una construcción social que guio a la humanidad en tiempos pasados y de la que ahora podemos liberarnos. Dios diseñó el sexo para que se desarrollara bajo el cuidado del pacto entre esposos.

La cosmovisión cristiana no impugna en absoluto el deseo de sexo; pero debe ser un deseo ejercido y disfrutado adecuadamente dentro del pacto matrimonial. El mundo condena esta idea como algo opuesto a la intuición y a la cultura. Si deseamos sexo, debemos buscar la satisfacción de ese deseo, sea como sea. Las Escrituras, sin embargo, nos dan esta verdad como base y guía: el deseo de sexo viene de Dios para llevarnos a la santidad en el matrimonio. En el matrimonio, los cónyuges se unen en una alianza, no se ven el uno al otro como un medio de satisfacción sexual, sino que se juntan en una tierna intimidad. El sexo, bajo el pacto matrimonial, adquiere su identidad adecuada, es decir, la de un acto adornado y protegido por un amor firme y comprometido. Cuando el secularismo rompe esa identidad y la entrega a las pasiones hedonistas, se reduce el placer de este regalo de Dios.

Por desgracia, la iglesia de Jesucristo exhibe a veces infidelidad a esta sagrada institución y a esta relación íntima diseñada para los esposos. El adulterio es una plaga en muchos hogares cristianos. Es una abominación a los ojos de Dios, ya que perturba el pacto profesado por ambos cónyuges. Inyecta ira y temor en la relación y erosiona la confianza. Además, la pornografía envenena las pantallas de muchos maridos, padres e hijos. La plaga es tan contagiosa que ataca a los no cristianos y lleva a muchos cristianos a consumirse ante una pantalla, con la promesa de un placer que no puede ofrecer. El impulso sexual, que debería dirigirse hacia la fidelidad de pacto en el matrimonio y a todas las bondades de esa institución esencial, ha quedado corrompido con efectos devastadores.

En lugar de dirigirse hacia la fidelidad, el compromiso de pacto, la procreación y la maravilla de una relación como una sola carne, el impulso sexual se ha degradado hasta ser una pasión que despoja a Dios de su gloria, celebra lo sensual a expensas de lo espiritual y coloca lo que Dios había previsto para bien en un camino que lleva a la destrucción en nombre de la satisfacción personal. La respuesta más importante que podemos dar al aumento de la popularidad de la pornografía se basa en la doctrina cristiana del pecado. Como pecadores, corrompemos lo que Dios ha diseñado de manera perfecta para el bien de sus criaturas, y hemos convertido el sexo en una feria de placeres orgiásticos. No solo hemos separado el sexo del matrimonio, sino que también, como sociedad, ahora vemos el matrimonio como una imposición, la castidad como una vergüenza y las restricciones al sexo como un problema psicológico. La doctrina del pecado explica por qué hemos cambiado la gloria de Dios por el concepto freudiano de la disposición perversa polimorfa.

La era posmoderna trajo muchas maravillas, así como increíbles desafíos morales. A menudo, los logros tecnológicos y la complejidad moral van de la mano. Así es claramente con el desarrollo de Internet. Por primera vez en la historia, un adolescente puede encontrar en su dormitorio toda la pasión sexual, perversión y placeres imaginables. El adolescente de hoy, si no está perdido en una isla desierta, es probable que sepa más sobre el sexo y sus complejidades de lo que sabía su padre cuando se casó. Además, lo que la mayoría de las generaciones han conocido, si acaso, solo en la imaginación está ahora disponible en sitios web tanto comerciales como gratuitos. Internet ha traído una autopista interestatal de pornografía a cada comunidad, con carriles de salida hacia todas las computadoras.

La pornografía representa uno de los ataques más insidiosos a la santidad del matrimonio y a la bondad del sexo en la relación como una sola carne. Celebrar el libertinaje en lugar de la pureza, poner el placer genital por encima de todas las demás consideraciones y corromper la energía sexual a través de una inversión del yo corrompen el concepto de matrimonio, conducen a un daño incalculable y subvierten el matrimonio y su vínculo.

Los cristianos pueden oponerse a la revolución sexual mediante la fidelidad en el pacto matrimonial, que sirve de testimonio al mundo de la bondad del sexo a través del mandato creado por Dios. Cuando los cristianos fomentamos la visión bíblica del sexo bajo pacto, ponemos una luz intensa en esta tormenta secular que exige una libertad erótica sin precedentes que causará estragos en la civilización occidental. Los cristianos podemos ayudar a la sociedad a recuperar la gloria de la sexualidad bíblica ordenada por Dios, si protegemos el lecho matrimonial y manifestamos pureza sexual. Los padres cristianos deben inculcar a sus hijos la visión bíblica del sexo como un regalo que solo se disfruta en el matrimonio. Al aferrarnos a la ética bíblica del sexo, los cristianos revelamos el verdadero esplendor y gloria del matrimonio.

Compañeros de por vida

El tercer gran fin del matrimonio es ser compañeros para toda la vida, en lo bueno y en lo malo, la abundancia y la escasez, la enfermedad y la salud, hasta que la muerte separe a los esposos. El misterio de la completitud se expresa en la declaración de que los dos serán uno solo. Cuando un hombre y una mujer intercambian sus votos matrimoniales, se convierten en una sola unidad. Después de estos votos, ya no podemos hablar del marido sin la esposa ni de la esposa sin el marido. Se han convertido en uno, tanto en la unión física del acto marital como en la unión metafísica del vínculo matrimonial. Como pareja casada —marido y esposa— vivirán para la gloria de Dios el uno con el otro, por el otro y para el otro.

De hecho, en Génesis 2, Dios reveló que no era bueno que Adán estuviera solo. Por eso, Dios declaró en Génesis 2.18: «Le haré ayuda idónea para él». Esta declaración divina indica que Dios ejerció un mandato creador: Adán no debía quedarse solo, y Dios mismo le haría a Adán una ayuda para complementarlo. Dios entonces hizo pasar delante de Adán todos los animales del campo y las aves del cielo. Adán los examinó y les puso nombre, y vio que en toda la creación no había ninguna ayuda idónea para él. Nada lo complementaba.

En el versículo 21, Dios hizo caer a Adán en un profundo sueño; mientras dormía, Dios le quitó una de sus costillas y formó a Eva. A la mañana siguiente, Dios llevó a Eva a Adán, y este exclamó: «Esto es ahora hueso de mis huesos y carne de mi carne; esta será llamada Varona, porque del varón fue tomada» (v. 23). El versículo suena a suspiro de alivio, alegría y regocijo: después de haber visto toda la creación, ahora por fin, por la gracia de Dios, Adán se unió a su esposa. De hecho, el capítulo concluye con la declaración soberana de Dios: «Por tanto, dejará el hombre a su padre y a su madre, y se unirá a su mujer, y serán una sola carne» (v. 24).

El relato de Génesis 2 abunda en significado teológico. Es una narración que los cristianos necesitamos desesperadamente retomar para poder encarar la tormenta secular. Primero, Génesis 2 revela que la compañía del matrimonio es nada menos que una ordenanza divina. El matrimonio no es un mero invento humano que ha sufrido un proceso social de adaptación. El matrimonio no lo creó la evolución social. El compañerismo entre esposo y esposa, hombre y mujer, no fue un accidente.

Esta verdad se opone de frente a esta era secular. Nuestra sociedad ha reducido el matrimonio a un producto social, maleable a conveniencia del individuo y la cultura. De hecho, cuando en el 2015 el Tribunal Supremo legalizó el matrimonio entre personas del mismo sexo, su presidente, John Roberts, supo identificar las medidas drásticas y sin precedentes adoptadas por la Corte: esta «redefinió completamente el matrimonio», y la decisión de la mayoría de jueces fue «un acto de voluntad, no una sentencia legal».[5] Tras la decisión de *Obergefell*, la sociedad continúa en caída por la caótica espiral del subjetivismo matrimonial, en que las realidades trascendentales y ontológicas ya no definen el matrimonio.

En segundo lugar, Dios consagró en la unión matrimonial el concepto de complementariedad, que declara la igual dignidad del hombre y la mujer como creados ambos a imagen de Dios, pero que se complementan entre sí con sus diferentes roles de género. Esto implica obedecer las claras enseñanzas de la Biblia sobre el liderazgo masculino en el hogar y en la iglesia. De hecho, tal como deja claro el relato de Génesis, el género no es algo incidental. Es esencial y parte del designio original de Dios crear el matrimonio para su gloria. Las necesidades compartidas entre los esposos son para la gloria de Dios. La satisfacción de la mujer a los ojos del hombre es para la gloria de Dios. La satisfacción y los placeres disfrutados entre los esposos alaban la gloria de Dios. Vivir nuestra vida juntos como marido y mujer en la enfermedad y en la salud, hasta que la muerte nos separe, es gloria de Dios. Esta relación como una sola carne es para la gloria de Dios, y es una relación entre un hombre y una mujer, que se complementan mutuamente en sus respectivos roles ordenados por Dios como esposo y esposa.

El párrafo anterior se refiere a la posmodernidad y a las mareas crecientes del secularismo. Este testimonio bíblico choca con la revolución sexual, que condena cualquier intento de ver que las mujeres viven como mujeres y los hombres como hombres. El mensaje es sencillo: los hombres y las mujeres deben redefinir la masculinidad y la feminidad para adaptarse a las nuevas definiciones seculares, que intentan abrogar los roles que dan gloria a Dios en que los maridos actúan como maridos y las esposas como esposas, los hombres como hombres y las mujeres como mujeres.

Los ataques al género, que trataremos a fondo en el capítulo 6, no pueden considerarse una evolución menor en esta era secular. Los intentos de redefinir el género como algo sin importancia, como una herramienta creada por los hombres para anular a las mujeres, degrada y difama la voluntad del glorioso y bondadoso Dios del universo que creó al hombre y a la mujer con roles distintivos; no como un castigo ni como un intento de degradar a un sexo en particular. De hecho, al tratar de deshacerse de la verdad y la virtud del género, la sociedad solo siembra mayor confusión, consternación y caos. Vivir fuera de los designios de Dios solo hace prever destrucción. Los cristianos, por lo tanto, debemos esforzarnos en todos los sentidos para recuperar la gloria del género en el pacto matrimonial. La doctrina bíblica de la complementariedad, lejos de oprimir a ninguno de los géneros en el matrimonio, favorece el mejor crecimiento entre los cónyuges que viven de acuerdo con y bajo la instrucción de Dios.

La tercera verdad teológica afirmada en Génesis 2 se refiere a la relación como una sola carne que Dios estableció entre Adán y Eva, una relación en la que se aferran el uno al otro, sin abandonarse jamás. Jesús explicó esta realidad en Marcos 10.8–9, proclamando que el marido y la mujer «no son ya más dos, sino uno. Por tanto, lo que Dios juntó, no lo separe el hombre». En otras palabras, el matrimonio debe ser un compromiso de por vida entre marido y mujer. El matrimonio no es un contrato que cualquiera de las partes pueda incumplir. No, es un pacto.

A pesar de esta realidad, el divorcio proyecta su oscura y terrible sombra sobre la civilización occidental y especialmente sobre la iglesia de Jesucristo. El divorcio es el ejemplo más claro de cómo la iglesia se suma al canon general. Demasiados hogares que llevan el nombre de Cristo sufren divorcios desastrosos, que dejan a su paso hogares rotos, hijos traumatizados y la difamación de la unión matrimonial. Estamos asistiendo a una revolución del divorcio que no solo ha convertido el matrimonio en una condición provisional, por no decir transitoria, sino que también lo ha redefinido como una mera celebración pública de un acto individual de expresión personal esencialmente no negociable. El divorcio se convirtió en algo común en Estados Unidos y en nuestros debates culturales ya no se considera un gran problema, pero desde luego que lo es.

Si sigues la trayectoria de la revolución sexual, el divorcio «sin culpa» fue el paso previo al matrimonio entre personas del mismo sexo. Cuando el divorcio dominó como la nueva norma para los matrimonios, redefinió el carácter de pacto de compromiso público y vitalicio que tenía la institución. Cuando la sociedad convirtió el matrimonio en un compromiso moralmente irrelevante y no vinculante, solo le hacía falta un paso para llegar al matrimonio homosexual. Si una cultura puede desechar el pacto del matrimonio, puede hacer lo mismo con cualquier otro compromiso vinculante, bíblico y, de hecho, glorioso, que hacía del matrimonio una hermosa y gloriosa realidad.

Conclusión

¿Por qué es tan importante todo esto? Para tener una cultura estable y funcional se necesitan matrimonios estables y familias cuidadas.

Sin un matrimonio y una vida familiar saludables como base, no habrá comunidad duradera y saludable que sobreviva mucho tiempo.

Los cristianos deben luchar por el matrimonio como un don de Dios para la humanidad, un don clave y esencial para el desarrollo humano, un don circunscrito a la unión conyugal vitalicia entre un hombre y una mujer. No podemos callar ni unirnos a la revolución moral que se opone directamente a lo que creemos que el Creador ha diseñado, dado y destinado para nosotros y para su gloria. No podemos dejar de luchar por el matrimonio como una institución santa, formada por un hombre y una mujer, pendientes el uno del otro en una unión monógama y de pacto.

Es imposible exagerar nuestra responsabilidad en medio de esta tormenta secular. Tenemos la tarea de mantener la visión bíblica del matrimonio, y lo hacemos al vivir conforme a ella. Nos corresponde a los cristianos mostrarle al mundo la gloria del matrimonio, para que la pornografía sea algo inconcebible, el divorcio desaparezca de nuestro vocabulario y el matrimonio entre personas del mismo sexo sea algo impensable. Cuando los cristianos, bajo el pacto del matrimonio, guiados por el Espíritu Santo, defienden la irrebatible Palabra de Dios, muestran la belleza del matrimonio. Cuando los cristianos construyen sus matrimonios sobre los cimientos bíblicos, muestran, como dijo el apóstol Pablo en Efesios 5, el misterio del evangelio de Jesucristo.

Se avecina una tormenta secular sobre el matrimonio. Arrasa a las familias y arranca a los padres de sus hijos. Desbarata un amor que no debería tener fin. Pero los cristianos pueden avanzar como una luz en medio de esta profunda confusión cultural para declararle al mundo la gloria de Dios mediante la gloria del matrimonio.

CINCO

LA TORMENTA QUE SE AVECINA SOBRE LA FAMILIA

En 1977, el brillante observador cultural Christopher Lasch publicó un libro con un título muy interesante, *Refugio en un mundo despiadado: la familia, ¿santuario o institución asediada?*[1] El título lo decía todo. Curiosamente, el argumento de Lasch era que la familia era necesaria como oasis de seguridad y afecto en un mundo que se está enfriando aún más con el avance de la era tecnológica. Pero la modernidad estaba aplastando a la familia, según veía Lasch. De manera similar, los sociólogos Peter y Brigitte Berger advirtieron sobre la «guerra contra la familia» y describieron cómo la unidad familiar estaba siendo subvertida por todas partes, desde las presiones económicas hasta la intromisión del gobierno.[2]

El libro de Christopher Lasch salió el año en que yo me gradué de la secundaria. El libro de los Berger se publicó solo seis años después. No tenían ni idea de lo que se avecinaba ni de cómo en las décadas siguientes la familia se vería aún más amenazada.

Yo no puedo explicar mi vida sin mis padres y mi familia. Lo que soy hoy se debe a la gracia de Dios en mi madre y mi padre. Su amor, su dedicación y la educación cristocéntrica que me dieron nutrieron mi formación. Además, yo no sería quien soy sin mi familia. Mis hijos me enseñaron mucho y me dieron muchos años de alegría abundante, una alegría que ahora se multiplica con mis nietos. La más importante es mi esposa, Mary, que es sin duda una de las mayores bendiciones de Dios en mi vida.

Dios quiso que las familias tuvieran este tipo de gozo y seguridad. De hecho, la vida familiar, al igual que el matrimonio, no fue un accidente. Dios estableció la unidad familiar desde el principio, al mandar a Adán y Eva que fueran fructíferos y se multiplicaran. Dios extiende el lenguaje de la familia a lo largo de las Escrituras, donde esta encuentra su cumplimiento en la familia del Dios vivo, fundada por medio del sacrificio de Jesucristo. A través de la expiación de Jesús, inició una nueva familia, una familia eterna de hermanos y hermanas en Cristo que morarán con Dios por toda la eternidad. Lejos de ser una construcción social, las familias muestran la gracia de Dios, la gloria del evangelio, y son esenciales para cualquier sociedad funcional.

La secularización, sin embargo, no puede tolerar ni tolerará la cosmovisión bíblica en ningún asunto. De hecho, la tormenta secular no solo amenaza cuestiones de política pública como la libertad religiosa, el acceso al aborto y las leyes sobre el matrimonio, sino que también supone una andanada hacia los hogares privados. La ofensiva de las fuerzas del «progreso» moderno van incluso contra la unidad familiar porque los futuros discípulos de la nueva cosmovisión son nuestros hijos. Para reivindicar el dominio total, una cultura secular cada vez más hostil debe erradicar cualquier apariencia o rastro de una cosmovisión premoderna o bíblica en la educación de la generación futura.

El final de los derechos parentales

La ofensiva de la cosmovisión secular erosiona el rol de los padres en la crianza de sus hijos. Un caso tras otro, una historia tras otra, cuentan la degradación de los derechos de los padres: el secularismo subvierte la autoridad de los padres que se niegan a someterse a su ideología. Si se oponen a la secularización, hay que eliminar a los padres de la ecuación. Los siguientes son ejemplos de las calamidades morales a las que se enfrenta una civilización occidental que ya no aprecia la familia.

El caos en Canadá

El año pasado, el mundo pareció no reaccionar cuando el Tribunal Supremo de Columbia Británica ordenó que una niña de catorce años recibiera inyecciones de testosterona sin el consentimiento de sus padres. El tribunal declaró que, si alguno de sus padres se refería a ella usando pronombres femeninos o la llamaba por su nombre de nacimiento, podrían ser acusados de violencia familiar.

Jeremiah Keenan, reportero del *Federalist*, documentó esta horrible historia de caos moral.[3] Evidentemente, el orientador escolar de la jovencita la animó a identificarse como varón ya en el séptimo grado. Cuando cumplió trece años, su médico y sus colegas del British Columbia Children's Hospital decidieron que «debería comenzar a recibir inyecciones de testosterona para desarrollar una apariencia más masculina». Keenan informó que, mientras que la madre aceptaba la idea de las inyecciones de hormonas, el padre estaba «preocupado por las implicaciones permanentes de recibir hormonas del sexo opuesto». Es más: «Sospechando que los problemas de salud mental de su hija podrían ser más la causa que el efecto de su disforia de género, decidió que sería mejor para ella esperar hasta ser mayor antes de embarcarse en algún tratamiento irreversible».

A pesar de las preocupaciones del padre, y de sus derechos como tal, el médico informó a los padres que los tratamientos hormonales comenzarían con el simple consentimiento de la niña y el acuerdo de los doctores. El médico principal alegó que tenía derecho a asumir el control parental por la ley vigente en Columbia Británica conocida como la Infant's Act. Cuando el padre solicitó una orden judicial a la corte de Columbia Británica, un juez consideró que la hija estaba facultada para «aprobar el tratamiento médico de la disforia de género». El padre respondió a la decisión de la corte diciendo: «El gobierno se ha apoderado de mis derechos como padre. Están usando a mi hija como si fuera un conejillo de indias».

El padre se preguntaba además, en su indignación: «¿El British Columbia Children's Hospital estará ahí dentro de cinco años cuando ella rechace su identidad masculina? No, no estará. No les importa. Lo que quieren son números». Keenan informó, con razón, que la mayoría de los niños diagnosticados con disforia de género o trastorno de identidad de género por las clínicas de cambio de sexo han vuelto a identificarse con su género de nacimiento.

Los activistas de la revolución sexual hacen gala de una deshonestidad escandalosa en cuanto a las consecuencias o implicaciones de su cosmovisión. De hecho, el padre comentó que las clínicas para transexuales de Inglaterra, debido a la enorme presión de los activistas, aceleraban el ingreso de los niños a los tratamientos de transición. Dijo también: «Estos activistas están asumiendo el control, y no en interés de nuestros hijos. Lo hacen para autopromocionarse y para promocionar las cosas que quieren hacer y lograr».

De hecho, la tormenta secular y la revolución sexual tienen como objetivo normalizar toda su ideología transgénero. Los activistas de la revolución LGTBQ han socavado los cimientos morales de la sociedad. Al abrir la puerta a la disforia de género a los adultos, solo sería cuestión de tiempo que extendieran su lógica a los menores, que finalmente deberían tener acceso a los tratamientos hormonales y procedimientos médicos de reversión de género. Sin embargo, por mucho que lo intenten, los partidarios de la revolución sexual no tienen forma de hacer normal lo que proponen para los niños. No se puede considerar esta historia sin una seria preocupación e indignación moral; una indignación no solo por el adoctrinamiento de las mentes jóvenes, sino también por la negación de los derechos de los padres.

Esta historia canadiense revela los objetivos profundamente subversivos de los partidarios de la revolución sexual y su agenda: ahora se dirigen a los derechos de los padres; perturban la vida del hogar y subvierten los lazos familiares. La decisión del tribunal de Columbia Británica abrió la puerta a la anulación de todos los derechos de los padres: el niño, independientemente de su edad, se considera cada vez más autónomo. Los niños y adolescentes, guiados y aconsejados e incluso incitados por los activistas y las autoridades médicas, pueden decidir qué hacer con sus cuerpos. No solo eso, si los padres se atreven a referirse a su hijo transexual por su sexo biológico real, pueden ser acusados de violencia familiar.

Esto no es una novela retorcida. Es un caso real, con personas reales, con un juez real y con consecuencias enormemente reales.

Cuando los revolucionarios promulgan las implicaciones lógicas y coherentes de su cosmovisión se produce una reorientación moral de la sociedad. En lo que respecta a la revolución sexual, comenzó con la afirmación de que, para los adultos, el género es una simple construcción social y la identidad de género depende del individuo. Pero, si se aplica esa lógica a los adultos, inevitablemente se aplicará también a los adolescentes y a los niños. La concepción del género como algo líquido y su deconstrucción como norma moral fija debe extenderse a todas las personas de todas las edades. En su argumento, cada individuo, incluidos los niños pequeños, debe poseer autonomía, protegida por la ley, para decidir su identidad de género, declararla y buscar los tratamientos hormonales y demás.

Cuando esa lógica infecta una sociedad, los absolutos morales desaparecen. En Canadá, la revolución sexual ha sacrificado los derechos de los padres en el altar de una ideología moral perversa.

Como un destructor maremoto, la revolución moral masacra las normas y estructuras morales que han guiado a la civilización humana por miles de años. En este momento del secularismo, los padres ya no son la autoridad responsable de criar a sus hijos, son obstáculos a eliminar.

De hecho, la revolución sexual trata continuamente de socavar la autoridad de los padres, como lo demuestra otro caso en Alberta.

Jill Croteau reportó para *Global News* una historia con el titular «Gay-Straight Alliance Law Challenged at Alberta Court of Appeal» (La ley de la Alianza Gay-Heterosexual es impugnada en el Tribunal de Apelaciones de Alberta).[4] Croteau escribió: «Un tribunal de apelación escuchó a ambas partes sobre los impactos de las asociaciones gay-heteros en las escuelas. Mientras que un lado argumenta que limitan el derecho al conocimiento paterno, el otro dice que protege a los niños cuyos padres quizás no acepten su identidad sexual».

La esencia de este tema se centra en las escuelas que envían a los estudiantes a las asociaciones, o clubes, gay-heteros, sin informar a los padres. De hecho, algunas escuelas les asignan a los estudiantes un orientador abiertamente gay o LGTBQ sin notificárselo a los padres. A estos estudiantes se les animará a aceptar una identidad gay, en conversaciones que se prolongan mientras los padres lo ignoran y se les deja deliberadamente en la inopia.

Las fuerzas del laicismo y los activistas de la revolución moral han forzado una agenda de una lógica clara: los padres que se nieguen a subirse al carro deben ser separados de sus hijos. Se ha producido un colapso moral.

Desastre en Francia

La táctica del laicismo tiene como objetivo no solo subvertir la relación paterno filial, sino también sembrar la confusión moral en las mentes de los niños. Cuando Dios creó a los seres humanos, los hizo criaturas racionales con la capacidad de pensar, razonar y llegar a conclusiones lógicas. Después de la caída de Génesis 3, esa capacidad cedió a los efectos del pecado e hizo que el hombre fuera menos racional de como Dios lo creó; alejado de Dios y su bondad, no ve las pautas obvias y razonables. Aunque sufre los estragos del pecado, la razón humana sigue formando parte de lo que significa ser creado a imagen de Dios. Como tales, los seres humanos, con el tiempo, alcanzan la coherencia entre sus pensamientos y sus acciones.

Los acontecimientos recientes en Francia muestran esta coherencia racional: la inevitabilidad de que A conduce a B. Dados los efectos del pecado, esa coherencia cae por lo general en una espiral descendente hacia un caos y una confusión moral mayores.

Recientemente, *Newsweek* publicó una historia con el titular «"Mother" and "Father" Replaced with "Parent 1" and "Parent 2" in French Schools Under Same-Sex Amendment» («Madre» y «Padre» reemplazados por «Padre 1» y «Padre 2» en las escuelas francesas bajo la enmienda del mismo sexo). Callum Paton, periodista de *Newsweek*, escribió: «La Asamblea Nacional de Francia ha votado a favor de una enmienda que elimina los términos *madre* y *padre* de los formularios en las escuelas de la nación. En su lugar se usan los términos "padre 1" y "padre 2". El partido mayoritario de Francia ha considerado que la enmienda que se aprobó el martes junto con un nuevo proyecto de ley escolar es un paso necesario para que las escuelas de Francia se ajusten a la ley del 2013 de las Naciones Europeas sobre el matrimonio entre personas del mismo sexo».[5]

Esta historia ilustra de forma contundente la lógica inevitable de la tormenta secular. Cuando la sociedad derriba una ficha de dominó, cae el resto.

En el 2013, Francia legalizó el matrimonio entre personas del mismo sexo. Esa ley, sin embargo, era incompatible con otras estructuras de la sociedad, como los formularios escolares, que tenían casillas para la «madre» y el «padre» del niño. Ahora, la consecuencia lógica de la ética del matrimonio homosexual ha llegado al sistema escolar francés, para redefinir «madre» y «padre» como «padre 1» y «padre 2». En la historia de Francia, se daba por sentado que cada niño tenía una madre y un padre. Pero la lógica del matrimonio entre personas del mismo sexo exige que la sociedad se deshaga de la tradición (y, por ende, de la razón) en pro de las costumbres de la revolución sexual. Al establecerse el matrimonio homosexual, un niño podría tener dos mamás o dos papás, lo que significa que los formularios escolares estaban obsoletos y pertenecían a la anticuada tradición de una era oscura.

Aunque esta nueva regulación es coherente con la ley francesa sobre el matrimonio entre personas del mismo sexo desde el 2013, el cambio en los formularios escolares ha generado controversia. *Newsweek* informa que, como mínimo, el noventa y cinco por ciento de las familias francesas lo forman niños con una madre y un padre. Una cifra tan contundente anula la necesidad de cambiar los formularios escolares para poner «padre 1» y «padre 2».

Además, los franceses son conscientes de que este pequeño cambio en un formulario escolar tiene enormes consecuencias morales. Estos cambios sustituyen un sistema de moralidad por otro. Son una redefinición radical de la familia. Aunque Francia manifiesta una bien conocida actitud liberal en una plétora de asuntos morales y sociales, los franceses comprenden las importantes implicaciones de este nuevo mandato de su gobierno. Un legislador francés le dijo a *Newsweek* que es una fantasía renombrar a los padres como «padre 1» y «padre 2». *Newsweek* cuenta: «Añadió que sentía que la concertación del género desmontaría el equilibrio de la sociedad». De hecho, eso es exactamente lo que los revolucionarios de la moral se esfuerzan por lograr.

El lenguaje importa. El uso del lenguaje sirve como una señal moral, y los revolucionarios de la moral entienden el poder del lenguaje y la influencia de las palabras. La revolución sexual insiste en que la sociedad debe alterar el uso del lenguaje y la terminología para acomodarlos a su agenda moral. De hecho, cabe esperar que esta revolución apenas ha comenzado, sus partidarios exigirán más y esperarán que la sociedad se sume a ellos o se quite de en medio.

Los cristianos debemos ver las noticias que vienen de Francia con sincera tristeza. No se trata de un formulario escolar, sino del desmantelamiento de la estructura más esencial de una sociedad. La revolución moral ha demolido la unidad familiar, al redefinirla como inexistente. Sin embargo, esta institución queda establecida al principio de la Biblia. Al final de Génesis 2 se nos dice que «dejará el hombre a su padre y a su madre, y se unirá a su mujer, y serán una sola carne» (v. 24). Dios estableció al principio de su creación la unión entre un hombre y una mujer. Dios, en la bondad de su creación, constituyó la unidad familiar: una familia que también implica la alegría de tener hijos, como extensión de la gracia y el amor de Dios. En ningún momento existió el propósito de que los hijos llamaran a sus padres «padre 1» y «padre 2», sino «madre» y «padre». Rechazar «madre» y «padre» no es solo repudiar la cosmovisión bíblica, sino también un rechazo al Dios que ordenó su creación de manera perfecta y para su gloria.

El secularismo se propone redefinir la humanidad. Esta nueva ley francesa no se limita a revisar un formulario escolar, sino que intenta reconstruir por completo la humanidad. En Francia, ahora, «madre» y «padre» son solo artificios, etiquetas de las que hay que prescindir en el nuevo orden moral de la revolución sexual. Y la revolución no se detendrá aquí. Hará todo lo posible para que todas las dimensiones de cada sociedad sean coherentes con sus exigencias morales, por muy alto que sea su precio.

Degradación en Gran Bretaña

De hecho, el costo de las demandas del laicismo irrumpió en Inglaterra con los planes iniciados por su gobierno para controlar la educación de todos los niños, en particular de los que tenían su escuela en casa. Ruth Woodcraft, del *Evangelicals Now*, informó: «El gobierno está ahora en consultas sobre nuevos planes para un registro de las escuelas en casa. Pero el tema aquí no son las escuelas en casa; aquí se trata del derecho de cualquier padre a enseñar a su hijo lo que sea».[6]

Esta medida señala un plan en Gran Bretaña para registrar a los niños que reciben educación en el hogar, con la intención de intervenir en la relación entre los padres y sus hijos. Como sostiene Woodcraft, es solo un paso «para decirles a los padres cómo y qué se puede decir en casa sobre otros asuntos. A medida que la fe está más bajo sospecha, esto solo sería un breve alto en el camino de ver cómo la enseñanza de la Biblia cae bajo la inspección gubernamental». Su conclusión podría sonar a argumento de consecuencias imprevisibles. Después de todo, ¿no es responsabilidad de los gobiernos llevar un registro de los niños escolarizados en casa para asegurarse de que todos tengan acceso a una educación buena y consistente?

Sin embargo, Woodcraft expresa un argumento claro y puntual que revela la trayectoria de esta nueva proposición británica. Escribió:

> El registro se sugirió por primera vez en el *Casey Review*. Ese informe denotaba en todo momento una actitud prejuiciosa hacia la religión. Se calificaban como retrógradas las perspectivas mayoritarias sobre la ética sexual, y se consideraba que los cristianos son parte del problema por su falta de integración en la sociedad. La premisa del informe es que el desarrollo de un niño, tal como lo define el gobierno, podría verse perjudicado por los padres que enseñan a sus hijos. En uno de los documentos de impacto que se leerán junto con la encuesta, se menciona a los cristianos evangélicos por ser cada vez más numerosos entre ellos los que educan en el hogar.

Las implicaciones de este paso de Gran Bretaña son enormes y terminarán en un desastre. El derecho a educar a nuestros hijos es un derecho fundamental de los padres, ahora cuestionado por la revolución moral y secular. Si las fuerzas de la secularización desean una revolución de la cosmovisión, se esforzarán por captar las mentes de los niños y de las generaciones venideras. El secularismo no tolerará que los padres, según ellos, «les laven el cerebro» a sus hijos con dogmas disparatados y perjudiciales, como la cosmovisión bíblica.

Esta realidad nos indica por qué la secularización puso sus ojos en la educación pública. De hecho, los estadounidenses no tienen que mirar muy lejos para ver los avances de la era secular en la educación. Los distritos escolares de California y Colorado están considerando un régimen de educación sexual que sigue las pautas de la revolución LGTBQ. Además, algunos distritos escolares prohíben ahora a los maestros y a los empleados de las escuelas que informen a los padres si sus hijos deciden unirse a los clubes LGTBQ. Cuando la secularización domina los corazones y las mentes de los niños, se acelera su difusión.

Por lo tanto, no es sorprendente que Gran Bretaña haya puesto su mirada en las instituciones de enseñanza privada, que actualmente están fuera del control del Estado. Hay que conformar al modelo a las escuelas que están fuera del control de la revolución secular. Sorprende la cita de Woodcraft en su artículo, donde dice que, en Gran Bretaña, «la educación en el hogar ha crecido un 40 % en los últimos tres años». Es un incremento asombroso, lo que indica la preocupación moral de muchos padres en Inglaterra.

Woodcraft citó un informe conocido como Casey Review, que debía examinar la integración y las oportunidades de educación en las comunidades aisladas y desfavorecidas. En él se afirma que «es muy preocupante que se pueda excluir a los niños de la educación general sin una suficiente comprobación de su bienestar e integración. El gobierno debería intensificar las disposiciones de salvaguardia para los niños que se retiran de la enseñanza ordinaria y, en particular, para los que ni siquiera comienzan la enseñanza ordinaria».

Esta sencilla declaración asegura que hay que llegar a los niños que están fuera del sistema educativo gubernamental e integrarlos en la visión educativa general de Gran Bretaña. Además, el informe expresa sus afirmaciones en términos morales: es preocupante que los niños puedan recibir de sus padres una educación apartada de la corriente de educación dominante.

En el informe se afirma que las autoridades locales deben llevar un registro de los niños que están fuera de dicha corriente. Además, tienen el deber de velar por que los niños reciban una educación adecuada, generalizada y sin «prácticas divisorias». Por tanto, el informe sugiere:

> Los padres deben mantener su derecho a educar a sus hijos en el hogar, pero se necesitan más garantías que aseguren el derecho del niño a una educación decente y adecuada a la vida en Gran

> Bretaña, y para protegerlos de cualquier daño. Lo que hemos visto en este informe evidencia que es demasiado fácil que los niños se eduquen en un entorno totalmente aislado que no les aporte una educación adecuada o una protección suficiente.

Una vez más, este informe realiza afirmaciones eminentemente morales. Considera que la educación de los hijos por parte de sus padres es perjudicial. De hecho, el padre o la madre podrían apartar al niño de las ideologías dominantes en la educación pública, lo que significa que podrían impedir que sus hijos aceptaran los juicios morales dominantes en esta era secular.

En el informe se afirma de forma explícita que lo más preocupante es la educación religiosa fuera de la «corriente general» de la sociedad inglesa. El informe declara: «Al mismo tiempo, ha habido un descenso de las denominaciones cristianas históricas y un crecimiento de las iglesias evangélicas y pentecostales». El Casey Review no llega a decir que haya que poner fin a la educación cristiana en el hogar, pero apunta en esa dirección cuando usa términos como «corriente general». El informe cree que recibir una educación fuera de la corriente general de la sociedad es perjudicial para los niños; y deja claro que el movimiento evangélico está, de hecho, fuera de la corriente principal.

Además argumenta:

> Aunque muchos británicos parecen ver la religión como algo cada vez menos importante y, en algunos casos, como poco más que una fuerza benéfica, para otros la religión es muy importante en su vida diaria. Dentro de este último grupo parece haber algunos que están dispuestos a hacer retroceder la religión y alejarse de los valores y leyes británicos del siglo veintiuno en temas como la igualdad de género y la orientación sexual, lo cual crea segregación y separa a las comunidades.

Justo aquí, en un informe del gobierno, los lectores encuentran argumentos puramente teológicos. El informe afirma que quienes creen que la religión desempeña un papel importante en su vida cotidiana se aferran a sentimientos religiosos engañosos, retrógrados y anticuados que son perjudiciales para la sociedad. No están en sintonía con los valores británicos. Dividirán las comunidades y causarán un daño irreparable. Creer que el matrimonio es algo entre un hombre y una mujer, o creer que —como se les ha conocido a lo largo de la historia— los niños son niños y las niñas son niñas se califica no solo como obstinación, sino también como algo potencialmente violento para la paz social. El estado debe intervenir y acabar con cualquier práctica educativa que favorezca formas de ver el desarrollo humano que se aparten de la ortodoxia secular.

La erosión de la paternidad

Estos casos de Canadá, Francia e Inglaterra presentan la trayectoria de esta tormenta secular. La era secular no tolerará cosmovisiones que desafíen su visión total de la humanidad. Los padres que se niegan a seguir la línea de los revolucionarios de la moral se encontrarán pronto sin hijos o desplazados, ya que el Estado interviene para rescatar a los niños de las peligrosas y retrógradas creencias de sus padres cristianos.

Estos pasos dados en Canadá, Francia e Inglaterra no se quedarán ahí; normalmente, estas naciones adelantan en secularización a Estados Unidos solo por unos pocos años. Estos titulares pronto se podrán aplicar a nuestras ciudades y estados. De hecho, California ya ha iniciado un proceso de investigar los casos de niños educados en el hogar. No se tardará mucho en ver estos acontecimientos en el panorama estadounidense.

El ataque a la relación paterno filial no es tan solo un ataque a una herramienta elaborada por la sociedad que en otro tiempo fue útil para la humanidad. La familia, así como el papel y la autoridad de los padres, fue establecida por el mismo Dios. El Creador del universo creó la relación padre-hijo como una institución para el beneficio y mejor desarrollo de la humanidad; fomenta el amor, las relaciones y la paz social. Como tal, es una relación sagrada, basada en una verdad ontológica, consagrada en el propio orden de la creación.

Esas historias también apuntan a esta trágica realidad: la fidelidad a las enseñanzas cristianas coloca ahora a los padres fuera de la corriente dominante y podría conducir al final de sus derechos como padres. Dado que los cristianos no cederán ante las demandas de la revolución sexual y secular, dicha revolución ataca ahora los lazos sagrados entre padre e hijo. Es una guerra de tolerancia cero en la que los revolucionarios de la moral no se rendirán. La contienda por los corazones y las mentes de los niños es demasiado valiosa como para que la descuiden.

Los cristianos tenemos que entender qué está en juego. El fin de los derechos de los padres es el final de la familia y, con el tiempo, el final de la civilización humana tal como la conocemos. Hay que enfrentarse a la lógica de la era secular con toda la fuerza de la convicción, el testimonio y la cosmovisión cristianos.

En 1977, Christopher Lasch vio que la familia servía para terciar y aminorar la presión de ese mundo exterior cada vez más acaparador constituido por el gobierno. Vio que la familia estaba amenazada y comprendió que los artífices de la nueva sociedad veían cada vez más a los padres como parte del problema. Ya entonces se estaba minando el papel de los padres, pero con más sutileza.

Lasch concluía su libro con este anuncio:

> En su totalidad, la existencia del ciudadano está ya sometida a la dirección social, cada vez menos mediada por la familia u otras instituciones a las que antes estaba confinada la labor de socialización. La propia sociedad ha tomado el mando de la socialización o ha sometido a la socialización familiar a un control cada vez más

> eficaz. Una vez así debilitada la capacidad de dirección y control personales, ha socavado una de las principales fuentes de cohesión social, solo para crear otras nuevas, más restrictivas que las antiguas y, en última instancia, más devastadoras en su impacto sobre la libertad personal.[7]

Eso era en 1977. Lasch no podría haber imaginado dónde estamos cuatro décadas después. Pero podemos y debemos darnos cuenta de que la familia efectivamente desaparecerá y de que se silenciará a los padres.

Esta revolución moral avanza redefiniendo una institución tras otra, un modelo de relación tras otro. La revolución ya ha redefinido la institución del matrimonio, ahora tiene como objetivo las relaciones entre padre e hijo, entre madre e hija. Estas relaciones, a los ojos de los secularistas, son prescindibles. Si algo no sirve a la revolución, debe desaparecer.

SEIS

LA TORMENTA QUE SE AVECINA SOBRE EL GÉNERO Y LA SEXUALIDAD

La iglesia de Jesucristo se enfrenta a un desafío sin precedentes: la colisión entre ella y una nueva ética sexual, un choque entre la *revelación* y la *revolución*. La revolución es una revolución sexual, y es una revolución porque exige un reordenamiento completo de la sociedad y la civilización. De hecho, esta revolución cuestiona un fundamento esencial de lo que significa ser humano: ser hombre y mujer. La revolución sexual usurpa el origen y el fundamento mismo de la identidad humana, justo el punto en que nuestra creación determina, en cualquier sentido, quiénes somos como humanidad. Además, esta revolución rechaza la revelación de Dios y sus mandatos desde la creación: la bondad de su diseño del sexo, la masculinidad y la feminidad.

El progreso de esta revolución no se produjo al azar. A continuación presentamos el relato de cómo llegamos a donde estamos hoy. Gran parte de la revolución sexual comenzó cuando los científicos desarrollaron las técnicas para liberar de la reproducción a la sexualidad humana. El mayor impulso de la revolución sexual fue la llegada del control de la natalidad, que comenzó a transformar la noción de lo «posible» y dio lugar a una avalancha de consecuencias que nadie vio venir. Es imposible sobreestimar el impacto que tuvo la llegada del anticonceptivo oral; este fue, en realidad, la energía que alimentó la revolución sexual.

La anticoncepción y la revolución sexual

La revolución sexual era imposible hasta que llegó el control moderno de la natalidad. ¿Cómo puede haber una revolución sexual cuando el coito está inherentemente ligado a la procreación? Los lazos de las relaciones humanas y la realidad de las obligaciones familiares sofocaban la plena manifestación de la revolución sexual. Además, el vínculo entre sexo y procreación ahogaba cualquier noción generalizada de que los seres humanos son algo que no sea hombre y mujer. Los anticonceptivos, sin embargo, rompieron el vínculo entre el sexo y la procreación, dando lugar no solo a una pandemia de relaciones sexuales fuera de los límites del matrimonio, sino también a la reconcepción de la sexualidad y del género. Para los activistas de la revolución sexual, los anticonceptivos liberaron a la humanidad de las cadenas de la cosmovisión y la moralidad bíblicas que guiaron a gran parte de la civilización occidental por siglos. A medida que comenzó a alterar la sagrada, preciosa y más íntima expresión de amor entre los esposos, la humanidad puso a la cultura en el camino de la revolución sexual total. Cuando tener hijos pasó a ser una opción totalmente evitable, la expresión sexual se expandió radicalmente, se multiplicó y derribó todos los límites.

La introducción de los anticonceptivos en la década de 1960 comenzó a redefinir la idea del matrimonio como una unión indisoluble entre un hombre y una mujer. Cuando disminuyeron la solemnidad y el carácter sagrado del sexo, el *pacto* del matrimonio para siempre se redujo a un *contrato* de matrimonio temporal. Al eliminar la posibilidad del embarazo, se reformuló el matrimonio de una relación de pacto a una cita muy larga con beneficios residenciales. No es de extrañar, por tanto, que las tasas de divorcio se hayan disparado. Ni la sociedad ni la iglesia hicieron mucho para detener la marea o revertir esta tendencia descendente. El divorcio, como la píldora, llegó a la cultura como un regalo de liberación.

Poco después de la introducción de los anticonceptivos, el Tribunal Supremo legalizó el aborto en todo Estados Unidos en 1973.

Si la píldora separaba el sexo y la procreación, el aborto separaba el embarazo y la responsabilidad. Ahora no solo podíamos prevenir el primero, sino que también los hijos no deseados podrían ser fácilmente desechados y eliminados. La revolución sexual sacrificó la santidad de la vida humana en el altar del progreso sexual y la liberación.

En la década de 1970, pudimos ver una revolución en toda regla que comenzó con los importantes cambios de cosmovisión a raíz de los anticonceptivos orales. De hecho, en los primeros años de la década de 1970, estaba en marcha una revolución sexual, y comenzó con unos disturbios en el Stonewall Inn.

El auge del movimiento por los derechos de los homosexuales

El 28 de junio de 1969, la policía de Greenwich Village, en Nueva York, hizo una redada en un bar gay, el Stonewall Inn. Sin embargo, lo que hizo historia fue la protesta que le siguió. Aunque antes de 1969 se había intentado legalizar las relaciones entre personas del mismo sexo, los disturbios de Stonewall marcaron un punto de inflexión para el movimiento de los derechos de los gais.

En el quincuagésimo aniversario de los disturbios de Stonewall, Moisés Kaufman, una figura literaria gay estadounidense, escribió un artículo para el *New York Times* en el que reflexionaba sobre el movimiento de los derechos de los gais. Escribió:

> Uno de los logros más importantes de la revuelta de Stonewall fue que comenzó una redefinición radical del carácter de la persona LGTBQ en el imaginario popular. En 1969, la profesión médica aún definía la homosexualidad como enfermedad mental, y las relaciones entre personas del mismo sexo eran un delito en cuarenta y nueve estados. La revuelta mostró al mundo una nueva imagen de nuestra comunidad. Ya no estábamos dispuestos a escondernos en los armarios callados y avergonzados. Salíamos a las calles y exigíamos ser ciudadanos de pleno derecho. En pocos

meses, se formaron varios grupos de activistas como el Frente de Liberación Gay, la Alianza de Activistas Gais y los Street Transvestites Action Revolutionaries (Revolucionarios de Acción de Travestis de la Calle).[1]

Los disturbios de Stonewall le echaron gasolina a un fuego ya prendido. La protesta llevó a la esfera pública al movimiento por los derechos de los homosexuales. De hecho, solo un año después de los disturbios de Stonewall, la ciudad de Nueva York tuvo su primer desfile del orgullo gay y otras ciudades siguieron su ejemplo. Esos desfiles son ahora un elemento básico en la vida pública estadounidense.

En su reflexión sobre Stonewall, Kaufman concluyó:

> Hoy, el edificio que alberga el Stonewall Inn forma parte del Registro Nacional de Lugares Históricos [...]. La homosexualidad ha sido despenalizada en todo el país. Lesbianas, gais y bisexuales pueden servir sin problemas en el ejército. Existe protección federal contra los crímenes de odio y el SIDA ha pasado de ser una enfermedad letal a una crónica [...]. Tenemos igualdad en el matrimonio, y un varón gay se presenta en serio para la presidencia. En este contexto, la celebración del 50 aniversario de Stonewall puede parecer eufórica. ¿Pero es la euforia la actitud correcta para este momento? Cuando se escribe la historia de las minorías, siempre es tentador centrarse en las victorias. Pero, para todos estos logros, en veintiocho estados sigue siendo legal la discriminación en el empleo en función de la orientación sexual y la identidad o expresión de género. Eso significa que puedes casarte el domingo y que te despidan el lunes.[2]

En opinión de Kaufman, el movimiento LGTBQ sigue afrontando serios obstáculos, incluso cincuenta años después de los disturbios de Stonewall. Según Kaufman, la comunidad gay, aunque celebra Stonewall, debe pensar en las batallas que siguen activas y en la lucha que aún queda por delante. Luego describió la naturaleza del conflicto con las siguientes palabras: «La mayor batalla que se está librando en los corazones y mentes de los estadounidenses es entre los ideales de la Ilustración que dieron nacimiento a nuestra democracia y las opiniones represivas autocráticas que amenazan el progreso».[3] Ese lenguaje es totalmente llamativo.

Stonewall fue solo el comienzo. La revolución sexual está lejos de haber terminado. El movimiento por los derechos de los gais sigue reorientando el tejido moral de la civilización occidental. La revolución LGTBQ no solo exige la igualdad, sino también la eliminación de las cosmovisiones divergentes, es decir, de la cosmovisión cristiana. Cualquier código moral que niegue los nuevos derechos sexuales debe ser silenciado, ya que, en palabras de Kaufman, la cosmovisión no es más que el vestigio de un sistema autoritario de opresión. Estas palabras no son un debate ni un discurso amistoso sobre cuestiones morales, sino palabras de revolución, y de una que busca nada menos que la rendición incondicional de sus enemigos.

Kaufman sigue argumentando:

> Si los últimos cincuenta años [...] nos han enseñado algo, es que podemos inclinar el arco del universo moral hacia la justicia. Este movimiento ha cambiado las vidas de la comunidad LGTBQ, pero también ha cambiado la forma en que toda la nación piensa y siente sobre la homosexualidad y sobre el espectro de la identidad de género y la orientación sexual. ¿Cómo podemos usar lo que hemos aprendido en esos cincuenta años para combatir el actual giro hacia la autocracia?

Estas palabras resuenan con fuerza en todo el panorama moral de la civilización occidental. La tormenta que se avecina truena con llamadas a más revolución. Los avances del movimiento por los derechos de los gais en el último medio siglo no bastan para satisfacer a los revolucionarios. El movimiento LGTBQ rechazó por completo y cambió las realidades ontológicas del género y la sexualidad, pero no es suficiente. El movimiento es mucho más revolucionario de lo que muchos pensaban o creían.

De hecho, gran parte de la lucha del movimiento por los derechos de los gais se centró en la igualdad del matrimonio, para legalizar el matrimonio homosexual y consagrar en el ADN moral de Estados Unidos la aceptación, la celebración y la normalización de las parejas del mismo sexo en una unión conyugal. A pesar de esa visión, el movimiento LGTBQ no puede seguir el ritmo de sus propias tendencias radicalizadoras y de la trayectoria de su propia reorientación moral del matrimonio, la sexualidad y el género.

Jeremy Allen escribió un artículo para el *New York Times* con el título «Chasing the L.G.B.T.Q. Millennial American Dream: The arrival of marriage equality offers a generation a future they could not have envisioned. But is it what they want?» (Perseguir el sueño americano milénico LGTBQ: la llegada de la igualdad en el matrimonio ofrece a una generación un futuro que no podía haber previsto. ¿Pero es eso lo que quieren?). En su artículo, Allen hace una crónica del escaso número de bodas entre los gais milénicos.[4] A pesar de los avances de la agenda LGTBQ en la política pública estadounidense, resulta que para muchos de la próxima generación de hombres y mujeres LGTBQ el objetivo no es el matrimonio. ¿Por qué? ¿No era la igualdad en el matrimonio, después de todo, la esperanza y la aspiración cumbre del movimiento LGTBQ? El matrimonio no puede ser la respuesta a esta revolución sexual porque, como veremos, muchos todavía lo consideran un símbolo de opresión, un sistema diseñado para suprimir la libertad sexual que defiende el movimiento LGTBQ. El matrimonio no satisfará esta revolución porque el resultado final que busca solo puede ser la anarquía sexual total. El movimiento logró convencer al Tribunal Supremo (y a millones de estadounidenses) para que redefiniera el matrimonio. Pero las revoluciones nunca se sacian.

Nathaniel Frank, autor del libro *Awakening: How Gays and Lesbians Brought Marriage Equality to America* (Despertar: cómo gais y lesbianas trajeron la igualdad en el matrimonio a Estados Unidos), escribió un artículo para el *Washington Post* que también celebraba el 50 aniversario de los disturbios de Stonewall. Frank afirmó:

> Lo que puede parecer una simple oportunidad para celebrar el progreso, en realidad oculta una línea que ha dividido nuestro movimiento desde sus comienzos: si nuestro objetivo es la igualdad o la liberación, si es una lucha por el derecho a ser tratados como todos los demás o es la libertad de ser auténticamente nosotros mismos. ¿Buscamos pertenecer al mundo tal como es o la oportunidad de transformarlo, desechando las normas represivas, en un lugar donde todos —*queers* y no *queers* por igual— podamos ser más libres?[5]

Antes de ser primer ministro, Churchill advirtió al mundo de los peligros de Hitler y su régimen nazi. Mientras que muchos creían que las negociaciones y la diplomacia podían asegurar que no habría otro conflicto mundial, Churchill sabía que esas perspectivas de paz eran una necedad. Del mismo modo, los motores de la secularización empujan hacia la transformación de toda la cultura. Frank declaró: «Estos activistas no solo querían crear comunidades alternativas para los *queer*. Su objetivo era rehacer la sociedad en torno a los novedosos ajustes sociales que querían: atender a la necesidad y el deseo de los seres humanos en estructuras comunitarias amplias, y no en familias nucleares monógamas». Según Frank, la visión del movimiento LGTBQ ponía su foco en una reorientación integral de las normas sociales que habían gobernado a la humanidad desde Adán y Eva.

Frank continuó su artículo diciendo: «El movimiento LGTB, incluido su impulso por la igualdad en cuanto al matrimonio, también ha ayudado a derribar las actitudes represivas sobre el sexo, dejando establecido que el sexo no conyugal, así como las conductas sexuales que antes se consideraban perversas, es algo que está fuera de discusión». Esta frase resume el alcance de la revolución sexual. Los partidarios de la revolución sexual no solo querían legalizar el matrimonio gay, sino que también buscaban una revolución mucho más fundamental, un cambio radical de todo el sistema moral de la sexualidad. De hecho, Frank argumentó: «El legado de Stonewall no es solo cuestión de que los *queers* se parezcan más a los demás. También es algo quizás más radical: hacer que todos los demás parezcan un poco más *queer*». Es un reconocimiento honesto (aunque atrevido): el objetivo de los activistas de la revolución LGTBQ es hacer que todos «parezcan un poco más *queer*». En muchos sectores de la sociedad, está claro que están teniendo éxito.

El movimiento transgénero y la revolución sexual

Pero está muy claro que la letra más radical y revolucionaria de las siglas LGTBQ es la «T» de transgénero. El movimiento transgénero representa, más que ninguna otra parte de la revolución LGTBQ, un intento de redefinir la humanidad en sí misma, no solo la sexualidad humana. De hecho, muchos activistas gais y lesbianas, que deberían celebrar el transexualismo, se encuentran ahora en el lado equivocado de la historia, ya que la revolución sexual se les ha ido de las manos.

Pensemos simplemente en cómo la revolución transgénero está redefiniendo los deportes y las competiciones atléticas de las mujeres y las niñas. Pensemos en Martina Navratilova, por ejemplo. Ganó Wimbledon nueve veces, pero su nombre aparece hoy en los titulares no por su mérito deportivo, sino por su choque con la revolución transgénero. Navratilova se ha identificado desde hace tiempo como una deportista gay que defendió la causa de los derechos de los gais. Ahora, la corriente dominante de la revolución sexual ha desautorizado a Navratilova por sus comentarios en los que criticaba la participación de mujeres transgénero en los deportes específicos de género, es decir, por permitir que los hombres que se identifican como mujeres compitan contra mujeres reales.

Esta controversia comenzó en diciembre del 2018, cuando Navratilova tuiteó: «No puedes declararte mujer y solo por eso poder competir contra mujeres». Abogó por normas que descalificaran a los varones biológicos a la hora de competir contra las mujeres en los deportes.

Navratilova se enfrentó a una reacción inmediata de la comunidad transexual. Los activistas arremetieron contra Navratilova y le advirtieron que estaba a un paso de ponerse en el lado equivocado de la historia. Navratilova, que en su día fue líder y símbolo internacional de la revolución de los derechos de los homosexuales, se había quedado atrás: sus opiniones ya no estaban a la altura de la gran revolución moral que propagaban los activistas de la revolución sexual. Después de la reacción, Navratilova borró su tuit y prometió estudiar el tema en profundidad.

Eso fue a finales del 2018. Luego, en febrero del 2019, el *Sunday Times* publicó el argumento de Navratilova ampliado en un artículo titulado «The Rules on Trans Athletes Reward Cheats and Punish the Innocent» (Las reglas de los atletas trans premian a los tramposos y castigan a los inocentes).[6]

Navratilova comenzó su artículo escribiendo: «Poco antes de Navidad me encontré sin querer en una seria discusión sobre el género y el juego limpio en el deporte. Comenzó con una reacción instintiva y un tuit que escribí en un foro serio sobre el tema [...]. Quizás podría haberlo expresado de forma más delicada y menos dogmática, pero no estaba preparada para la arremetida que le siguió».

Describió cómo hizo lo que cualquier persona racional haría ante un dilema moral: decidió informarse sobre el tema que había tratado en su tuit y se dio un tiempo para reflexionar sobre este importante asunto. Después de su tiempo de reflexión, llegó a la misma conclusión: cuando las organizaciones deportivas capitulan ante la agenda trans y permiten que las mujeres transgénero compitan contra otras mujeres, favorecen un entorno fraudulento.

Navratilova presentó sus argumentos basándose en la naturaleza de las hormonas y en la biología. Declaró:

> En todo caso, me he reafirmado en mis opiniones. Lo expondré de la forma más sencilla: un hombre puede decidir ser mujer, tomar hormonas si así lo requiere cualquier organización deportiva, ganar en todo lo que compita y quizás amasar una pequeña

> fortuna, y luego revertir su decisión y volver a tener hijos con una mujer si así lo desea. Es una locura y un fraude. No me importa dirigirme a una mujer transgénero como ella prefiera, pero sí me importaría competir contra ella. No sería justo. La simple reducción de los niveles hormonales —que es lo que la mayoría de los deportes han prescrito— no resuelve el problema. Desde su infancia, el varón acumula densidad muscular y ósea, así como un mayor número de glóbulos rojos portadores de oxígeno. Con el entrenamiento aumenta la diferencia. De hecho, para que un cambio de sexo eliminara toda la ventaja acumulada en un hombre, tendría que comenzar un tratamiento hormonal antes de la pubertad. Para mí, eso es impensable.

Lo que a Navratilova le parece impensable es justo la dirección de los activistas de la revolución transgénero, que abogan activamente por el uso de tratamientos hormonales para bloquear la pubertad y permitir a los niños y adolescentes una «transición». Con su vertiginosa velocidad, la revolución sexual le pasó por delante a Navratilova, la dejó atrás en su redefinición de la realidad.

El argumento de Navratilova es muy simple: una mujer trans, bien entendido, no es una mujer. Una mujer transgénero, sea cual sea su identidad o sentimiento, no posee la estructura biológica de un cuerpo femenino. Esto es así aun después de la llamada cirugía de reasignación de género. Esto representa una ventaja injusta para las mujeres transgénero que, a pesar de los tratamientos hormonales, siguen poseyendo al menos algunas de las cualidades y atributos físicos del cuerpo masculino. Una atleta transgénero femenina se beneficia de la densidad ósea, la masa muscular, la estructura esquelética y el sistema circulatorio de un hombre, aunque haya regulado sus hormonas. Según Navratilova, cientos de atletas trans, en concreto mujeres transgénero, se aprovechan de la revolución moral en el ámbito de los deportes y, gracias a su injusta ventaja, ganan competencias deportivas contra mujeres.

Al mantenerse firme Navratilova, la reacción de los revolucionarios de la moral no hizo sino aumentar. Las élites transexuales destituyeron a Navratilova como portavoz de los derechos de los gais. Esta nueva evolución señala un choque entre los activistas tradicionales de los derechos de los gais y los nuevos activistas transgénero. Navratilova se encuentra atrapada en el caos de la revolución moral, ya que los vientos se han vuelto contra ella y contra su anticuada y obsoleta moralidad de los derechos de los gais. Esta historia no habla de la visión secular en colisión con la visión bíblica, sino de una colisión dentro de la propia mentalidad secularista. La revolución moral lleva a una confusión en la que los nuevos activistas se vuelven contra los antiguos, porque personas como Navratilova no impulsan suficientemente la nueva agenda.

Esta colisión desata controversia en todas las esferas de la vida pública. Por ejemplo, las universidades históricas de mujeres, que se aferran a una ideología feminista radical, se encuentran ahora en el lado equivocado de su propia historia cuando llegan a sus campus los terremotos de la revolución sexual. La agenda de los LGTBQ toma las distinciones objetivas de «masculino» y «femenino» y las reorienta en torno a la experiencia e identidad subjetiva e individual. Esto representa un problema enorme incluso para las escuelas femeninas liberales y feministas que reciben solicitudes de admisión de mujeres transgénero. No nos confundamos, no pueden seguir siendo una universidad histórica para mujeres y unirse a la revolución de los transexuales, pero la mayoría de estas universidades históricas están intentando vivir con esa contradicción. Insisten en seguir siendo solo para las mujeres, pero aceptan como estudiantes a varones biológicos.

Esto es un completo colapso del orden moral, y esto es exactamente lo que han hecho los activistas de esta revolución. Los titulares continuarán en esta tendencia: no solo veremos a liberales contra conservadores, sino también a revolucionarios contra revolucionarios; a la ideología feminista contra la ideología transexual; al activismo de gais y lesbianas contra el activismo transgénero. Esta reciente controversia en torno a Martina Navratilova muestra las incoherencias inherentes a la ideología de la revolución sexual.

Martina Navratilova ejerció en su día como activista y símbolo intelectual del movimiento de los derechos de los homosexuales. Ahora, la revolución moral la ha dejado atrás y la ha etiquetado como el problema. Así funcionan las revoluciones radicales. Al final se vuelven contra los suyos.

De hecho, el movimiento transgénero se aceleró tanto que ni siquiera los motores de la revolución sexual y las élites seculares pueden seguir el ritmo de su caos. Durante los tumultuosos años setenta, la comediante Lily Tomlin bromeó: «Intento ser escéptica, pero me cuesta seguir el ritmo». Parece que su lamento por la velocidad de los tiempos se aplica a nuestro momento actual, que está atrapado en medio del aluvión de la revolución sexual y el dominio transgénero sobre la revolución sexual. ¿Quién *puede* seguir el ritmo?

Dos artículos del *New York Times* ilustran el dilema de un periódico secular que intenta seguir el ritmo del movimiento transgénero. Amy Harmon escribió el primer artículo con el título: «Which Box Do You Check? Some States Are Offering a Nonbinary Option» (¿Qué casilla marcas? Algunos estados están ofreciendo una opción no binaria).[7] Harmon escribió: «La presión de los adolescentes no binarios por tener licencias de conducir que reflejen su identidad ha llevado a las sedes de los estados un tenso debate sobre la naturaleza del género».

Harmon comienza así el artículo:

> Desde que El Martínez comenzó a pedir que en noveno grado se le llamara con el pronombre «elles»,* se ha extendido de distintas formas y desde muchas fuentes el escepticismo sobre lo que significa identificarse como no binario. Hay asesores del cuerpo docente del grupo de teatro de El que se resisten a usar «elles» para una persona;

* En inglés usa *they* (ellos, ellas) y su variante *them* (a ellos, a ellas). Hemos decidido traducirlo aquí como «elles» porque debe denotar pluralidad y porque elegir «ellos» o «ellas» desvirtuaría la intención de evitar el género, además de porque «elle» ya se defiende en nuestro idioma por parte de algunos como la opción neutra deseable para no tener que indicar el género, a pesar de que en castellano no existe tal pronombre [Nota del traductor].

hay compañeros de la escuela pública de El, en las afueras de Boston, que insisten en que El no puede ser «varias personas»; y en las redes sociales de El escriben comentarios que desechan las identidades de género no binarias como la de andrógino (una combinación de masculino y femenino), la de agénero (sin género) y la de género líquido (que se mueve entre géneros) por carecer de fundamento biológico.

En solo dos párrafos del artículo ya hemos sido testigos del quebrantamiento absoluto del lenguaje. Ahora vivimos en un mundo que aboga por el uso de «elles» para referirse a una persona. De hecho, como dice el artículo, la asamblea legislativa de Massachusetts se planteó un proyecto de ley para añadir una opción «X» en la licencia de conducir para los géneros no binarios. El proyecto de ley, sin embargo, fue archivado después de que un representante republicano propusiera una enmienda que ordenaba que el estado ofreciera otras veintinueve opciones de género entre las que estaban la de pangénero, la de dos espíritus y la de género *queer*.

Harmon escribió: «En lugar de abrir el debate necesario para cada término, los líderes de la Cámara, controlada por los demócratas, archivaron la medida».

Esta es la triste historia de las consecuencias de la revolución sexual en una sociedad. En otro tiempo pensamos que el término transgénero se refería a una persona que nació con anatomía de varón o hembra, pero que quería presentarse y ser considerada como el género opuesto.

Creíamos que eso era lo que significaba. Qué equivocados estábamos.

Resulta que los activistas transgénero exigen mucho más de lo que tal vez incluso los anteriores partidarios de la revolución sexual podrían haber imaginado. De hecho, Ev Evnen, que dirige la Coalición Política Transgénero de Massachusetts, dijo en el artículo: «Él [el representante republicano] expresó algo que angustia a muchos, incluso entre la izquierda: que esta pendiente resbaladiza de la identidad está ahí, y que quién sabe dónde acabará».

Si ahora es la izquierda quien se pregunta esto, es que nos enfrentamos a una revolución moral fuera de control.

Más adelante en el artículo, Harmon escribió: «Por su parte, algunas personas no binarias sugieren que las preocupaciones sobre la autenticidad y la gramática evitan las cuestiones más espinosas sobre límites perdurables en la cultura acerca de cómo se supone que se siente y se expresa el género».

Aquí, los activistas transgénero exigen a la sociedad que supere etiquetas anticuadas y obsoletas como «hombre» y «mujer», que representan vestigios opresivos de una época pasada, es decir, de toda la historia de la humanidad.

El *New York Times* continúa informando:

> La ola que se propone de legislación neutra en cuanto al género ha suscitado un debate sobre si la ampliación del reconocimiento jurídico a una categoría de personas aún desconocidas para muchos estadounidenses podría menoscabar el apoyo a otros grupos vulnerables a la discriminación. También ha puesto de relieve cuán desorientador puede resultar perder los indicativos de género, como los pronombres, los nombres, la apariencia y las costumbres, que dan forma a tanta interacción social.

Voluntaria o involuntariamente, en esta cita Harmon reconoció que todo nuestro ordenamiento social y nuestra civilización requieren la capacidad esencial de decir: «Eso es un hombre» y «Eso es una mujer».

Nuestra sociedad avanzó bajo la bandera de la revolución sexual. Ahora, algunos de sus partidarios se están dando cuenta de que esto no va a funcionar. De hecho, este artículo destaca la colisión de la revolución sexual con otros movimientos liberales muy valorados, como el feminismo. Si ser mujer no se basa en la biología, sino que queda relegado a algo subjetivo y al pensamiento interno, entonces no puede haber feminismo. El *New York Times* cita a una dirigente del Frente de Liberación de la Mujer que declaró: «Negar la realidad del sexo implica que no podemos nombrar, tratar y corregir la opresión y la explotación sistémicas basadas en el sexo».

Pero los activistas de la revolución transgénero intentan explícitamente desmantelar las realidades binarias del género. El artículo cita a un defensor de un proyecto de ley para licencias con género neutro, que declara: «El sistema binario de género es un sistema de control que muchas personas no binarias están decididas a destruir, y este es un paso hacia ello».

Al menos podemos estar agradecidos por la franqueza de los partidarios de la revolución sexual. Saben que están llamando a un motín; saben que convocan a la sociedad a alejarse de estructuras culturales opresivas como el género. A las ideologías divergentes no solo hay que derrotarlas, hay que destruirlas.

Solo unos días después de publicarse el artículo de Harmon, el *New York Times* publicó otra historia de Daniel Bergner titulada «The Struggles of Rejecting the Gender Binary» (Las inconveniencias de rechazar el sistema binario de género). Bergner escribió: «No todos se identifican como hombre o mujer. Eso es ser no binario en un mundo que quiere encasillarte».[8]

Este es un artículo muy importante con enormes implicaciones para la cosmovisión, muy claro en el complicado lenguaje de género de la revolución transgénero. El artículo comienza contándonos acerca de un individuo que había nacido varón y comenzó a identificarse como mujer y que concluyó que debía hacer la transición a una identidad de género femenina y cambiarse el nombre a Hannah.

En un proceso que hace solo un par de años era revolucionario, este individuo descubrió que, según su propia manera de entenderse a sí mismo, no es en realidad ni hombre ni mujer. Ahora, este individuo cree que tiene una identidad no binaria de género. Ha dejado su nombre masculino y su nombre femenino, y en su lugar ha adoptado el nombre no binario de Salem. También quiere que se le llame con pronombres de género supuestamente neutros «elles».

El artículo dice:

> Hasta ahora elles no había logrado que sus padres, su hermana o los dos amigos que le quedaba entendieran y aceptaran que no era ni un hombre ni una mujer, que era no binario, de género líquido, de género expansivo. Había elegido el nombre de Salem para que encajara con su identidad, pero casi nunca le había pedido a nadie que lo llamara por él. Era más fácil —no fácil, sino más fácil— permitir que se le considerase convencionalmente mujer transgénero que antes fue hombre, y usar el nombre de Hannah.

Nuestro idioma no puede con esto. A lo largo del artículo, hay por lo menos 170 casos en los que habría que usar el pronombre «él» o «ella». En cambio, la revolución transgénero ha adoptado un vocabulario de confusión y caos. Pero los cristianos entendemos que detrás de la ruptura del lenguaje hay algo mucho más preocupante, algo más fundamental. Se ha subvertido la verdad misma.

Los activistas de la revolución del género se han tendido una trampa a sí mismos. Han dicho que la autonomía individual es la fuente definitiva de significado en lo que concierne a la sexualidad, el matrimonio, las relaciones, el género, la identidad personal o lo que sea. Y, si la autonomía individual es lo único determinante, entonces todos los individuos llegan a ser autónomos, y así se echan por la borda categorías como hombre y mujer, o incluso LGTBQ.

En lugar de eso tenemos una permutación sin fin. Incluso en este artículo leemos: «Entran en juego muchas etiquetas con distinciones sutiles. Entre el conjunto de identidades estrechamente relacionadas que podrían confundir a cualquier demógrafo tenemos a los *neutrois* y los inconformes de género y los *demiboy* y *demigirl* y pangénero y *genderqueer*».

La misma revolución no puede seguir el ritmo de sus propias consecuencias. Cuando el movimiento transgénero se deshizo de la verdad y la realidad objetivas, abrió la puerta a una confusión de etiquetas de género autónomas en cambio constante; y cada quince minutos aparecen nuevas etiquetas. Nadie puede seguir el ritmo. Nadie puede llevar la cuenta, ni siquiera los partidarios de su revolución.

Este artículo del *New York Times* se esfuerza por usar el lenguaje y la terminología transgénero de manera consistente y coherente. Pero, por mucho que lo intente, el artículo no se sostiene y el lector no puede entender de quién o de qué se habla. Se rompe la coherencia porque la cosmovisión transgénero es en sí misma incoherente. Ha abandonado tanto la coherencia como la consistencia lógica. Niega la bondad del orden creado. Ha cambiado la verdad sobre Dios por una mentira y ha elegido adorar a la criatura en lugar de al Creador.

Los cristianos que lean este artículo deben sentir una gran tristeza. ¿Por qué? Porque el movimiento transgénero ha hecho promesas que no puede cumplir. El artículo relata la historia de Kai, otra persona como Salem. Bergner relata su entrevista con Kai:

> Desde el punto de vista lógico y filosófico, para Kai, los cuerpos no significaban nada; la fisiología no tenía sentido. «Pero me importa, y mucho», dijo. La lógica y su anhelo eran cosas irreconciliables. Y para alguien tan inteligente y de carácter científico como Kai, esto era difícil de soportar. La contradicción entre la irrelevancia de la anatomía y el anhelo anatómico era un desafío existencial. «Lo que siento es que hay algo interno, eterno, que siempre va a estar diciendo: "Tú, tal como existes, no eres real"».

Esta línea de razonamiento muestra que el movimiento transgénero ofrece promesas falsas y peligrosas. Busca la libertad en todos los lugares equivocados. Ofrece todas las respuestas equivocadas a las preguntas más importantes de la vida. La ideología transgénero escribe cheques sin fondos. Ofrece una mentira disfrazada de verdad y felicidad. Su fin no será sino más quebranto y dolor, devastación y destrucción.

A pesar del fracaso y quebranto inherentes en la promesa transgénero, el movimiento se dirige hacia nuevas iniciativas como la polilla a la llama. El artículo del *New York Times* habla del autor de un libro titulado *You're in the Wrong Bathroom* (Estás en el baño equivocado). El autor se identifica como «algo así como un visionario que esboza un futuro en el que la tecnología, ya cercana —que ya es casi una prótesis de sensaciones, contando con una realidad virtual que es completamente inmersiva—, hará que nuestras relaciones con nuestros cuerpos sean "artísticas, resultados de actos de creación"».

La última frase prosigue con un lenguaje que no debemos reproducir. No obstante, la idea destacada es que nuestra nueva identidad de género será un acto de nuestra propia creación. Nos crearemos a nosotros mismos. Pero para que haya creación tiene que haber un creador. ¿Quién es el verdadero creador? Para el movimiento transgénero, el creador es el individuo autónomo. Esta idea no es nueva. En Génesis 3, Adán y Eva se rebelaron contra su Creador y pensaron que ellos podrían ser como Dios. El movimiento transgénero retoma el mismo pecado del Edén. Por mucho que lo intente, el movimiento transgénero no puede escapar del *Creador*. Al fin y al cabo, no podemos crearnos a nosotros mismos.

Sin embargo, algunos seguirán intentándolo. El *New York Times* deja claro que los activistas transgénero «prevén un momento en que la gente, al cruzarse por la calle, no se clasificará inmediatamente, de forma inconsciente, como hombre o mujer». Luego, el artículo de Bergner cita a Laura Jacobs, una terapeuta no binaria que declaró: «No sé cómo se verán los géneros dentro de cuatro generaciones. Creo que nos vamos a percibir como personas. Las clasificaciones bajo las que vivimos habrán quedado atrás». Esto no es una declaración pasiva desde el punto de vista moral, sino que equivale a un rechazo total de la cosmovisión bíblica, de la dignidad de la masculinidad y la feminidad, y de todo lo que suene a una ética sexual sana.

Lo que la revolución le exige a la iglesia de Jesucristo

En las cuestiones de género y sexualidad, la era secular solo puede sembrar una mayor confusión. Aunque Estados Unidos y otras naciones occidentales no eran «cristianas» en el sentido de que todos fueran creyentes, al menos se regían por una cosmovisión bíblica que defendía la dignidad del género y de la sexualidad. Esa visión del mundo ha sido ahora desplazada, y una nueva ética sexual, gobernada por el movimiento LGTBQ, ha reemplazado la visión bíblica del género y la sexualidad. La estabilidad y las perspectivas comunitarias cruciales para la cohesión social se ven ahora socavadas, a menudo por el poder coercitivo del aparato estatal. Una cosa está clara: cuando las sociedades rechazan el orden natural y de la creación que Dios puso, vienen el caos y la confusión.

Sin embargo, esta nueva fase de la revolución ataca no solo a los pilares de la civilización occidental, sino también a la iglesia de Jesucristo. En efecto, en este momento secular, los cristianos nos enfrentamos a una enorme presión para seguir la revolución; y esta exige una rendición unilateral. Es la cosmovisión cristiana la que enfurece a los partidarios de la nueva revolución, ya que son las categorías bíblicas de persona las que conformaron las sociedades de Europa y Norteamérica. Por desgracia, muchas iglesias han capitulado ante las exigencias de la revolución sexual. Hará falta una convicción extraordinaria para resistirse a su revolución. Estamos a punto de descubrir qué iglesias, denominaciones e instituciones cristianas pueden presentar esta resistencia. La iglesia nunca se ha enfrentado a un desafío como este.

La revolución sexual exige una redefinición total de la moralidad, la autoridad cultural y la identidad personal, entre otras cosas. La revolución exige un nuevo vocabulario y un revisión radical del diccionario. En última instancia, los partidarios de la revolución moral procuran redefinir la realidad misma. Y esta revolución no tiene un punto final. El signo del final de las siglas LGTBQ+ indica que seguramente vendrán más desafíos.

Debemos prestar mucha atención a los renovados esfuerzos por redefinir y reformular el concepto evangélico de sexualidad y género. El evangelicalismo no tiene una visión característicamente evangélica de la moralidad sexual y la identidad personal. En lugar de eso, los cristianos evangélicos han mantenido el marco de la moralidad, el matrimonio y el género que han compartido todos los cristianos a lo largo de la historia. El distintivo evangélico está en mantener estas convicciones sobre la base de la autoridad de las Escrituras, no solo porque dichas convicciones estén profundamente arraigadas en la tradición de la iglesia. Pero resulta que los evangélicos podemos estar prácticamente solos en la afirmación y la enseñanza de lo que la iglesia cristiana ha enseñado durante dos mil años.

Por esta razón, debemos observar con mucha cautela cualquier intento de reformar la manera en que los evangélicos pensamos acerca de estos temas. Se presentó un claro desafío en la Conferencia Revoice 2018. Revoice se anunciaba como un evento que «apoya, alienta y empodera a los gais, lesbianas, personas atraídas por el mismo sexo y otros cristianos LGTB para que puedan desarrollarse a la vez que observan la doctrina cristiana histórica del matrimonio y la sexualidad».[9] A simple vista, parece una declaración positiva. De hecho, es alentador escuchar de cristianos que buscan el desarrollo de sus hermanos y hermanas en Cristo que luchan con la atracción hacia el mismo sexo y los ayudan a vivir dentro de las afirmaciones históricas de la ortodoxia cristiana. Pero el diablo está en los detalles.

El nombre no era accidental, ya que los organizadores pedían una *revoice*, «reafinación», del mensaje evangélico en cuestiones de sexualidad, identidad sexual y demás.

Los organizadores declararon de forma diáfana:

> Imaginen un cristianismo futuro en el que las personas LGTB puedan ser abiertas y transparentes en sus comunidades de fe en lo que respecta a su orientación o experiencia de la disforia de género sin sentirse inferiores a sus hermanos y hermanas

heterosexuales y de género cis; en el que las iglesias no solo utilicen, sino que también celebren las oportunidades únicas que tienen las personas LGTB célibes de por vida para servir a los demás; donde los líderes cristianos se enorgullezcan de la fe de las personas LGTB que viven una obediencia sacrificial por el Reino; y donde las personas LGTB sean bienvenidas en las familias para poder experimentar también las alegrías, los desafíos y los beneficios de tener una familia.[10]

También declararon enfáticamente:

Creemos que la Biblia limita la actividad sexual al contexto de un pacto matrimonial, definido en la Biblia como la unión emocional, espiritual y física de un hombre y una mujer con miras a la procreación. Al mismo tiempo, creemos también que la Biblia honra a quienes viven un compromiso prolongado con el celibato, y que las personas solteras deben desempeñar un papel particularmente valioso en la vida de las comunidades religiosas locales.[11]

Reconocieron que estas convicciones «constituyen la "ética sexual tradicional" porque esta representa la visión del mundo que la Biblia enseña a lo largo del Antiguo y del Nuevo Testamento, la que los cristianos han creído por milenios».

En otros contextos, los organizadores se han identificado con el «cristianismo de tradición mayor», un reconocimiento de un patrón constante de enseñanza cristiana fiel a las Escrituras. Esa tradición teológica es la fuente de la «ética sexual tradicional» que los organizadores reconocen. El lenguaje es importante, como siempre. La declaración de propósitos y el sitio web de la conferencia aluden una y otra vez a las «personas LGTB» y utilizan las expresiones «minorías sexuales» e incluso «cristianos *queer*».

El organizador principal de la conferencia, Nate Collins, declaró para *Christianity Today*: «Todos creemos que la Biblia enseña una manera tradicional e histórica de entender la sexualidad en el matrimonio, por lo que de ninguna manera estamos intentando redefinir ninguna de esas doctrinas. Estamos tratando de vivir dentro de los límites de la enseñanza histórica cristiana sobre la sexualidad y el género. Pero se nos hace difícil por muchas razones».[12]

En realidad, las señales que envían muchos de los involucrados en la conferencia son un poco confusas, por decirlo diplomáticamente. En los últimos años, en el mundo evangélico ha habido quienes han propuesto las categorías de cristianos del «Lado A» y del «Lado B» entre los que se identifican como LGTBQ. Los del Lado A son los que han abandonado las enseñanzas cristianas históricas sobre la sexualidad y el matrimonio y ahora reivindican las relaciones y el matrimonio entre personas del mismo sexo. Los defensores del Lado A están más relacionados con las denominaciones protestantes liberales que abandonaron hace tiempo la ortodoxia bíblica y ahora predican la revolución sexual.

El Lado B se refiere a los que se identifican como LGTBQ y como cristianos a la vez, y que reivindican la ética cristiana tradicional sobre la sexualidad y el matrimonio. Revoice parece identificarse claramente como Lado B, pero algunos de los principales organizadores y oradores unen sin problemas sus fuerzas con los defensores del Lado A en esfuerzos comunes. Los defensores del lado A y del lado B tienen en común la identidad LGTBQ.

También cabe señalar que Revoice no tenía mucho que decir en las cuestiones transgénero. No está nada claro, por ejemplo, qué se supone que piensan sus líderes que significa el celibato o el compromiso con «la doctrina cristiana histórica del matrimonio y la sexualidad» para la «T» de LGTB. Hasta el uso de «LGTB» en este contexto resulta imposible de cuadrar con «la enseñanza histórica cristiana sobre la sexualidad y el género».

Gregory Coles, autor de *Single, Gay, Christian* (Soltero, gay, cristiano), era líder de adoración en Revoice. En su libro, Coles plantea el supuesto de dos mujeres que se identifican como cristianas, una lesbiana casada con una mujer, y la otra, una cristiana «heterosexual» que dice creer en la ética bíblica de limitar el sexo al matrimonio entre un hombre y una mujer, pero que es promiscua en sus relaciones heterosexuales. Coles escribe entonces: «Desde el punto de vista teológico, estoy más de acuerdo con la segunda amiga. ¿Pero quién honra más a Dios con su vida? ¿Quién ama más a Jesús? ¿A quién es más probable que vea en el cielo? No lo sé».[13]

Por supuesto, es un escenario extraño y forzado. La respuesta bíblica sería que ambas mujeres están pecando y violando las Escrituras.

En un punto anterior de su libro, Coles hablaba de encontrarse en una sala que incluía a algunos que se identifican como Lado A y a otros que se identifican como Lado B (como Coles). Pero resulta revelador cómo describe la situación. Cuando se le pidió que se identificara como Lado A o Lado B, Coles escribió: «No quería que me redujeran a un simple sí o no. Quería una nueva faceta, algo del resto del abecedario, algo lleno de asteriscos y notas al pie y advertencias. Nunca me he expresado bien en el lenguaje de los binarios».

Hay varias cuestiones que exigen una atención inmediata. Una es la identificación de personas como «cristianos LGTB» o «cristianos gais». Este lenguaje implica que los cristianos pueden mantenerse identificados con una identidad sexual que es contraria a las Escrituras. Detrás de este vocabulario está la concepción moderna de la teoría de la identidad que es, al fin y al cabo, fundamentalmente no bíblica. El uso del lenguaje de las «minorías sexuales» es una extensión más de la teoría de la identidad y de la teoría y el análisis críticos modernos. En este contexto, con «minoría sexual» entendemos a la vez una identidad permanente y una demanda de reconocimiento como minoría. Como señaló acertadamente el pastor y autor Kevin DeYoung, el uso de este lenguaje implica un estatus político.

El problema principal es la idea de que cualquier creyente pueda reivindicar su identidad usando un patrón de atracción sexual que es en sí pecaminoso. El apóstol Pablo respondió de forma definitiva a esta pregunta cuando explicó en 1 Corintios 6.11: «Y esto erais algunos; mas ya habéis sido lavados, ya habéis sido santificados, ya habéis sido justificados en el nombre del Señor Jesús, y por el Espíritu de nuestro Dios».

A lo largo de toda la historia de la iglesia ha habido cristianos que han luchado con la atracción hacia personas del mismo sexo y que han llegado a conocer ese patrón de tentación como lo que ahora entendemos como orientación sexual. En su libro *All But Invisible*, Nate Collins argumentó que el elemento más importante en la orientación homosexual es que se trata de algo «recibido». Con esto quiere decir que es una orientación o patrón de atracción que no se elige, sino que se descubre.

Pero que sea algo «recibido», en un mundo caído, no significa que esa orientación —la atracción hacia personas del mismo sexo— no sea pecaminosa. La Biblia identifica la tentación interior como pecado (Stg 1.14). Denny Burk y Heath Lambert argumentan que «la atracción hacia personas del mismo sexo, y no solo el comportamiento homosexual, es pecaminosa».[14] Estamos llamados a arrepentirnos tanto del pecado como de cualquier tentación interior de pecar.

Estas cuestiones van más allá de la sexualidad. Tal como acertadamente explican Denny Burk y Rosaria Butterfield, en esto nos encontramos ante una discrepancia evangélica básica con el catolicismo romano.[15] Desde el Concilio de Trento (1545-1563), la Iglesia Católica Romana ha insistido en que el impulso involuntario hacia el pecado no es en sí mismo pecado. En una frase de lo más sorprendente, el Concilio de Trento declaró: «Esta concupiscencia, que el apóstol llama a veces pecado, el santo Sínodo declara que la Iglesia Católica nunca ha entendido que se le llame pecado». Llama la atención cómo se reconoce que la doctrina de Trento es contraria a como se expresa el apóstol.

Juan Calvino se refirió a la concupiscencia como «depravada» y «que no coincide con la rectitud». En este veredicto, Calvino contaba con la compañía de otros protestantes y del Nuevo Testamento. Piensa en el lenguaje del histórico *Libro de oración común*, que ora con arrepentimiento por los «designios y deseos de nuestro propio corazón».

Seguramente, la mortificación del pecado que se exige a los cristianos exigiría que pusiéramos la mayor distancia posible entre nosotros y cualquier tentación (Ro 8.12–13).

En la entrevista con *Christianity Today*, justo antes de la conferencia, Nate Collins trató de responder a las críticas insistiendo, como en su libro, en que la orientación sexual y la atracción hacia personas del mismo sexo no siempre son eróticas, sino que pueden celebrarse como algo estético y relacional. Afirma que la atracción sexual entre personas del mismo sexo es pecado, pero argumenta que la orientación sexual no es necesariamente erótica, sino que se centra en «la percepción y la admiración de la belleza personal». En su libro se refiere a esto como una «orientación estética», un término que reconoce que es suyo.

Wesley Hill, otro conferencista de Revoice, es un gran defensor de las «amistades espirituales» dentro de la identidad LGTBQ. Él ha escrito: «Ser gay es, para mí, una sensibilidad pero también otras cosas: una mayor capacidad de percepción y pasión por la belleza de personas del mismo sexo».[16]

La atracción hacia el mismo sexo no se limita a la atracción sexual, sino que cuestiona toda la credibilidad del argumento de que esta «orientación estética» puede ser no sexual. Considerada más de cerca, la «orientación estética» parece en realidad estar aún más profundamente arraigada en un impulso pecaminoso. Las atracciones estéticas están tan corrompidas por el pecado como las pasiones sexuales. Dicho sin rodeos: ¿debemos afirmar que una «orientación estética» hacia el mismo sexo es pura e intachable y no sexual? Eso sería una grave mala praxis pastoral.

Los oradores de Revoice se refirieron a Rut y Noemí, y a David y Jonatán, como ejemplos bíblicos, pero en ambos casos la relación, clara y definitivamente, no era ni erótica ni estética, y aludir a ellos desde esta perspectiva es algo deliberadamente engañoso. El modelo de «amistad espiritual», en relación con la identidad LGTBQ, no es compatible con una teología bíblica evangélica, aunque a los católicos le entusiasme la idea.

En uno de los momentos más sorprendentes de Revoice, Nate Collins leyó unos versículos de Jeremías 15 y luego preguntó:

> ¿Es posible que los gais de hoy estén siendo enviados por Dios, como Jeremías, para hallar las palabras de Dios para la iglesia, para comerlas y hacerlas nuestras? ¿Enviados para arrojar luz sobre las falsas enseñanzas e incluso las idolatrías contemporáneas, no solo la falsa enseñanza de la ética sexual progresista, sino también otras formas más sutiles de falsa enseñanza? ¿Es posible que las minorías sexuales y de género que han experimentado vidas de costosa obediencia sean en sí mismas un llamado profético a la iglesia para abandonar sus actitudes idólatras hacia la familia nuclear, hacia el placer sexual? Si es así, somos profetas.

¿La idolatría de la familia nuclear? Aquí vemos el poder desestabilizador de la revolución sexual y de la teoría crítica moderna en toda su fuerza, pero esta vez desde dentro del cristianismo.

Por supuesto, es posible que el ser humano idolatre cualquier cosa, pero no es eso lo que realmente está en juego en el comentario de Collins. Él afirma que los gais están llamados a un papel profético para corregir a la iglesia por creer que la familia nuclear es algo normativo.

Antes de seguir adelante, debemos señalar que el término «familia nuclear», que se refiere a un padre y una madre y sus hijos en un hogar, es un término bastante reciente, nacido en el siglo veinte. La familia, por supuesto, es tan antigua como Génesis. El término más exacto para describir la familia no es nuclear, sino natural o conyugal.

Ahí está el problema. Lo que la Biblia revela, desde Génesis 1 en adelante, es que Dios creó a los seres humanos como varón y hembra, ambos hechos a su imagen, y creados para la relación conyugal de matrimonio y procreación, que es el primer mandato divino a la humanidad (Gn 1.28). El matrimonio, la unión conyugal de un hombre y una mujer, se revela como el propósito de Dios en la creación, desde el principio.

Incluso los hombres y mujeres que no se casan se ven definidos por la unión conyugal que los hizo nacer y por el carácter normativo de la familia natural (tanto «nuclear» como extendida) a la que se honra en toda la Sagrada Escritura. La subversión del matrimonio y la familia ha sido uno de los resultados más devastadores de la era moderna, y esta misma subversión es fundamental para las ambiciones de los activistas de la revolución sexual. Ahora, esta revolución busca la destrucción total del cristianismo histórico.

En su libro, Collins identificó la «heteronormatividad» como un problema capital tanto en la sociedad secular como en la iglesia: «Una cosa es decir que el único tipo de expresión sexual permitida por las Escrituras es el patrón heterosexual. Pero otra cosa es decir que las orientaciones heterosexuales, tal como se insertan en nuestro mundo caído, no son pecaminosas en sí mismas porque coinciden con el patrón general de la creación».[17]

Eso es sencillamente un error. Todo ser humano que ha pasado la pubertad es un pecador sexual de alguna clase, pero la atracción de un hombre hacia una mujer, que se consuma en la unión conyugal del matrimonio, es precisamente «el patrón general de la creación». Además, en Romanos 1.26–27, el apóstol Pablo se refirió a la pasión y actividad del mismo sexo como algo «que es contra naturaleza», de ahí el rechazo del «patrón general de la creación».

Después de la caída, todos los seres humanos nacen pecadores y están destituidos tanto de la gloria de Dios como del claro testimonio de la creación (Ro 3.23; 1.18–32), pero el modelo de la creación no es en sí mismo pecaminoso. El Nuevo Testamento presenta a la iglesia como la familia de la fe, constituida por todos los que son adoptados por Dios por medio de Cristo. Por lo tanto, todos los creyentes son hermanos y hermanas en una misma familia de la fe. Además, el Nuevo Testamento honra explícitamente el celibato (que, por cierto, solo tiene sentido si se entienden como normativos el matrimonio y la vida de familia), pero ese celibato es casto y enfocado hacia la propagación del evangelio (1 Co 7.1–8). Collins hace un llamamiento a las congregaciones para que no dejen a ningún miembro sin incluirlo en la vida familiar, lo cual es una seria denuncia para muchas congregaciones, sin duda. Del mismo modo, Rosaria Butterfield ha subrayado la prioridad de la hospitalidad evangélica entre los cristianos.

Pero que los que se identifican como cristianos LGTBQ+ denuncien «actitudes idólatras hacia la familia nuclear» en ejercicio de su supuesto papel profético revela hasta dónde ha llegado la ideología de los revisionistas del sexo incluso dentro del cristianismo estadounidense. La relativización de la familia conyugal natural representa lo que el periodista y satírico inglés Malcolm Muggeridge llamó «el gran impulso suicida liberal». Está en contradicción directa con el mandato de Dios en Génesis 1.28. La Gran Comisión amplía ese mandato, no lo invierte.

Antes incluso de que comenzara la conferencia Revoice, se anunció una sesión titulada «Redeeming Queer Culture: An Adventure» (Redimir la cultura *queer*: una aventura). La descripción es de por sí asombrosa:

> Para la minoría sexual que busca someter su vida plenamente a Cristo y a la ética sexual cristiana histórica, la cultura *queer* presenta un pequeño dilema; en lugar de examinar y analizar qué partes hay que rechazar, o redimir, o recibir con alegría (Hch 17.16–34), los cristianos a menudo han descartado las virtudes de la cultura *queer* junto con sus vicios, lo que hace que las minorías sexuales cristianas culturalmente conectadas queden divididas entre dos culturas, dos historias y dos comunidades. Por lo tanto, las preguntas que siguen hasta ahora en gran parte sin respuesta siguen siendo: ¿qué puede ofrecernos la cultura *queer* (en concreto, la literatura y la teoría *queer*) a los que seguimos a Cristo? ¿Qué extraño tesoro, honor y gloria podrán aportar a la Nueva Jerusalén al final de los tiempos (Ap 21.24–26)?

Si atamos cabos, queda patente que Revoice y sus organizadores reescribirían la metanarrativa de las Escrituras para que la Creación antes de la caída no fuera de orientación heterosexual y pudiera incluso incluir la «orientación estética» homosexual. La extensión de la caída se limita a nuestra naturaleza pecaminosa; la redención no significa que la «nueva criatura» en Cristo romperá con su identidad que incluye el pecado, y la Nueva Creación incluirá «el tesoro, honor y gloria» de la cultura *queer*.

Hay otro asunto importante en la descripción de esa sesión. Obsérvese la mención de «minorías sexuales cristianas culturalmente conectadas». A primera vista, podría parecer que significa algo así como una conexión con la cultura general. Pero, en el lenguaje de la comunidad LGTBQ+, significa conexión con la «cultura *queer*». Las «minorías sexuales cristianas culturalmente conectadas» (pongamos mucha atención en cada palabra) están, como subraya la declaración, «divididas entre dos culturas, dos historias y dos comunidades». Eso significa que están divididas entre la cultura *queer* y la iglesia.

Eso, dicho sin tapujos, es algo inestable, infiel, impracticable, no bíblico y, de hecho, imposible.

Esto nos lleva de nuevo al asunto de la identidad sexual y la identidad cristiana. Un cristiano que se identifica como LGTBQ+ orará y se preocupará por la conversión de los amigos de la comunidad LGTBQ+, y podemos orar para que las amistades personales y la hospitalidad cristiana puedan llevar al avance del evangelio entre estos amigos y la comunidad LGTBQ+. Pero la identidad de un cristiano no puede estar ligada a ninguna cultura que se defina esencialmente por su rechazo del diseño y del mandato de Dios. Aunque no se ha prestado mucha atención a ese lenguaje, es uno de los aspectos más importantes de Revoice.

Y la cuestión del lenguaje surge una y otra y otra vez. En su plenaria principal en la conferencia, Nate Collins lamentó: «Estoy cansado. Estoy cansado de que la gente diga que uso las palabras equivocadas. Estoy cansado de que la gente diga que no uso suficientes palabras apropiadas».

En su entrevista con *Christianity Today*, Collins admitió que parte del lenguaje utilizado en el sitio web de la conferencia se veía como revelador de una «deriva peligrosa desde el punto de vista ético», pero él defendió ese lenguaje diciendo: «En este momento, el debate sobre temas LGTB y género, sexualidad y evangelicalismo está fragmentado. Hay muchos grupos que usan el lenguaje de maneras muy concretas que tienen sentido para ellos, pero no para los de fuera de su tribu».

Más adelante, Collins dijo: «Solo intentamos crear un espacio para la gente que considera significativo su lenguaje, en términos de cómo intentan reconciliar su género y su sexualidad con su fe».

En un nivel muy extraño, se trata de un franco reconocimiento de que el lenguaje con que se identifican muchos en la comunidad de Revoice refleja un movimiento fluido y dinámico, incluso en sus expresiones.

Pero las referencias a la «cultura *queer*» no son accidentales, y el lenguaje de la conferencia es bastante claro. Revoice representa un intento de construir una casa a medio camino entre la cultura LGTBQ+ y el cristianismo evangélico. Quieren definir a qué se refieren con «Lado B», cuando la cultura LGTBQ+ es inequívocamente de «Lado A».

Deberíamos tomar la palabra a los organizadores de Revoice y escuchar lo que dicen. Deberíamos lamentar las cosas que están mal y entender los muchos errores de la iglesia cristiana hacia quienes se identifican con la comunidad LGTBQ+. Pero no quisiéramos añadir otro más a esos errores. No tenemos más remedio que ver a Revoice como una casa construida sobre la arena. Revoice no es la voz del cristianismo fiel.

Fidelidad en medio de la tormenta

¿Por qué no unirse a la revolución? Esta pregunta parece obvia para muchas personas que miran a los cristianos conservadores y se preguntan honestamente por qué no podemos cambiar nuestros puntos de vista sobre la homosexualidad, el matrimonio gay y toda la pléyade de cuestiones LGTBQ. Se nos dice constantemente que debemos abandonar las claras enseñanzas de la Biblia para entrar en «el lado correcto de la historia». No es que no entendamos el argumento, es que no lo aceptamos.

Los cristianos de hoy no solo nos enfrentamos a las consecuencias de esta revolución, sino que además cada día nos encontramos con nuevos y terribles desafíos en medio de una tormenta que intenta destruir todo vestigio de nuestra identidad desde la creación: la gloriosa realidad de ser hombres y mujeres creados según la *imago Dei*, a imagen de Dios. Los desafíos a que se enfrenta la iglesia se multiplican día tras día y son cada vez más complejos y peligrosos. No obstante, la iglesia de Jesucristo debe mantenerse en pie y enfrentarse a esta tormenta de secularismo con toda la fuerza del evangelio. Hay demasiado en juego. La lucha es demasiado importante. No podemos callar, no podemos rendirnos.

Está claro que muchas iglesias y denominaciones más liberales no solo están aceptando el argumento LGTBQ, sino que también están avanzando con él. Todas estas iglesias definían en su día el matrimonio como la unión de un hombre y una mujer, y cada una de ellas definía en su día la sexualidad humana y el género de acuerdo con la Biblia y con las enseñanzas cristianas históricas. Sin embargo, iglesia tras iglesia, denominación tras denominación, han capitulado ante los revolucionarios del sexo. Ya sea en nombre de la relevancia cultural o de la ambivalencia doctrinal, muchos creen que los compromisos teológicos históricos de la iglesia están equivocados y pertenecen a los anales de la antigüedad. Ahora bien, hay al menos algunas personas que parecen estar perplejas al constatar que los cristianos conservadores no seguimos el programa de redefinición de la moralidad, el matrimonio y la doctrina cristiana.

La cosmovisión bíblica, sin embargo, no deja lugar para capitular ni para rendirse. Las cuestiones teológicas en torno al género y la sexualidad no son cuestiones subsidiarias, tienen que ver con nuestra propia identidad como seres humanos y con nuestra visión del carácter de Dios. No nos rendiremos, porque no podemos. A diferencia de los que abrazan la teología liberal, nosotros no vemos el cristianismo como un sistema de creencias que podamos cambiar a voluntad. No vemos la Biblia como una mera colección de antiguos escritos religiosos que pueden ser ignorados o reinterpretados para que signifiquen algo distinto de lo que dicen.

Más bien, entendemos que la Biblia es lo que dice ser, ni más ni menos que la inspirada e inerrante Palabra de Dios. Entendemos que el cristianismo se basa en verdades específicas reveladas por Cristo y los apóstoles y entregadas a nosotros en las Sagradas Escrituras. Creemos que el cristianismo se define por lo que la Biblia llama «la fe que una vez fue dada a los santos» (Jud 3).

Hoy en día, nos encontramos con oposición, rechazo y burlas por mantener las verdades que la iglesia cristiana ha enseñado por dos mil años.

De hecho, como se ha señalado anteriormente, la que se está librando es una batalla entre la *revolución* y la *revelación*. Por eso la iglesia no puede retroceder ni atenuar sus compromisos en materia de género y sexualidad. O nos involucramos en una revolución activa contra Dios o nos aferramos a la revelación verbal que Dios nos concedió en su Palabra y en Jesucristo. La revolución sexual, que ahora socava la estructura misma de la humanidad en tanto que formada por el hombre y la mujer, representa un desafío directo a lo que los cristianos creemos, enseñamos y predicamos. La revolución LGTBQ es solo la última muestra de la perpetua tentación humana de rechazar las ordenanzas de Dios en la creación, así como la identidad y el propósito de la humanidad. Pero no llevará al pleno desarrollo ni a la felicidad del ser humano, no puede. Para la cosmovisión cristiana es fundamental la verdad de que nuestra identidad solo puede establecerla el Creador y solo podemos ser rescatados de nosotros mismos y de nuestro pecado por el Redentor.

La realidad es que los cristianos que definen el cristianismo en términos de doctrina cristiana histórica y enseñanzas morales no creen simplemente que estas enseñanzas son verdaderas, sino que apuntan a la única verdad que producirá una felicidad humana real y duradera. No solo nos oponemos al matrimonio entre personas del mismo sexo porque creemos que es contrario a las Escrituras; creemos también que nada que se oponga a las Escrituras puede llevar al pleno desarrollo humano.

No hay duda de que vivimos en medio de una revolución muy amplia en los valores morales. Las iglesias y denominaciones más liberales pueden simplemente adaptarse a esta revolución moral y seguir adelante. Pero al hacerlo están abandonando no solo las claras enseñanzas de la Biblia, sino también la esencia del evangelio de Jesucristo.

Esa buena noticia promete la salvación a todo el que crea en Cristo como el Señor crucificado y resucitado, y se arrepienta del pecado. Si malinterpretamos o tergiversamos lo que es el pecado, menoscabamos la obra de Cristo y nuestra consciencia de que necesitamos un Salvador. Además, si abandonamos las enseñanzas de la Biblia sobre moral sexual, confundimos al mundo, y a nosotros, en cuanto al arrepentimiento.

La Biblia no es solo un libro inspirado de verdades doctrinales. Cuenta la historia del acto creador de Dios y de la realidad del pecado humano, de la profundidad del amor salvador de Dios por nosotros en Cristo, y la historia de hacia dónde se dirige la historia. La Biblia también nos advierte contra cualquier intento de cambiar esa historia o de contarla mal. Sí, nos advierte del pecado de enseñar lo que la Biblia llama «otro evangelio» que no es el de Jesucristo.

En el panorama estadounidense actual tenemos iglesias más liberales que se esfuerzan por unirse a la revolución sexual e iglesias conservadoras que no pueden seguir. Por pura honestidad, hay que reconocer que las que enseñan lo que el cristianismo ha enseñado por dos milenios son las iglesias conservadoras. Se nos dice que si mantenemos la autoridad bíblica y la fe cristiana histórica seremos marginados.

Tal vez, pero son las iglesias más liberales las que han sufrido una millonaria hemorragia de miembros durante los últimos cuatro decenios e, incluso en una época de secularización, son las denominaciones más secularizadas las que han sufrido las mayores pérdidas de miembros.

Entendemos lo que está en juego en términos de cómo el ser humano juzga la historia. De hecho, la crisis política actual pone de manifiesto buena parte de la trayectoria de la opinión pública estadounidense. Día tras día, minuto a minuto, un panorama estadounidense cada vez más secularizado exige que las iglesias y las denominaciones se adapten a la revolución sexual; no hacerlo equivale, según la cultura, a promulgar el mismo nivel de discriminación que ejercieron los dueños de esclavos y los segregacionistas. El ciclo electoral del 2020 ha puesto de relieve, en muchos sentidos, la velocidad de esta revolución sexual y hasta qué punto los candidatos y las plataformas de los partidos se someterán a este programa moral radical.

A los cristianos, sin embargo, nos preocupa mucho más el veredicto divino de la eternidad. Estar en el lado correcto de la historia es importante, pero esa historia debe estar en sintonía con la trayectoria del cosmos, es decir, con que un día habrá un juicio ante el tribunal de Cristo. Esto es un consuelo para los fieles que se mantienen firmes, pero será desolador para aquellos que se inclinan ante los dioses del secularismo. El cristianismo bíblico debe decir la verdad en amor y buscar una buena convivencia con todos, pero no podemos abandonar la fe solo porque se nos diga que ahora estamos en el lado equivocado de la historia.

Los cristianos y la iglesia debemos, por tanto, aferrarnos a la revelación y no salir de la roca de la Palabra perfecta de Dios. Cuando se enfrenta a desafíos sin precedentes, cuando recibe las terribles exigencias de la secularización, cuando se desata el caos y la sociedad cae en una espiral de destrucción, la iglesia debe estar preparada con la Biblia, la perfecta e infalible revelación de Dios. ¿Cuál si no puede ser nuestra autoridad?

En respuesta a la tormenta que se avecina sobre el género y la sexualidad, los cristianos debemos hacer al menos dos cosas: predicar la verdadera libertad del evangelio frente a la libertad del erotismo y estar preparados para recibir a los refugiados que salgan de la revolución sexual.

La autonomía individual impulsa la revolución sexual. Los revolucionarios del sexo buscan la liberación de los sistemas morales opresivos que rigen la expresión sexual. La ética bíblica, según esta revolución, representa a un amo anticuado, que solo busca el control sobre el individuo. Una vez derrocada, los individuos pueden expresar su sexualidad sin los grilletes de una ética sexual anticuada y atrasada.

En esta mentalidad se ha incrustado una trágica ironía, y los cristianos deberíamos ser quienes señalemos esta lógica tremendamente defectuosa y mortal. En la búsqueda de la libertad individual, el resultado es la esclavitud perpetua, una esclavitud a cualquiera que sea la ética cultural dominante. La verdadera liberación solo viene por el evangelio de Jesucristo. El apóstol Pablo escribió en Gálatas 5.1: «Estad, pues, firmes en la libertad con que Cristo nos hizo libres, y no estéis otra vez sujetos al yugo de esclavitud».

La revolución sexual tiene como objetivo la liberación. Pero su promesa es falsa y sus «verdades» no dejan de cambiar. La iglesia debe aferrarse a lo que el estimado predicador galés del siglo veinte, Martyn Lloyd-Jones, llamó «la verdad inalterada e invariable». Ese es el mensaje más contracultural que cabría imaginarse. El evangelio nos recuerda que solo a través de Cristo podemos experimentar el poder del amor de Dios. Solo por medio de la cruz podemos ser trasladados del reino de las tinieblas al reino de la luz eterna.

Esta realidad nos lleva a lo segundo que los cristianos debemos hacer a raíz de la rebelión sexual: debemos estar preparados para recibir a sus refugiados. Sabemos que la revolución sexual no puede cumplir sus promesas. Los revolucionarios de la moral se embarcaron en una campaña de propaganda, con promesas de realización personal y aceptación. Esto es así sobre todo en el movimiento transexual, donde muchos hombres y mujeres —y cada vez más niños y niñas— se someten a una cirugía de «reasignación de género». Mediante tratamientos hormonales y cirugías, la revolución transgénero promete a sus seguidores una vida plena y una nueva identidad. Muchos se arrepienten ahora de su decisión. Si creemos que podemos recuperar nuestra identidad mediante cirugías o terapias, estamos perdidos. Al final, solo el Dios que nos creó en el principio puede darnos una identidad auténtica.

Esta revolución dejará a su paso refugiados heridos y decepcionados, o algo peor. La iglesia de Jesucristo debe estar preparada para recibirlos con gracia, amor y tierna compasión. Jesús diseñó su ministerio en torno a estar con los pecadores: comía con ellos, los amaba y entraba en sus casas, a menudo para disgusto de las élites religiosas. En Lucas 19.10, Jesús declaró: «Porque el Hijo del Hombre vino a buscar y a salvar lo que se había perdido». Por desgracia, a menudo la iglesia ha marginado a muchos miembros de la comunidad LGTBQ con su retórica dañina y sus maneras impropias de la iglesia de Cristo a la hora de defenderse. El pueblo de Dios ejerce como embajada de Dios a un mundo perdido y moribundo. Somos embajadores de Cristo, puestos aquí para predicar y proclamar el reino venidero, la buena noticia del evangelio y la vida que está en Cristo y solo en él.

En medio de esta revolución sexual, incluso mientras nos enfrentamos a esta tormenta que se avecina, los cristianos no debemos rendirnos, no debemos caer en la incredulidad ni endurecer nuestro corazón. Si capitulamos ante esta nueva libertad del erotismo, acabaremos cediendo en las verdades esenciales del evangelio. Nos enfrentamos a la revolución con la revelación, sabiendo que Dios no nos ha dejado solos para resolver todo esto. Hemos recibido la Palabra de Dios, sin la cual no tendríamos nada que decir sobre estos temas. Pero Dios *ha* hablado, y nosotros también debemos hacerlo. Todo lo que Dios revela es para nuestro bien, y para el bien de todos los que escuchen y crean. Esa es nuestra confianza. No tenemos ningún otro lugar al que acudir.

SIETE

LA TORMENTA GENERACIONAL QUE SE AVECINA

Los profundos cambios y la secularización que han tenido lugar hasta ahora implican un desastre no solo para el presente, sino también para las generaciones venideras. La tormenta secular se cierne sobre la juventud de la civilización occidental, y sus siniestras sombras no podrían ser más preocupantes. Las tendencias entre los jóvenes, incluso dentro de las iglesias evangélicas, no hacen sino acelerar el ritmo de la secularización en los años venideros. Sigue vigente la pregunta de cómo llegamos aquí.

El auge del deísmo terapéutico moralista

Hace quince años, Christian Smith y sus colegas investigadores del National Study of Youth and Religion de la Universidad de Carolina del Norte en Chapel Hill examinaron con atención las creencias religiosas de los adolescentes estadounidenses y descubrieron que la fe que tenían y contaban la mayoría de ellos se reducía a algo que los investigadores identificaron como «deísmo terapéutico moralista».

Según la descripción de Smith y su equipo, el deísmo terapéutico moralista (DTM) consiste en creencias como estas: existe un dios que creó y ordenó el mundo y vela por la vida humana en la tierra; ese dios quiere que las personas sean buenas, agradables y justas entre sí, como se enseña en la Biblia y en la mayoría de las religiones. El objetivo central de la vida es ser feliz y sentirse bien con uno mismo, y Dios no tiene por qué intervenir en la vida de uno, a menos que sea necesario para resolver un problema. Al final, las buenas personas van al cielo al morir.

Ese, en resumen, es el credo al que se puede reducir gran parte de la fe de los adolescentes. Después de realizar más de tres mil entrevistas a adolescentes estadounidenses, los investigadores contaron que, cuando se abordaban las cuestiones más cruciales de la fe y sus creencias, muchos adolescentes respondían encogiéndose de hombros y con un «lo que sea».

De hecho, los investigadores, cuyo informe se resume en *Soul Searching: The Religious and Spiritual Eyes of American Teenagers* (La búsqueda del alma: la mirada religiosa y espiritual de los adolescentes estadounidenses), de Christian Smith y Melinda Lundquist Denton, descubrieron que los adolescentes estadounidenses padecen de una increíble falta de articulación de sus creencias religiosas, y la mayoría son prácticamente incapaces de presentar una comprensión teológica seria. Como informó Smith:

> En la medida en que los adolescentes que entrevistamos lograron articular lo que entendían y creían en materia de religión, quedó claro que la mayoría de los adolescentes religiosos o bien no comprenden lo que sus propias tradiciones religiosas dicen que deben creer o bien lo entienden y simplemente no les interesa creerlo. En cualquier caso, es evidente que la mayoría de los adolescentes estadounidenses con filiación religiosa no están muy interesados en adoptar y mantener las creencias de sus tradiciones religiosas, o que sus comunidades de fe están fallando a la hora de educar a su juventud, o ambas cosas.[1]

Su investigación continuó destacando: «Para la mayoría de los adolescentes, nadie tiene que hacer nada en la vida, ni siquiera nada que tenga que ver con la religión. «"Lo que sea" está bien, si eso es lo que uno quiere».

Ese informal «lo que sea» que tanto marca el paisaje moral y teológico estadounidense —de sus adolescentes y de otros— ha reemplazado al pensamiento serio y responsable. Lo que es más importante: se trata de una tapadera verbal para abrazar el relativismo. En consecuencia, «las opiniones y puntos de vista de la mayoría de los adolescentes religiosos, que difícilmente se pueden considerar cosmovisiones, son vagas, limitadas y a menudo muy diferentes de las enseñanzas de su propia religión».

El tipo de respuestas que dieron muchos adolescentes indica un gran vacío en el corazón de su manera de entender la cuestión. Sin embargo, los adolescentes no muestran esa falta de articulación de opiniones en todos los temas. Como descubrieron los investigadores: «Muchos adolescentes conocen muchos detalles de la vida de sus músicos y estrellas de televisión favoritos o de lo que hace falta para entrar en una buena universidad, pero la mayoría no tiene muy claro quiénes fueron Moisés y Jesús. Esto sugiere que en la vida de la mayoría de los adolescentes no está obrando en primer plano ninguna fe fuerte, visible, destacada o intencional».

Hay otro aspecto de este estudio al que debemos prestar atención en este momento: los investigadores, que realizaron miles de horas de entrevistas con un espectro cuidadosamente identificado de adolescentes, descubrieron que, para muchos de ellos, esa entrevista fue la primera ocasión en que habían hablado de una cuestión teológica con un adulto. ¿Qué dice esto sobre nuestras iglesias? ¿Qué dice esto sobre esta generación de padres? ¿Qué nos dice esto sobre la tormenta de secularismo que se avecina, que ya está empapando a las generaciones venideras con creencias teológicas ambivalentes?

Al final, este estudio indicaba que los adolescentes estadounidenses están fuertemente influenciados por la ideología del individualismo que tan profundamente ha moldeado la cultura general. Esto se manifiesta en una tendencia refleja a no hacer juicios y en una renuncia a sugerir que alguien pudiera estar realmente equivocado en cuestiones de fe y creencias. Sin embargo, paradójicamente, estos adolescentes son incapaces de vivir en un relativismo total, ya que los investigadores observan que muchas de sus respuestas entran en líneas muy morales, pero los adolescentes reservan sus actitudes más contrarias al juicio moral para las cuestiones de convicción y creencia teológicas. Algunos llegan a sugerir que no existen las respuestas «correctas» en materia de doctrina y convicción teológica.

Los investigadores concluyeron que el DTM promueve «un enfoque moralista de la vida». Este enseña que lo crucial para vivir una vida buena y feliz es ser una persona buena y moral. Eso significa ser amable, bondadoso, agradable, respetuoso, responsable, esforzarse por ser mejor, cuidar de la salud y hacer lo posible para tener éxito». En un sentido muy real, eso parece ser así para el compromiso de fe, en la medida en que puede describirse como tal, que mantiene un gran porcentaje de los estadounidenses. Estos individuos, sea cual sea su edad, creen que la religión debe centrarse en ser «amable», una postura que muchos creen que es violada por las afirmaciones de convicción teológica firme.

El DTM también consiste en «proporcionar beneficios terapéuticos a sus adherentes». Como explicaron los investigadores:

> Esta no es una religión de arrepentimiento del pecado, de guardar el sábado, de vivir como siervo de una divinidad soberana, de decir con firmeza tus oraciones, de observar fielmente los días más santos, de forjar el carácter a través del sufrimiento, de gozarse en el amor y la gracia de Dios, de entregarse en gratitud y amor por la causa de la justicia social, etc. Más bien, la que parece ser la verdadera religión dominante entre los adolescentes de Estados Unidos se centra en sentirse bien, estar felices, seguros y en paz. Se trata de alcanzar el bienestar subjetivo, de poder resolver problemas y llevarse bien con otras personas.

Smith y sus colegas reconocen que la deidad que está detrás del deísmo terapéutico moralista se parece mucho al Dios deísta de los filósofos del siglo dieciocho. Este no es el Dios que truena desde la montaña, ni un Dios que ejercerá de juez. Esta poco exigente deidad está más interesada en resolver nuestros problemas y en hacernos felices: «En resumen, Dios es algo así como una combinación de mayordomo divino y terapeuta cósmico: siempre está de servicio para nosotros, se ocupa de cualquier problema que surja, brinda ayuda profesional a su pueblo para que se sienta mejor consigo mismo, y no interviene de una forma demasiado personal en el proceso».

Obviamente, el deísmo terapéutico moralista no es una fe organizada. Este sistema de creencias no tiene una sede denominacional ni una dirección de correos. No obstante, cuenta con millones y millones de devotos en Estados Unidos y en otras culturas avanzadas, donde los sutiles cambios culturales han producido un contexto en el que tiene sentido creer en una deidad tan poco exigente. Además, esta deidad no supone un problema para las suposiciones egocéntricas más básicas de nuestra era posmoderna. Sobre todo en lo que respecta a los llamados asuntos de estilo de vida, este Dios es extremadamente tolerante, y esta religión es radical en su ausencia de exigencias.

Como sociólogos, Smith y su equipo sugieren que este deísmo terapéutico moralista puede constituir ahora algo así como una religión civil dominante o el sistema de creencias subyacente para la cultura en general. Así pues, esta concepción básica puede ser análoga a lo que otros investigadores han identificado como «religión vivida» tal como la experimenta la cultura dominante.

Pasando a cuestiones aún más profundas, estas investigaciones afirman que el DTM está «colonizando» al propio cristianismo, ya que esta nueva religión civil seduce a los convertidos, que no tienen que abandonar sus congregaciones ni dejar de considerarse cristianos al abrazar esta nueva fe y todas sus poco exigentes dimensiones.

Consideremos esta destacable valoración:

> Otros eruditos más diestros en estas áreas tendrán que examinar y evaluar con mayor profundidad estas posibilidades. Pero podemos decir que hemos llegado con cierta seguridad a la convicción de que una parte significativa del cristianismo estadounidense en realidad es [solo] tenuemente cristiana en cualquier sentido vinculado con la tradición histórica cristiana real, pero que ha adoptado sustancialmente la forma del descabellado primo segundo del cristianismo, el deísmo terapéutico moralista cristiano.

Sostienen que esta distorsión del cristianismo ha echado raíces no solo en la mente de los individuos, sino también «dentro de las estructuras de al menos algunas organizaciones e instituciones cristianas».

Esta transformación radical de la teología y las creencias cristianas cambia la soberanía de Dios por la soberanía del yo. En esta era terapéutica, los problemas humanos se reducen a patologías que necesitan un plan de tratamiento. El pecado simplemente no aparece en el esquema, y doctrinas tan centrales como la ira y la justicia de Dios quedan como desfasadas y poco útiles para el proyecto de realización personal.

Todo esto significa que los adolescentes han estado escuchando atentamente. Han estado observando con diligencia y perspicacia a sus padres en la cultura general. Entienden lo poco que sus padres creen de verdad y la gran medida en que muchas de sus iglesias e instituciones cristianas se han acomodado a la cultura dominante. Perciben hasta qué punto se ha sacrificado la convicción teológica en el altar del individualismo y de la manera relativista de concebir la verdad. Han aprendido de sus mayores que el único gran imperativo moral del que todos son responsables es la mejora personal, y han observado que la aspiración más alta de los que integran esta cultura es encontrar la felicidad, la seguridad y el sentido de la vida.

La secularización y el impacto del deísmo terapéutico moralista

Esta investigación se presentó en el 2005. Cinco años después, en el 2010, Christian Smith y otro equipo de socios realizaron otro estudio llamado *Souls in Transition: The Religious and Spiritual Lives of Emerging Adults* (Almas en transición: la vida religiosa y espiritual de los adultos emergentes). Los investigadores realizaron entrevistas de seguimiento a 230 de las personas que participaron en su primer estudio en el 2005. La diferencia es que estos jóvenes ya no tenían de trece a diecisiete años, sino de dieciocho a veintidós. ¿La diferencia de edad implicaría también un cambio significativo en la práctica y las creencias religiosas?

La respuesta es sí y no. En *Soul Searching*, Smith afirmó que los adolescentes estadounidenses pueden encarnar las «más altas esperanzas y los más agudos temores» de los adultos. De hecho, parece que cada generación de adolescentes se convierte en una gran preocupación para los adultos, así como en una población objeto de estudio para los sociólogos, los psicólogos y otros investigadores. Sin embargo, en *Souls in Transition*, Smith argumentó que la población a investigar más significativa —y la horquilla de edad más determinante para el futuro de la religión estadounidense— bien podría ser la de los «adultos emergentes» incluidos en este estudio más reciente.

¿Cómo llamarlos? A estos jóvenes y a su etapa de vida se les ha puesto la etiqueta de «veinteañeros», «juventud», «adolescencia adulta» y «adolescencia prolongada». Smith eligió usar el término acuñado por el psicólogo Jeffrey Arnett: «adultez emergente».

El equipo de Smith preguntó: «¿Cómo es ser un joven de 18 a 29 años en Estados Unidos? ¿Cuáles son los principales puntos fuertes y los problemas de los adultos emergentes hoy en día? ¿Cómo les está yendo en su viaje hacia la adultez plena?».[2] A estas preguntas les añadieron las dimensiones religiosas y espirituales de la generación. ¿Quiénes son y en qué creen?

En primer lugar, representan algo nuevo en la experiencia de la etapa de la vida. En su mayoría, llegan a la plena edad adulta bastante más tarde que sus padres y que prácticamente todas las generaciones anteriores desde que empezó la edad moderna. Su llegada a la edad adulta se ha visto retrasada por la educación superior, el retraso de la edad para casarse, la inestabilidad económica y el sustento financiero continuo por parte de sus padres. Así, esta generación de jóvenes adultos ha experimentado «una libertad sin precedentes para andar de un lado a otro, experimentar, aprender, avanzar e intentar las cosas de nuevo».

Siguiendo el patrón establecido por *Soul Searching, Souls in Transition* incluyó perfiles de varios jóvenes representativos. Van desde los muy convencionales y ortodoxos hasta los agnósticos y ateos, pero la mayoría se agrupa en una categoría intermedia mucho más ambigua.

¿Qué ha cambiado desde su adolescencia? La impresión más significativa que se presenta en el proyecto tal vez sea que estos jóvenes adultos se han distanciado más de sus padres y de la fe religiosa de estos, aunque mantienen una relación positiva con sus progenitores (y dependen económicamente de ellos) y esperan que esta relación tendrá un buen futuro. Ahora están preocupados por las tareas de la vida y luchan por mantener el optimismo en medio del desconcertante conjunto de responsabilidades adultas que tienen por delante. Se ven sin blanca, pero están comprometidos a fondo con una cultura consumista.

Sobre todo, están preocupados por las inquietudes del yo. De hecho, Smith, ahora profesor de Sociología William R. Kenan y director del Centro para el Estudio de la Religión y la Sociedad de la Universidad de Notre Dame, argumenta que esta generación tiene verdaderas dificultades para imaginar cualquier realidad objetiva más allá del yo. Como él expresó: «La mayoría tiene grandes dificultades para entender que puede existir una realidad que sea objetiva para su propia percepción o una construcción de la realidad que pueda tener una influencia significativa en sus vidas». A todo esto se añade que estos adultos emergentes son en realidad antirrealistas ontológicos indefinidos, escépticos epistemológicos y perspectivistas, «aunque pocos tienen una idea consciente de lo que significan esos términos».[3]

Esta es una observación impresionante, sin embargo, hasta Smith parece subestimar lo que esto significa para esta generación y para el futuro del cristianismo estadounidense. Estos adultos emergentes no tienen una ideología posmodernista endurecida, pero sus sistemas de creencias revelan que hay una forma de antirrealismo indefinido posmoderno que ha pasado a formar parte de la cultura dominante. De hecho, una de las personas citadas en el estudio de Smith, identificada como Brad, dijo: «O sea, tengo mis creencias en mi cabeza, pero no disfruto de toda la escena religiosa. No me gusta tanto como a algunas personas. Tengo mis creencias, creo que sí, y así debe ser, y voy a la iglesia de vez en cuando. Pero es algo informal».[4]

Los comentarios de Brad describen gran parte de las conclusiones de Smith sobre la generación emergente de adultos. Las generaciones venideras no se ven a sí mismas relacionadas en ningún sentido formal o vinculante con las iglesias, creencias formales o instituciones religiosas. Como explica Amanda, una joven muy involucrada en una congregación evangélica: «La religión no está hecha para los jóvenes».[5]

Están posponiendo el matrimonio y la formación de la familia, pero desde luego no posponen el sexo. Están teniendo citas, saliendo y viviendo juntos. Saben que la Biblia condena estos comportamientos, y se prometen que un día sentarán la cabeza y adoptarán una moralidad sexual más conservadora. Como Agustín en sus años jóvenes, quieren la castidad, pero no todavía.

En un párrafo inquietante y lleno de fuerza, Smith explicó cómo esta tensión entre el comportamiento sexual y las expectativas morales aleja a estos jóvenes de sus raíces religiosas y espirituales:

> Por lo tanto, los adultos emergentes que se toman en serio su fe y su práctica de la fe tienen que hacer una de estas tres cosas: optar

> por rechazar ciertas fiestas y las relaciones sexuales prematrimoniales; compartimentar drásticamente sus vidas para que sus fiestas y actividades sexuales estén separadas de sus actividades religiosas, de una manera que roza la negación; o estar dispuestos a vivir con la disonancia cognitiva de estar comprometidos con dos cosas que son incompatibles y autoexcluyentes. No hay muchos adultos emergentes que puedan o quieran hacer cualquiera de estas cosas, así que la mayoría resuelve la disonancia cognitiva distanciándose de la religión.[6]

En consecuencia, estos jóvenes adultos son bastante menos religiosos que sus padres, menos comprometidos con las doctrinas formales y menos involucrados, no solo en la vida de la iglesia, sino incluso en actividades como el voluntariado benéfico y social.

En cuanto al deísmo terapéutico moralista, el compromiso con este sistema de creencias se mantiene «vivo y con buena salud».[7] La diferencia principal entre estos jóvenes en esta etapa de la vida, en comparación con su adolescencia, es que ahora tienen un marco de referencia y un conjunto de conceptos más amplios con los que desarrollarlo.

El sociólogo James Davison Hunter, de la Universidad de Virginia, al escribir hace más de veinte años sobre los jóvenes adultos evangélicos, advirtió en *Evangelicalism: The Coming Generation* (Evangelicalismo: la generación que viene) que la generación que entonces estaba en la edad adulta joven —los padres de la generación estudiada en *Souls in Transition*— se estaba alejando de la creencia de que solo los que creen en Cristo irán al cielo. Como explicó: «Ante el intenso pluralismo religioso y cultural del siglo pasado, han sido enormes las presiones para negar la reivindicación de exclusividad del cristianismo en cuanto a la verdad».[8] Entre los adultos emergentes de hoy, lo más normal es adaptarse a esa presión.

Smith y la coautora Patricia Snell señalan varios factores útiles que alientan a los adultos emergentes a seguir conectados y comprometidos con las iglesias y sus creencias, y que principalmente tienen que ver con los papeles que desempeñan los padres y otros adultos en sus vidas. Los adultos jóvenes que mantienen una relación estrecha con sus padres, y que tienen padres que dan importancia a mantener esa relación, tienen muchas más probabilidades de seguir conectados y comprometidos. Es significativo notar que la continuidad de su compromiso también tiene mucho que ver con los papeles que desempeñan otros adultos de la congregación.

En pocas palabras, se trata de una generación de adultos emergentes que luchan por alcanzar la plena edad adulta en la cultura de la modernidad tardía. Se ven a sí mismos como adultos mayores que necesitan aliados, mentores y amigos. Saben que necesitan ayuda, y se ven a sí mismos enfrentados a desafíos mayores que los de sus padres. No son hostiles a la fe de sus padres, pero se mueven en un terreno cultural muy diferente. Son, en efecto, almas en transición, y parecen saber que lo son.

La tendencia continúa

La obra sociológica de Smith tiene ya casi diez años: los participantes originales en su encuesta están entrando ahora en la treintena, lo que plantea una cuestión crucial: ¿han cambiado las cosas? Por desgracia, la tormenta generacional no hace más que intensificarse y las tendencias del grupo de investigación de Smith y de la próxima ola de jóvenes «adultos emergentes» no hacen más que revelar problemas mucho más demoledores a los que se enfrenta la civilización occidental. De hecho, esta generación se ha vuelto aún más egoísta, retrasando el matrimonio, postergando el tener hijos y rechazando no solo el cristianismo, sino también cualquier religión. Lo que estamos presenciando es un cristianismo cultural en retroceso, con implicaciones extremas en la vida pública estadounidense.

Gerald Seib, del *Wall Street Journal*, escribió sobre las tendencias generacionales en un artículo del 2019 titulado «Cradles,

Pews and the Societal Shifts Coming to Politics: Consequences are big as church attendance declines and the birthrate drops» (Las bancas y los cambios sociales que llegan a la política: las consecuencias son grandes, ya que la asistencia a la iglesia disminuye y la tasa de natalidad desciende).[9] Seib escribió:

> A veces, las tendencias más importantes, las que tienen consecuencias sociales y políticas mayores, se desarrollan a plena vista. Los nuevos datos muestran que dos de ellas están en marcha ahora mismo: los estadounidenses van menos a la iglesia y tienen menos bebés. Esas dos líneas de tendencia reciben relativamente poca atención, pero su importancia social y económica es tan grande que se ganan un puesto en los debates presidenciales demócratas de esta semana, y en otros.

De hecho, Seib entiende, acertadamente, que la caída en las tasas de natalidad y el continuo descenso de la asistencia a la iglesia de los estadounidenses tiene serias implicaciones. Continuó: «La disminución constante y a largo plazo de la asistencia a la iglesia se confirma en la última encuesta del *Wall Street Journal*/NBC News. Ahora solo el 29 % de los estadounidenses afirman asistir a servicios religiosos una vez a la semana o más a menudo. Ha descendido desde el 41 % que había en el 2000».

Estas cifras son alarmantes y apuntan al continuo declive generacional que Smith y su equipo de investigadores registraron en la primera década del milenio. Seib también declaró: «El aumento del número de personas sin iglesia es más dramático entre los jóvenes estadounidenses. Entre las personas de 18 a 34 años, la tasa de los que afirmaban no asistir nunca a los servicios religiosos anteriormente no era diferente de la tasa nacional; ahora, la proporción de estos estadounidenses más jóvenes que nunca asisten a servicios religiosos se ha duplicado con creces, llegando al 36 %». Este rango de edad abarca la muestra original de adultos jóvenes encuestados por Smith. Las consecuencias de la secularización no han hecho más que intensificarse. Ahora, aproximadamente un tercio de los adultos jóvenes nunca pone un pie en la iglesia.

Seib sostiene que estas tendencias causarán cambios sociales cataclísmicos en Estados Unidos. Escribió: «Por generaciones, las iglesias y sinagogas fueron las principales instituciones en torno a las cuales organizaban sus vidas los estadounidenses. Más que lugares de culto, han sido lugares donde los estadounidenses se unen, encuentran su identidad y a menudo educan a sus hijos. El declive de tales lazos comunitarios altera la forma en que muchos estadounidenses se identifican a sí mismos».

Lo que estas cifras revelan es la evaporación del cristianismo cultural o nominal. Los que más se van de las iglesias y denominaciones son los miembros ocasionales, que tienen una eclesiología poco consistente, una escasa convicción teológica y, por lo general, pertenecen a las iglesias del protestantismo liberal o convencional. Tradicionalmente, las personas se seguían vinculando con las iglesias por razones sociales, culturales o incluso políticas, pero esas razones han desaparecido. La cultura ya no valora la identidad religiosa.

Dicho esto, no hay duda de que la trayectoria de la religión en Estados Unidos se encuentra en rápido descenso. En el 2019, Gallup publicó un importante informe en el que se daba este resultado: «En Estados Unidos, de 1937 a 1976, el 70 % o más eran miembros de iglesias. El porcentaje cayó ligeramente a un promedio de 68 % en la década de 1970 hasta la década de 1990. En los últimos veinte años se ha acelerado el descenso, con una disminución de veinte puntos porcentuales desde 1999, y más de la mitad de ese cambio se ha producido desde el comienzo del último decenio».[10]

En mi propia denominación, la Convención Bautista del Sur, una denominación que se mantiene inmune a gran parte de la secularización nacional gracias a su ubicación en el llamado Cinturón Bíblico, también hemos visto una tendencia a la baja. El año pasado, la membresía de los bautistas del Sur cayó a 14,8 millones. Es la primera vez que el número bajó de 15 millones desde 1987. Esto fue una dura noticia para una denominación que por mucho tiempo se ha enorgullecido tanto de su tamaño como de su crecimiento. Las cifras, sin embargo, no mienten. En el 2018, el número de bautismos reportados en la SBC fue de 246.442, por debajo de los 254.122 del 2017.

Esta disminución no es el resultado solo de la disminución de los esfuerzos evangelizadores, sino que también apunta a lo que Seib señaló en su artículo en el *Wall Street Journal*, a saber, a una drástica caída en los nacimientos. Seib declaró que este problema es igualmente intenso e inquietante para la sociedad estadounidense. Seib escribió:

> El Centro Nacional de Estadísticas de Salud informó hace unas semanas que el número de bebés nacidos en Estados Unidos el año pasado cayó a su punto más bajo en treinta y dos años. Entretanto, la tasa general de fecundidad —el número de nacimientos por cada 1.000 mujeres de 15 a 44 años— se redujo al nivel más bajo desde el comienzo del registro federal. Esta tendencia tiene enormes efectos económicos y sociales. La disminución de la tasa de natalidad significa que Medicare y la Seguridad Social serán con el tiempo aún más difíciles de financiar a medida que entren cada vez menos nuevos estadounidenses en el mercado laboral para financiar las necesidades de jubilación de sus mayores. Es posible que haya que aumentar la edad de jubilación de los trabajadores y limitar las prestaciones.

Los cristianos de hoy en día no ven la realidad de la falta de hijos; de hecho, entendemos que con la disminución de las tasas de natalidad está en juego mucho más que una simple agitación política o económica. Los análisis históricos son muy claros: a lo largo de los últimos siglos, la gran mayoría de los miembros de la iglesia la formaban hijos de miembros. No es casual que la caída de la tasa de natalidad se refleje en las estadísticas de bautismos. No hay duda de que los hijos criados en hogares cristianos por padres cristianos tienen más probabilidades de hacer su profesión de fe y seguir participando en la iglesia hasta la edad adulta. Tampoco hay duda de que, cuando los padres cristianos tienen menos hijos, hay menos futuros convertidos al cristianismo. La caída en la tasa de natalidad ha sido muy rápida y las líneas de tendencia son paralelas a las estadísticas de bautismo en la SBC. Además del artículo de Seib, el consejo editorial del *Wall Street Journal* también publicó un artículo sobre el descenso de la natalidad entre las generaciones más jóvenes. El artículo se titulaba «America's Millennial Baby Bust» (La caída de nacimientos en los milénicos estadounidenses), e informaba de que la tasa de natalidad en Estados Unidos ha alcanzado el nivel más bajo de los últimos treinta y dos años.[11] Durante el periodo comprendido entre 1960 y 2017, la tasa de fertilidad (nacimientos por mujer) se redujo prácticamente a la mitad.

La dramática caída de la tasa de fertilidad comenzó con el desarrollo de los anticonceptivos orales y se aceleró con los milénicos, que retrasan la formación de una familia hasta los treinta años o más. Son noticias sorprendentes, y todo apunta a un gran cambio generacional en el estilo de vida estadounidense. Seib cree que estas tendencias tienen consecuencias políticas y deben enmarcar el debate de las elecciones del 2020. Aunque desde luego tiene razón, los cristianos entienden las enormes implicaciones teológicas que sustentan esta tormenta generacional. ¿Qué nos dice la baja natalidad sobre la redefinición de la vida humana? ¿Qué nos dice sobre las expectativas del individuo promedio, hombre o mujer? ¿Qué nos dice sobre el matrimonio y la gloria de la familia? ¿Qué nos dice sobre la sociedad? ¿Qué nos dice sobre el futuro de la iglesia?

La vertiginosa velocidad de la secularización de la generación entrante ha provocado en buena parte la excesivamente baja natalidad que asola a la sociedad estadounidense. La secularización alteró la manera de entender el hogar y la familia como un bien esencial y social. El carácter sagrado del matrimonio, la maternidad y la familia queda eclipsado por las nubes cada vez más abundantes de esta época secular. Cada vez hay más hogares con un solo hijo, y también sin hijos, lo que indica un cambio por la secularización aún más rápido de lo que Smith y su equipo de investigadores podrían haber imaginado en el 2005 y el 2010.

A dónde podría llevar esta tormenta

Las generaciones venideras se enfrentarán a desafíos inéditos en un mundo que, gracias a Internet y a las redes sociales, es cada vez más pequeño. Casi cada día se publican nuevos estudios que describen los efectos de la tecnología, los videojuegos, el tiempo ante la pantalla y las redes sociales en los niños y los jóvenes. Además, las tendencias que registra Smith en sus dos libros a principios del milenio no se han difuminado, sino que se han agravado. Los milénicos se casan más tarde, si es que se casan. Según un estudio, las parejas de entre veinticinco y treinta y cuatro años se conocen, como promedio, desde seis años y medio antes de casarse; sin embargo, el retraso de la fecha de la boda no es proporcional al retraso de las relaciones sexuales.[12] La edad adulta, que en otro tiempo se identificaba como la edad de un hombre y una mujer casados, que formaban una familia, ahora se pospone hasta bien entrada la tercera década de vida. La secularización ha reformulado la edad adulta y el matrimonio, transformándolo en una fase de prolongación de la adolescencia.

Además, las nuevas investigaciones sobre la generación Z apuntan a una tormenta generacional aún más inquietante que la que estamos viendo entre los milénicos. Jean Twenge escribió un artículo en el *Atlantic* que cuenta el descenso de los posmilénicos. Se preguntaba: «¿Los teléfonos inteligentes han destruido una generación? Los posmilénicos, que están más cómodos en Internet que en una fiesta, están más seguros, físicamente, que los adolescentes. Pero se encuentran al borde de una crisis de salud mental». Su investigación reveló que, en el 2015, los estudiantes de último año de secundaria salían menos a menudo que los del 2009.

La cuestión moral en juego no es el noviazgo o la socialización de los adolescentes. Más bien, es el enorme cambio desde la interacción social personal y física a un estilo de vida que se experimenta completamente a través de una pantalla. Ya no hay cortejo y la capacidad de entablar conversaciones importantes parece tan anticuada como conducir un Ford T.

Twenge continúa:

> A nivel psicológico, [los posmilénicos] son más vulnerables de lo que fueron los milénicos: los índices de depresión y suicidio entre los adolescentes se han disparado desde el 2011. No es exagerado decir que la generación iGen está al borde de la peor crisis de salud mental en décadas. Gran parte de este deterioro se puede ver en sus teléfonos [...]. El ascenso simultáneo del teléfono inteligente y de las redes sociales ha provocado un terremoto de una magnitud que no habíamos visto en mucho tiempo, por no decir nunca. Hay pruebas convincentes de que los dispositivos que hemos puesto en manos de los jóvenes están causando profundos efectos en sus vidas y haciéndolos seriamente infelices.

Es imposible exagerar las consecuencias de tan grandes cambios generacionales. De hecho, Twenge revela que ha disminuido el desarrollo cognitivo. Los jóvenes de dieciocho años muestran un nivel de quince años y los jóvenes de quince años actúan más como los de trece. En la próxima década, la humanidad comenzará a sentir los efectos de una generación que no ha conocido un mundo sin redes sociales ni teléfonos inteligentes, y puede que no estemos preparados para las consecuencias.

Las cuestiones planteadas hasta ahora no son los lamentos de cascarrabias que se quejan del momento cultural presente; tampoco es que este capítulo sea un ejercicio nostálgico que llame a un retorno a aquellos «buenos viejos tiempos». Los problemas a los que se enfrentan las generaciones venideras son enormes, con importantes consecuencias culturales, sociales, políticas y teológicas.

En el 2019, David Brooks escribió una columna para el *New York Times* con el título «The Coming G.O.P. Apocalypse» (El apocalipsis republicano que viene).[13] En ella, Brooks argumentaba que se extiende una brecha generacional por el panorama político actual. En cuanto a los demócratas, los votantes de mayor edad prefieren candidatos más moderados, mientras que los más jóvenes prefieren candidatos progresistas y socialistas. La bomba de su artículo, sin embargo, la trae esta declaración: «La brecha generacional es aún más poderosa en los republicanos. Dicho sin rodeos, los adultos jóvenes los odian». Según una encuesta de Pew del 2018, citada por Brooks, el 59 % de los votantes milénicos se identifican como demócratas, mientras que solo el 32 % se identifican como republicanos. Brooks sostiene: «La diferencia es ideológica. Según Pew, el 57 % de los milénicos se consideran sistemáticamente o principalmente liberales. Solo el 12 % se identifican como sistemáticamente o principalmente conservadores. Esta es la estadística más importante de la política estadounidense en este momento».

Son cifras importantes con enormes implicaciones en la vida pública estadounidense. Estos números confirman un marcado y drástico cambio generacional: la liberalización de las generaciones venideras de Estados Unidos. Aunque Brooks considera las ramificaciones políticas, los cristianos entendemos la importancia teológica de este cambio generacional: la cada vez mayor liberalización está directamente relacionada con el aumento de la secularización. El retraso en la fecha de boda, la deconstrucción de la familia y el advenimiento de las redes sociales han tenido un efecto liberalizador y secularizador en las generaciones de Estados Unidos. Además, si nos remontamos a los estudios de Smith de principios de la década del 2000, las generaciones que vienen siguen desvinculándose, a un ritmo cada vez mayor, de cualquier forma de religión.

La actual crisis generacional es la tormenta perfecta de los jóvenes estadounidenses que rechazan la religión, lo cual desmonta la institución fundamental de la civilización occidental, la familia, y los lleva a la adicción a la tecnología y a las redes sociales. El resultado de esta tormenta es una secularización y liberalización que multiplican su intensidad. Los estragos de esta tormenta no harán más que crecer a medida que cada vez más generaciones sigan alejándose de cualquier cosa que se parezca a la unidad familiar tradicional. De hecho, las generaciones venideras rechazarán del todo cualquier visión teísta del mundo y la religión; no por ser hostiles hacia la religión, sino porque probablemente nunca habrán puesto un pie en una iglesia ni habrán tenido contacto con un servicio religioso.

El evangelio y la próxima generación

Hasta los más valientes y convencidos, cuando se enfrentan a desafíos sin precedentes y abrumadores, pueden verse paralizados por el miedo. Las generaciones venideras se enfrentan a desafíos peligrosos, y muchos de los factores que alimentan este extravío generacional parecen insuperables. ¿Cómo podemos los cristianos y las iglesias revertir los efectos de las redes sociales? ¿Cómo podemos los cristianos mostrar a las generaciones venideras la gloria de la familia y recuperar el maravilloso don de los hijos? ¿Cómo pueden las iglesias convencer a los adolescentes hipersexualizados de que el camino para un desarrollo auténtico es el diseño de Dios para el sexo? ¿Cómo puede alguien detener las riadas del secularismo y el liberalismo que convergen en las futuras generaciones estadounidenses?

Solo el poder de la cruz y una vida según la cruz detendrán la marea y harán desvanecerse esta tormenta que se avecina. Los padres cristianos deben centrar sus vidas en la gloria del evangelio y en la buena nueva que este garantiza. Las vidas centradas en la cruz iluminan con una luz brillante en medio de una generación retorcida y perversa. La fidelidad a Dios, a su Palabra, y la convicción en medio de tanta capitulación sin límite, le brindarán a esta crisis generacional un camino alternativo.

En concreto, la iglesia de Jesucristo debe aplicar el poder del evangelio al menos de tres maneras para poder encarar la tormenta que se avecina en las próximas generaciones. Primero, los padres cristianos deben ver la iglesia como la principal y más importante prioridad para el horario semanal de su familia. En muchas de nuestras iglesias hemos renunciado a la escuela dominical y al ministerio de jóvenes. Yo soy el fruto de haber estado involucrado en la iglesia local muchas horas a la semana de niño y adolescente. Mi marco de realidad se debía en gran parte al diseño de mis padres, y lo constituía la iglesia siempre que esta ofrecía una oportunidad, y ofrecía muchas: escuela dominical, coro de jóvenes, Embajadores del Rey (para los niños) y Acteens (para las chicas). Cada semana había momentos para que los jóvenes estuviéramos juntos, así como reuniones y retiros regulares para nosotros. Había maravillosos y fieles voluntarios adultos, así como un fiel pastor de jóvenes. Christian Smith y su equipo de investigación descubrieron que una de las marcas distintivas de los jóvenes que siguen participando en la iglesia al ser adultos era que habían desarrollado una relación afectuosa y de confianza con un adulto de la iglesia (aunque fuera uno solo), aparte de sus padres.

¿Cuántos jóvenes que están en la enseñanza media o superior tienen esa experiencia hoy en día? Para muchos hijos que crecen con padres cristianos, la prioridad de la familia se expresa de otra manera. Muchos padres cristianos han aceptado la descripción que la cultura general da de cómo es una buena infancia, con incesantes actividades deportivas, lecciones de violín y *ballet*, y actividades que han de servir para la posterior solicitud de admisión en la universidad. Cuando se trata de actividades de la iglesia con niños y adolescentes, las palabras más aterradoras bien pueden ser «viaje misionero». Las prioridades están claras, tanto por parte de la iglesia como de los padres. Los padres apenas pueden decir que les sorprende que sus hijos crezcan y dejen algo que nunca han conocido. Llegados a este punto, se ha perdido la oportunidad. Para educar a nuestros hijos en esta era secularizada es esencial ponerlos en contacto con el pueblo de Dios y con una comunidad llena del evangelio.

En segundo lugar, los padres cristianos deben ser serios en cuanto a los efectos de la tecnología, el tiempo ante la pantalla y las redes sociales. Estas cosas pueden servir para fines gloriosos o pueden ser destructivas. El acceso sin restricción a los dispositivos tecnológicos se ha convertido en un tema a tratar para ser unos padres cristianos fieles. La facilidad de acceso a la pornografía, a ideologías engañosas y a visiones del mundo perjudiciales pueden causarle un gran daño a una mente joven y maleable.

Por último, los padres cristianos deben esforzarse por llenar sus hogares con el aroma del evangelio: la adoración familiar, las devociones familiares, la memorización de las Escrituras y un tiempo familiar de calidad favorecerán la salud de la próxima generación más de lo que imaginamos. Dotar a la vida familiar de un hogar de momentos espiritualmente vivos es esencial para la salud de las mentes jóvenes e impresionables. Hay una gran cantidad de recursos para equipar a los padres para discipular a sus hijos en las verdades de Dios y su Palabra. ¿Cómo puede un padre cristiano esperar que su hijo llegue a conocer a Cristo y viva una vida conectada con el pueblo de Dios si en casa no se habla nunca del evangelio?

Al final, la clave es que es probable que cada generación de jóvenes cristianos se enfrente a vientos contrarios aún más fuertes. La evidente verdad es que una iglesia que pierde a sus jóvenes no tiene futuro.

OCHO

LA TORMENTA QUE SE AVECINA Y LOS MOTORES DE LA CULTURA

La cultura es el resultado de una amplia gama de influencias, entre las que están el lenguaje, las tradiciones y las cosmovisiones fundamentales. Pero las culturas no son estáticas y, en el contexto de la hipermodernidad, pueden cambiar más rápido de lo que jamás ha visto el ser humano.

Uno de los libros más vendidos de los años setenta fue *El shock del futuro*, de Alvin y Heidi Toffler. En él decían que nuestra sociedad estaba cambiando a una velocidad sin precedentes en la historia de la humanidad, y que los seres humanos no éramos capaces de experimentar tantos cambios tan rápido. El «*shock* del futuro» que describían significaba «demasiado cambio en un periodo de tiempo demasiado corto».[1]

Ten en cuenta que este libro se escribió antes del caso *Roe contra Wade*, antes de la revolución digital y antes de que la revolución sexual se convirtiera en una completa remodelación de toda la sociedad. Ahora somos una cultura que cambia a una velocidad alarmante, y sin dejar de acelerar.

En cierto sentido, casi todo el mundo contribuye en algo a la dirección de la cultura, empezando por el hogar y siguiendo con la implicación cívica y el compromiso con otras personas. Somos culturas creadoras de cultura. La construcción de un parque infantil es un acto que produce cultura.

Al mismo tiempo, dado el inmenso tamaño y alcance de nuestra cultura, los principales impulsores de la producción cultural son los que elaboran los mensajes de la cultura, y los que conducen la cultura son realmente poderosos. Producen el entretenimiento que consumimos, la cobertura mediática que vemos, la ropa que usamos, las tecnologías que utilizamos y la educación que moldea las mentes de los jóvenes.

En los últimos decenios, sobre todo en los años más recientes, esos motores de la producción cultural se han hecho más abiertamente políticos y el mensaje ha sido más directamente moral; y en ambos aspectos los principales centros de producción cultural están empujando con fuerza en una dirección más liberal. Nuestra sociedad no va a la deriva hacia la izquierda, es que está siendo impulsada hacia la izquierda. Nuestra responsabilidad es reflexionar de manera clara, atenta y crítica sobre qué influencias está recibiendo nuestra cultura, y lo que esto significa para los cristianos que queremos vivir siendo fieles en una era secular.

La influencia moral de Hollywood

La industria del entretenimiento en Estados Unidos es muy próspera, y ese es uno de sus negocios más importantes. Los estadounidenses son consumidores voraces de productos de entretenimiento. El entretenimiento dirige la cultura y ejerce un importante dominio sobre la sociedad estadounidense. Cuenta las historias que dan forma a la mente de los estadounidenses y llegan a su corazón. Hollywood es una fábrica que produce en masa la cultura que aparece en la televisión y en el cine, y en las nuevas pantallas. Pero el entretenimiento nunca es solo entretenimiento. Los productos culturales que vemos, leemos y escuchamos transmiten mensajes morales, constantemente. Hollywood controla el relato y, si puedes manipular el relato, gobiernas la mentalidad, la cosmovisión y el carácter de una cultura.

Los premios Óscar son un claro ejemplo de herramienta utilizada para influir con el relato de Hollywood. La entrega de premios no es solo una competencia entre productores, directores, cineastas, actores y actrices, sino también una competencia entre *relatos*. Además, los Óscar ya son abiertamente políticos. Hollywood fomenta una agenda política concreta, impulsada en gran medida por la izquierda cultural, y sus premios presentan la confluencia de todos los mensajes políticos de las élites de Hollywood. A medida que los revolucionarios de la moral siguen empujando la cultura hacia la izquierda, los Óscar van siendo cada vez más un lugar de discusión y controversia cultural; ninguna película puede prescindir de todos los gestos simbólicos que exige la política del momento. La pregunta pasa a ser entonces: «¿Qué relato es más convincente? ¿Qué relato empuja más a la cultura en la dirección moral y política deseada?».

Hollywood es un complejo industrial cultural. Combina la potencia de las narraciones con el poder de los famosos para ejercer un profundo, y a menudo abrumador, impacto en la sociedad estadounidense. Los actores y actrices, como los políticos, compiten entre sí a la hora de significarse políticamente. Cada cual debe esforzarse por mantenerse a la vanguardia de la curva cultural, una curva que está en constante expansión y que desafía incluso los objetivos de Hollywood y de sus famosos.

El poder de Hollywood se apoya en esta preocupante tendencia: los famosos ejercen un férreo control sobre el debate estadounidense. Poseen el capital social que les permite influir en los demás, y se mueven por una cultura de culto al famoso que ahora les *exige* expresar constantemente sus preceptos morales y políticos. Estos famosos no suelen tener conocimientos ni experiencia en los complejos temas de los que hablan. En gran medida con el impulso de la izquierda política, la cinematografía estadounidense ha evolucionado hasta convertirse en algo muy político, que intenta persuadir por medio de la expresión artística y que pone de manifiesto una agenda moral y política muy clara.

De hecho, en el capítulo 3 ya hemos visto que Hollywood está listo para presionar con fuerza en el tema del aborto. Cuando Georgia aprobó su proyecto de ley del latido, Hollywood respondió con una amplia gama de medidas, amenazando con represalias al estado que se atreviera a adoptar una postura de protección de la vida de los nonatos. También es importante señalar que las medidas adoptadas y amenazadas contra Georgia no procedían solo de actores, actrices y directores famosos; no solo de grandes marcas como Disney, sino también de los gremios que representan a los escritores. Eso nos dice que quienes escriben las historias y los guiones están tan comprometidos ideológicamente como los actores, y tal vez más.

La ideología marxista entendió hace mucho tiempo el poder de la producción cultural. Si conseguían controlar los principales mecanismos de producción cultural, los marxistas podían persuadir a las masas para que adoptaran su visión del mundo y su moralidad. En Estados Unidos, la izquierda política entendió el mensaje, y aunque a menudo se vieron impedidos de llevar a cabo el cambio económico que deseaban, dedicaron renovados esfuerzos a producir un cambio generalizado por medio de la cultura.

Los productores culturales y las figuras artísticas han tendido hacia la vertiente liberal probablemente en todas las culturas. En Estados Unidos, esto ya era un problema en la década de 1930, y de nuevo en la década de 1950. Desde entonces, Hollywood y los demás productores de cultura han adoptado esa identidad y misión. Las estrellas de cine y los directores, por ejemplo, se han convertido en agentes de la revolución moral: crean una experiencia cinematográfica diseñada para la persuasión moral.

Todas estas corrientes de influencia convergen en el cine. Los estadounidenses compran sus entradas, compran sus palomitas de maíz y se sientan en los cines sin percibir, por lo general, el influyente mensaje moral que pronto aparecerá en la pantalla. Hollywood utiliza su autoridad creativa para elaborar relatos convincentes en sintonía con la revolución moral, sobre todo con la agenda LGTBQ, pero cada vez más también con el aborto.

De hecho, en los últimos años, las cadenas de televisión se han tropezado con la necesidad de elegir personajes LGTBQ e incorporar su agenda a sus programas. Sarah Kate Ellis, la presidenta de GLAAD, marcó el objetivo de que para el 2020 el diez por ciento de los personajes de televisión fueran LGTBQ. Este fue su argumento: «Con las políticas anti-LGTBQ que se están debatiendo aquí y en el extranjero, las historias y los personajes de la televisión son más cruciales que nunca para la comprensión y la aceptación de las personas LGTBQ».[2] Este es un ejemplo excelente de la agenda moral que subyace tras los productos culturales que consume la sociedad en general. Los relatos que nos tragamos, las canciones que escuchamos y las imágenes de nuestras pantallas siguen una clara agenda moral.

En la pantalla se desarrollan historias de gran fuerza, que tratan de pasar de los ojos de la audiencia a sus corazones. No hay ninguna película, programa de televisión o canción que sea moralmente neutral. Con sofisticación artística, Hollywood presenta su agenda en todo el mundo, y es un mensaje por el que *pagamos*.

Además de su agenda moral, Hollywood subraya la cultura estadounidense de autocomplacencia y autoengrandecimiento. Los Óscar, por ejemplo, asignan un cierto tiempo a estas categorías: treinta y siete minutos a los fragmentos de películas sobre los nominados; treinta minutos a todos los discursos; veinticuatro minutos a las presentaciones y «bromas», y diez minutos a los aplausos. Sorprendentemente, los productores asignan unos veinticuatro minutos para que los ganadores caminen hasta la plataforma. Esta caminata es una representación teatral de los ganadores. En total, la gala tiene horas de gestos de autopromoción.

Hollywood favorece la revolución moral y se regodea en su propia gloria. Uno de los aspectos más interesantes del espectáculo es la medida en que los actores más (y menos) importantes de Hollywood hacen todo lo posible por significarse totalmente a favor de ciertas causas morales y políticas. Lo que más temen es que parezca que van ni aunque sea medio paso por detrás en la causa. Si somos realistas, hay poca esperanza de que Hollywood y la inmensa industria del entretenimiento frenen su mensaje moral. Lo reivindican cada vez más como su programa. Como mínimo, a los cristianos esto nos recuerda que debemos estar conscientes de los mensajes que se transmiten, y ser cuidadosos con el relato que permitimos entrar en nuestras mentes y corazones. Sin embargo, más allá de nuestro nuevo consumo cultural propio, debemos saber qué es lo que la cultura general está viendo y las historias que están moldeando su dirección.

Wall Street y la revolución moral

La *Harvard Business Review* goza de un gran respeto como publicación importante y de gran difusión que describe los cambios económicos que han remodelado la vida empresarial estadounidense. A diferencia de *People* o *Vogue*, la *Harvard Business Review*, o *HBR*, no es una revista de moda. Informa de las evoluciones trascendentes de la economía estadounidense, y representa una lectura centrista de la cultura empresarial. Así, cuando en la *HBR* aparece un artículo titulado «Why Many Businesses Are Becoming More Vocal in Support of LGTBQ Rights» (Por qué muchas empresas se están volviendo más explícitas en el apoyo de los derechos de los LGTBQ),[3] recibimos el mensaje.

Desde hace algún tiempo, muchas compañías estadounidenses han añadido su propio capital social a la revolución moral, a menudo contribuyendo a la agenda de los partidarios de la revolución. Sin embargo, muchas de estas empresas se unieron al movimiento LGTBQ *solo después de* sentir que tenían suficiente apoyo popular o, como este artículo deja claro, suficiente presión popular. De hecho, muchas de las compañías que se unen a la revolución moral quieren estar en el «lado correcto de la historia», una expresión que repiten las personas e instituciones que sucumben a las exigencias de la revolución sexual.

El deseo de las empresas estadounidenses de construir su marca ha movido a muchas de ellas a participar y significarse, con una muestra de apoyo por medio de la publicidad o de las políticas de la compañía como gesto hacia el movimiento LGTBQ. Al enviar esta señal, las empresas le dicen a la cultura general que están en el «lado correcto de la historia», y que quieren formar parte del futuro, y no de un pasado ya desacreditado.

De hecho, el artículo de Jessica Shortall en la *HBR* revela cómo la revolución moral impregna el mundo empresarial estadounidense y cómo las empresas se esfuerzan por extender los valores de la agenda LGTBQ. Shortall escribió:

> Uno de los ejemplos más claros de intersección de las cuestiones empresariales y las sociales se ve en cómo han gestionado las compañías el auge de los derechos LGTBQ. Por muchos años, las empresas han estado trabajando para mejorar sus marcas y sus prácticas internas en cuestiones relacionadas con el colectivo LGTBQ, invirtiendo en cultura, beneficios y marketing para acoger a los trabajadores y clientes LGTBQ y para hacer notar su inclusión y apertura. El activismo político ha sido más lento y se está acercando. Sin embargo, en los últimos años, algo ha cambiado: cada vez más compañías se están pronunciando sobre las políticas públicas que afectan a la comunidad LGTBQ, y muchas lo hacen en sitios donde tienen la corriente en contra y arriesgan sus marcas y sus relaciones políticas. Es una acción puntual en un clima en el que prosiguen los debates jurídicos y políticos sobre si una empresa puede negarse a prestar servicios a las personas LGTBQ.

Se nos dice que la razón de estos nuevos rumbos en el mundo empresarial estadounidense se debe a los «rápidos cambios en la opinión». El aluvión de la revolución sexual se ha llevado por delante a muchas empresas que protegerán sus marcas a toda costa, que harán lo que sea para mantenerse en el lado correcto de la historia.

En las últimas dos décadas, el mundo empresarial estadounidense ha trabajado duro para satisfacer las demandas del movimiento LGTBQ. Las empresas han establecido grupos de trabajo para asegurarse de estar en el lado correcto de los activistas de la revolución sexual, que no dejan de tomar nota. Las compañías, también influidas por las amenazas de los accionistas, han asumido este tipo de activismo como parte de su declaración de misión y propósitos, una parte esencial de su marca corporativa.

En el artículo de la *HBR*, Shortall documentó el impacto de la revolución sexual en las empresas estadounidenses, citando una encuesta del 2016, que afirmaba que el 50 % de los planificadores de eventos evitan planificarlos en los estados que han aprobado leyes anti-LGTBQ. Escribió: «La aprobación neta de las relaciones homosexuales está emergiendo como indicador de la competitividad e innovación en las ciudades».

De hecho, en todo el país se han visto los recientes titulares del recorrido de Amazon para establecer su nuevo «HQ2». Las ciudades de todo el país se postraron para demostrar su simpatía hacia las políticas LGTBQ. Además, las compañías como Amazon buscan que haya «aprobación neta de las relaciones entre personas del mismo sexo». En otras palabras, las compañías juzgarán a las ciudades y comunidades en función de si aprueban las relaciones homosexuales. Si se considera que una ciudad celebra debidamente a las personas LGTBQ, entonces las empresas elegirán esa ciudad para sus nuevos proyectos, conferencias y reuniones porque esas ciudades son centros de innovación y competitividad. Como argumentó Shortall, «la inclusión LGTBQ es buena para la economía».

Shortall también informó que muchas compañías han recurrido a coaliciones con otras empresas de ideas afines, lo que les proporciona apoyo y cobertura, sobre todo en las zonas del país donde las cuestiones LGTBQ no son tan populares. Esta es una estrategia de «superioridad numérica» que despliegan las corporaciones que estarán contentas de señalar la bondad de sus marcas y fomentarán ideas que las sitúen en el lado correcto de la historia. Es una mentalidad de manada que protege de la artillería cultural a las empresas. Si una compañía decidiera enfrentarse sola a los vientos del laicismo, recibiría una reacción inmediata no solo de los activistas de la revolución, sino también de las coaliciones empresariales que apoyan la agenda LGTBQ.

Shortall concluyó su artículo con estas palabras:

> La labor por la igualdad requiere muchas voces, y que se alce la comunidad empresarial como una fuerza importante para los derechos de los LGTBQ ha supuesto un cambio en el debate. Los líderes empresariales y las coaliciones que los convocan tendrán un papel que cambiará las tornas en el 2019 y en adelante, en Estados Unidos y en todo el mundo. La competitividad de las empresas, la fortaleza económica de sus entornos operativos y su compromiso con la inclusión y la diversidad exigen que se mantengan en ese rumbo.

Con este cierre, el artículo muestra sus verdaderos colores: Shortall no se limita a ofrecer consejos de gestión u ofrecer un análisis imparcial del mundo empresarial estadounidense: ha pasado a defender una postura. Baila al son de la revolución moral y llama a las compañías estadounidenses a hacer lo mismo. Cabe esperar que defienda la agenda LGTBQ, dado que Shortall lideró la coalición Texas Competes, que ha defendido la inclusión del colectivo LGTBQ en Texas desde el 2015.

Lo chocante es *quién* publicó el artículo de Shortall, así como la *ausencia* de cualquier discrepancia o desacuerdo con las afirmaciones de este. El artículo procede de la *Harvard Business Review*, un motor principal de la cultura empresarial de Estados Unidos. Su publicación en la *HBR* dice mucho acerca de la dirección de esta deriva de «corriente dominante». Dice mucho sobre la dirección del mundo empresarial estadounidense.

Estos hechos, por reveladores que sean, nos recuerdan que las empresas, sobre todo las grandes, impulsan y son impulsadas por la dinámica de la cultura. Dada la realidad de nuestra economía, la mayoría de las compañías temen alejarse de la zona de confort en cuanto a la moral. Así pues, que las empresas estadounidenses estén ahora entre los principales impulsores de la revolución sexual nos dice que los líderes y los accionistas principales de las compañías creen que la revolución en la moral y la sexualidad y el género es permanente, imparable y poderosa. Ese punto es esencial para entender la situación.

Hay otros dos factores a los que debemos prestar atención. Se nos dice y se nos repite que las empresas *deben* promover este tipo de mensajes morales si quieren tener credibilidad y tracción de marca entre los jóvenes estadounidenses.

En segundo lugar, los líderes de las firmas más poderosas proceden del mismo ambiente social que los líderes de otros sectores culturales, como la política, el entretenimiento y la educación superior. Cada vez más, comparten los mismos objetivos de cosmovisión, y se observan entre sí con atención.

Silicon Valley y el capital social

Todo gran acontecimiento de las noticias tiene una sombra, y a veces la verdadera historia se esconde tras ella. Es algo esquivo, está oculto, pero hay que sacarlo a la luz para comprender plenamente las consecuencias de cualquier hecho digno de ser noticia.

Una historia que exige esa clase de mirada más atenta es la que llegó con un anuncio de Facebook en mayo del 2019. El gigante de las redes sociales anunció que había prohibido a siete personas el uso de su plataforma. El *New York Times* informó: «Después de años de vacilar sobre cómo manejar las voces extremistas que pueblan su plataforma, Facebook expulsó el jueves a siete de sus usuarios más polémicos, muchos de los cuales son conservadores, inflamando así inmediatamente el debate sobre el poder y la responsabilidad de las grandes tecnológicas».[4]

Facebook describió a los usuarios expulsados como sembradores de odio cuyas palabras incendiarias podrían desembocar en violencia.

Bret Stephens escribió un artículo de opinión para el *New York Times* donde decía: «El tema no es si las personas en cuestión merecen ser censuradas. Lo merecen. Ni si sus formas de hablar tienen cualidades positivas. No las tienen».[5]

Las personas expulsadas de Facebook eran conocidas por sus peligrosas maneras de expresarse y, al menos a los ojos de los principales medios de comunicación, sus mensajes «peligrosos» justificaban su salida forzosa de la mayor plataforma de redes sociales del mundo.

Esa era la historia principal, pero ¿qué se esconde en las sombras de esa noticia de Facebook?

El informe del *New York Times* lo insinuaba en su párrafo principal. Los reporteros Mike Isaac y Kevin Roose declararon que Facebook ha luchado durante años por el punto medio entre la libertad de expresión y el discurso de odio, y llegó a la conclusión de que tenía que prohibir estas voces extremas. La frase decisiva del artículo del *Times* fue cómo etiquetaron a estas voces censuradas: «Muchos de ellos son conservadores».

Esto plantea una serie de preguntas, por ejemplo, ¿por qué Facebook vetaba casi exclusivamente las voces conservadoras mientras mantenía intactas muchas voces liberales incendiarias?

El tema gravita en torno a la palabra «conservador». ¿Qué quiere decir el *New York Times* cuando usa esa palabra en este contexto?

La definición de conservador alude a un compromiso de principios con la conservación, es decir, con mantener las instituciones y tradiciones de siempre, que deben ser protegidas y conservadas porque son esenciales para la felicidad, la salud y el pleno desarrollo del ser humano. Esa es la manera clásica de entender la palabra «conservador». El *Times*, sin embargo, no empleó ese término en el sentido clásico. El documento usaba la palabra «conservador», pero se refería a un sector radical de la derecha política.

Ser de la «derecha» no es equivalente a ser conservador. De hecho, se aplica el mismo principio a la diferencia entre el liberalismo clásico y la «izquierda» política. Sin embargo, la izquierda, generalmente la extrema izquierda, controla el capital cultural y creativo de las sociedades: posee las plataformas que deciden quién puede participar en un foro público y quién no. Lo mismo ocurre con las ideas. Los encargados del control de la cultura moderna suelen ser liberales. Para ellos, la tendencia izquierdista parece mucho menos aterradora que la derechista.

Pero la realidad es de hecho peor que lo que acabamos de describir. El liberalismo a menudo no distingue entre conservadores y extrema derecha. Esto puede ser algo deliberado o por descuido, pero el resultado es el mismo.

Facebook publicó una declaración que decía: «Siempre hemos vetado a los individuos u organizaciones que promueven o participan en la violencia y el odio, sea cual sea su ideología. El proceso de evaluación de los posibles infractores es muy exhaustivo y es lo que nos ha llevado a la decisión de eliminar estas cuentas hoy».[6] El *New York Times* informó que el gesto de Facebook «es una de las acciones de mayor repercusión de la industria tecnológica para castigar a los extremistas de perfil alto en un momento en que las compañías de las redes sociales están siendo criticadas por permitir que se propaguen en sus servicios el contenido de odio y la desinformación. Es un momento políticamente delicado».

Esta era de las redes sociales está en un momento políticamente delicado, y la decisión de Facebook llega como un gesto importantísimo, que sienta precedentes con amplias implicaciones morales. Conforme el mundo se ha ido pasando a plataformas como Facebook para estar conectado y compartir información, estas compañías privadas y libres tienen ahora la enorme responsabilidad de ejercer de árbitros, decidiendo qué discurso es permisible y qué discurso se considera de odio extremista. Facebook se ha arrogado una autoridad importante para decidir qué voces podrán escucharse en su plataforma de nada menos que 2.300 millones de usuarios.

Con una membresía que asciende a más de un cuarto de la población mundial, cuando Facebook veta a un usuario, elimina de facto a ese individuo de un debate cultural de ámbito mundial.

Facebook se encuentra en este atolladero moral. ¿La política de libertad de expresión de Facebook sirve a la civilización? Esta pregunta ha dejado perplejas a las mentes más brillantes de la historia, sobre todo de la estadounidense. Los fundadores de la nación consagraron la garantía de la libertad de expresión en la Primera Enmienda de la Constitución.

Como sucede con todos los derechos protegidos por la Constitución, al final hay límites, pero estos no son fáciles de definir. El Tribunal Supremo puede declarar que la libertad de expresión no te permite gritar «fuego» en un cine abarrotado. Pero en otros contextos y discursos no está claro cómo se aplicará ese principio. Una nación que protege la libertad de prensa ¿cómo se ocupa de esa libertad en tiempos de guerra? ¿En tiempos de guerra, la prensa es libre de imprimir información que ponga en peligro una misión o comprometa el éxito de una campaña militar?

Por muy desconcertantes que sean estas preguntas, el asunto de Facebook no hace más que intensificar la confusión. La columna de opinión de Bret Stephens que apareció en el *New York Times* argumentaba que Facebook no tiene la obligación legal de proteger la libertad de expresión, dado que es una empresa. Como negocio, tiene derecho a establecer sus propias políticas y prácticas. Facebook funciona como un negocio, no como un gobierno que se debe a una constitución y es responsable ante el pueblo. Por otro lado, se podría argumentar que Facebook posee más poder que muchos gobiernos, sobre todo en lo que respecta al poder de la información.

Stephens argumentó con razón:

> El asunto es mucho más simple: ¿confías en que Mark Zuckerberg y los otros jóvenes señores de Silicon Valley sean buenos administradores de la libertad de expresión digital del mundo? Yo no, pero no porque los conservadores crean (a veces con razón) que

> Silicon Valley está cultural, política y quizás algorítmicamente sesgado en su contra. Al igual que sucede con el liberalismo en el mundo académico, la inclinación izquierdista de las tecnológicas puede ser engreída y egoísta, pero no impide que los conservadores transmitan sus mensajes. Desde luego, no impide que los republicanos ganen las elecciones. El problema más profundo es la abrumadora concentración de poder técnico, financiero y moral en manos de unas personas que carecen de la formación, la experiencia, la sabiduría, la fiabilidad, la humildad y los incentivos para ejercer ese poder de manera responsable.

De hecho, conocemos la cosmovisión dominante que rige en Silicon Valley. Los señores del mundo digital lo han dejado muy claro.

Pero Silicon Valley está enredado en un enorme lío político. En este dilema tecnológico, legal y moral al que se enfrentan los gigantes de las redes sociales surgen dos cosmovisiones que compiten entre sí: la manera europea de entender la libertad de expresión en contraposición con el modelo estadounidense de libertad de expresión.

La tradición europea de libertad de expresión considera que el derecho está condicionado por los intereses nacionales y el poder gubernamental. Así pues, el derecho a la libertad de expresión es más condicional. En algunos casos, la libertad de expresión es simplemente algo que se tolera. Un ejemplo sería la penalización de negarse a usar el pronombre de género preferido de una persona. No es una situación hipotética. Esto está sucediendo en Europa y en Canadá.

Esas naciones, por lo tanto, han ejercido presión en Facebook para que se repriman ciertas formas de expresión que aparecen en la plataforma. Facebook se enfrenta a un dilema: o cumple con los gobiernos europeos y restringe la libertad de expresión o se enfrenta a multas, sanciones, o incluso al cierre en esos países.

Mientras tanto, Estados Unidos le plantea a Facebook unos desafíos distintos. Aunque Estados Unidos protege la libertad de expresión, ¿permitirá que Facebook se autocontrole, o promulgará el gobierno federal una legislación para regular Facebook?

Las cuestiones morales y éticas que giran en torno a las redes sociales son asombrosas. Estas compañías, dominadas por una cosmovisión progresista y radicalmente izquierdista entre sus dirigentes, tienen en sus manos el poder de callar cualquier discurso que consideren odioso y perjudicial. Eso significa que Facebook o Twitter pueden cerrar las cuentas relacionadas con el movimiento provida. Insisto, esto no es algo hipotético. De hecho, durante las elecciones del 2018, Twitter retiró un anuncio de campaña de la entonces congresista Marsha Blackburn, cuando se refirió a algunas acciones de Planned Parenthood. El anuncio fue considerado incendiario y prohibido en Twitter.

Así pues, esto es lo que acecha en las sombras. Las redes sociales controlan el capital social del mundo entero y pueden prohibirle el uso de su servicio a cualquier persona que consideren «incendiaria». Las siete personas expulsadas de Facebook podrían ser la punta del iceberg. Si Facebook considera que *ese* discurso es de odio, ¿qué les impedirá etiquetar mi discurso o el tuyo como de odio? ¿Quién traza las líneas y quién decide qué discurso no debe gozar de protección? Facebook ni siquiera ha dejado claro su criterio.

Vivimos en una era en que la mera oposición al aborto o la reivindicación de la idea tradicional del matrimonio como unión entre un hombre y una mujer puede ser etiquetada como un discurso de odio que es «dañino». Acordémonos del padre de Columbia Británica acusado de «violencia familiar» por no estar de acuerdo con la «transición de género» de su hija. Vivimos en un tiempo en que creer que el género es binario se identifica en sí mismo como algo dañino y violento.

Esto significa que quienes se aferran a una cosmovisión bíblica se encontrarán cada vez más en una posición precaria en cuanto al uso de las plataformas de redes sociales. Los de Silicon Valley han trazado una raya en la arena. Apoyan con fervor la revolución LGTBQ y el acceso al aborto sin restricciones. Es posible que los cristianos pronto estén también entre los vetados por el mero hecho de sostener una cosmovisión bíblica y expresar esos puntos de vista en sus cuentas de las redes sociales.

Como dijo el historiador, político y escritor del siglo diecinueve, Lord Acton: «El poder absoluto corrompe absolutamente».

Desde una visión bíblica, sin embargo, entendemos que la pecaminosidad humana corrompe el poder. La centralización y concentración del poder —en este caso, el poder de las redes sociales y de los medios de información— tendrá resultados desastrosos en las sociedades libres.

Facebook ha pasado de ser una plataforma que permite al usuario individual conectarse socialmente a ser un proveedor de contenido e información. Facebook produce, edita y administra su propio contenido. Esto supone un cambio fundamental en la intención original de Facebook como plataforma social para el usuario. Las reglas han cambiado. Facebook ha cambiado. El entorno y las amenazas a la libertad de expresión han cambiado. Los cristianos tenemos la responsabilidad de observar estos eventos y, cuando sea necesario, arrojar luz sobre las historias ocultas entre las sombras.

La historia de Facebook y otros gigantes de las redes sociales no está en su veto de las voces violentas en su plataforma. No. La historia se oculta entre las sombras: es la amenaza que acecha a la libertad de expresión tal y como la conocemos, sobre todo cuando se expresa en contra de la agenda secularizadora.

Todo esto ha estallado en una abierta controversia, ya que Twitter y Facebook han anunciado políticas de publicidad «política». Pero estas políticas pueden ser más superficiales de lo que se pensaba. El peligro es que se produzca una discriminación de puntos de vista, ya que todos los gigantes de las redes sociales deciden lo que permitirán y lo que no, incluso a *quién* permitirán anunciarse y publicar y a *quién* no. Ya se han bloqueado temporalmente o se ha denegado el acceso a algunos activistas.

El poder monopólico de los gigantes de las redes sociales no tiene precedentes en la historia estadounidense. Añadamos a esto que Silicon Valley tiene una política sorprendentemente unilateral, y podemos ver el enorme desafío al que ahora se enfrenta cualquiera que tenga una cosmovisión contraria.

«Y luego ya son todos míos»

Otro actor importante en la formación de la cultura es el mundo académico y de la educación superior. Hará falta otro libro para dedicar la atención adecuada al papel que desempeñan las principales universidades y facultades estadounidenses en la formación de la cultura, pero debemos tener en cuenta que la cultura académica de la nación está ahora muy ligada a estas otras fuerzas impulsoras de la cultura.

El papel especial que desempeña la educación superior se revela cuando pensamos en el público cautivo que son los jóvenes. Cada vez más, los profesores expresan cómo ven que su trabajo implica ser agentes de cambio cultural. Mientras que muchos profesores se ven a sí mismos como administradores de la profesión docente y compañeros de aprendizaje de sus estudiantes, otros ven su papel en términos muy diferentes: como agentes de adoctrinamiento ideológico.

Toda enseñanza implica ideología y compromisos intelectuales. No existe ninguna posición de verdadera objetividad. Cada profesor, y cada estudiante, llega a clase con ciertos compromisos intelectuales. Algunos profesores se fijan como objetivo adoctrinar a los estudiantes con su propia visión del mundo, y muchas de estas cosmovisiones son a la vez nocivas y muy preocupantes. Un profesor que actúa como tal agente de adoctrinamiento abusa de su responsabilidad docente y de su vocación de profesor, pero este abuso está más extendido y es más peligroso de lo que muchos estudiantes y sus padres entienden.

Para los padres y estudiantes cristianos, esto debería ser un asunto de profunda preocupación y atención activa. La secularización de la mayoría de las instituciones educativas es un hecho consumado. De hecho, muchos campus universitarios son intensamente contrarios a las afirmaciones de la verdad cristiana y a las creencias de millones de estudiantes y sus familias. Además, está bien documentada la tendencia izquierdista de la mayoría de los profesores, sobre todo en las instituciones de élite y en las facultades de humanidades. En muchos campus, un número significativo de profesores son representantes de lo que se ha llamado la «cultura del adversario». Ven su papel como algo político e ideológico, y definen en estos términos su función docente. Su programa consiste en nada menos que en separar a los estudiantes de sus creencias cristianas y sus compromisos intelectuales y morales.

Muchos de estos profesores niegan esta agenda, pero de vez en cuando se quitan la máscara. Al escribir en la columna «University Diaries» en InsideHigherEd.com, un profesor de inglés reveló este programa con asombrosa franqueza. En respuesta a una discusión sobre el poder de las élites intelectuales, este profesor no hizo el más mínimo esfuerzo por ocultar la verdadera agenda: «Tenemos que animar a todos a ir a la universidad todos los años que puedan, con la esperanza de que en algún momento puedan tener algún contacto con el mundo fuera de su ciudad y de las ideas morales derivadas exclusivamente de la religión de sus padres. Si no lo tienen en la universidad, no lo tendrán en ningún otro sitio».[7]

Este profesor no se anda con rodeos. La experiencia universitaria, según su argumento, es la mejor (y tal vez la última) oportunidad para romper el compromiso de los estudiantes con las convicciones morales «derivadas de la religión de sus padres».

En la misma línea, en un artículo de un periódico de Seattle, un profesor de inglés y asesor universitario de la Universidad Northwestern de Evanston, Illinois, revela esta agenda ideológica en términos aún más impactantes. Bill Savage reacciona al hecho de que los llamados estados conservadores republicanos están «superando» a los estados demócratas, que son más liberales en sus patrones de voto. Savage, que se presenta como liberal sin hijos, reconoce que él y sus compañeros tienen una tasa de natalidad más baja que los conservadores. Sin embargo, insiste en que los liberales urbanos con educación superior no tienen por qué desesperarse. Expresa su confianza «en que, incluso sin mi descendencia, el archipiélago urbano de los Estados Unidos demócratas puede hacerse más grande, con más estados contiguos y con más poder político». ¿Cómo?

«Los hijos de los estados republicanos buscarán una educación superior y esta la recibirán muy a menudo en los estados demócratas o en las islas demócratas de los estados republicanos. En un futuro previsible, los leales descerebrados seguirán enviando a sus hijos a los campus. Después de abrazarse entre lágrimas, mamá y papá llevarán su todoterreno a la gasolinera más cercana, dejando atrás a su amada progenie».[8]

¿Y luego qué? Afirma con orgullo: «Y luego ya son todos míos».

Y luego ya son todos míos. Así es, un número significativo de profesores se alegran de que los padres pasen dieciocho años criando a sus hijos, solo para dejarlos en el campus y volver a casa. Estos profesores confían en que los cuatro o más años de experiencia en la universidad serán suficientes para separar a los estudiantes de las creencias, convicciones, compromisos morales y fe de sus padres.

Aun después de expresar unos planes tan impactantes, estos profesores prosiguen afirmando que no buscan adoctrinar a sus estudiantes con sus propias creencias y cosmovisiones, pero ya nadie puede creérselo.

La experiencia universitaria es, necesariamente, una época de desarrollo del pensamiento crítico. Es un tiempo de importante formación intelectual con efectos duraderos. Los estudiantes deben aprender las disciplinas del pensamiento crítico y el análisis y, en este periodo de transición en su vida, decidirán si mantendrán las creencias y compromisos de sus padres.

Pero no deberían ser sometidos al adoctrinamiento ideológico y a la condescendencia intelectual que se ve en demasiadas aulas y campus. Estas declaraciones de intención del profesorado deberían despertar tanto a los estudiantes como a los padres en cuanto a qué se considera educación en gran parte de la educación superior. La abierta hostilidad y el desprecio hacia el cristianismo y las convicciones cristianas es verdaderamente horrendo.

Y luego ya son todos míos. Es difícil imaginar palabras más alarmantes.

NUEVE

LA TORMENTA QUE SE AVECINA SOBRE LA LIBERTAD RELIGIOSA

Fue hace más de cien años, en las secuelas de la Gran Guerra, la guerra que no acabó con todas las guerras, cuando William Butler Yeats hizo sonar la advertencia en su famoso poema «La Segunda Venida»:

> Dando vueltas y vueltas en la espiral creciente
> El halcón no puede oír al cetrero;
> Las cosas se desmoronan; el centro no puede aguantar;
> La anarquía se desata en el mundo,
> La marea de sangre se desata, y por doquier
> Se anega la ceremonia de la inocencia;
> Los mejores carecen de toda convicción, y los peores
> Rebosan de intensidad y pasión.

Ese poema se escribió en 1919 y para millones de personas expresaba la inocencia perdida y la esperanza esfumada. Ahora podemos ver que las palabras de Yeats se han vuelto más proféticas en los últimos cien años. Las cosas se desmoronan. El centro no puede aguantar.

Nosotros, que vivimos en la edad moderna tardía, somos testigos de un gran derrumbe, de que hay un centro que es posible que no aguante. Las libertades más básicas consagradas en nuestra Constitución y valoradas en toda la civilización occidental son objeto de confusión, distorsión y a veces incluso de condena. Los derechos reconocidos en la Primera Enmienda resultan ahora sospechosos a los ojos de muchos y perjudiciales a los ojos de otros. La libertad religiosa, la libertad de expresión y la libertad de prensa, junto con los demás derechos reconocidos y respetados en la Carta de Derechos, están amenazadas, e incluso se marginan otros derechos. Es aún más preocupante la presencia de un nuevo régimen de derechos inventados que amenaza con reemplazar a los derechos que se enumeran claramente en el texto de la Constitución.

Hace treinta años, el fiscal general Meese advirtió que «hay ideas que han ganado influencia en algunas partes de nuestra sociedad, en particular en algunas áreas importantes y sofisticadas que se oponen a la libertad religiosa y a la libertad en general. En algunas zonas hay ciertas personas que han adoptado una hostilidad hacia la religión que debe ser reconocida como lo que es, y que hay que contrarrestar expresamente».[1]

Esas fueron palabras proféticas, de nitidez y previsión clarividentes. Las ideas de las que Meese advirtió no han hecho más que ganar terreno en los últimos treinta años, y ahora a una velocidad asombrosa. La tormenta del secularismo se cierne con su siniestra oscuridad sobre las instituciones esenciales que fomentan la dignidad humana, el pleno desarrollo y la libertad.

La misma civilización que pagó un precio incalculable a lo largo de los siglos para defender y preservar los derechos y la libertad humanos, ahora se muestra hostil a la libertad más fundamental. La experiencia de gobierno humano más valiente de la historia, basada en los derechos inalienables, procura ahora alienar lo inalienable. La izquierda cultural de Estados Unidos ahora se atreve a utilizar el término «libertad religiosa» solo entre comillas.

Creo que hemos subestimado enormemente la realidad y la amplitud del reto al que nos enfrentamos. Todos vemos algunas partes, pero hace falta prestar mucha atención, dedicarse a estudiar la historia y considerar muy en serio las ideas para ver el todo: la inmensidad de nuestra crisis. Vemos cómo se niega la libertad religiosa cuando un pastelero de Colorado sufre los continuos esfuerzos por echarlo del negocio (o algo peor), lo mismo que a floristas y fotógrafos de todo el país, entre muchos otros. Vemos que se destituye al jefe de bomberos de Atlanta, Georgia, por atreverse a enseñar un modelo bíblico de sexualidad humana, y por atreverse después a poner sus convicciones por escrito, principalmente para su iglesia. Vemos que las escuelas y los ministerios cristianos se enfrentan a retos sin precedentes en varios flancos, y vemos un esfuerzo continuado por coaccionar a los cristianos para que se rindan ante el nuevo régimen de normas sexuales, la identidad de género, la interseccionalidad discriminatoria y las políticas de identidad. Los enemigos de la libertad religiosa están jugando duro, y estábamos advertidos.

¿Cómo pudo suceder esto?

Ahora podemos ver lo que tantos han negado durante mucho tiempo: que el experimento de libertad y autogobierno conocido como Estados Unidos de América se basa en una afirmación de la dignidad humana y los derechos humanos que solo tiene sentido y solo puede sostenerse con una cosmovisión basada al menos en una concepción cristiana heredada y en una afirmación de los derechos naturales.

La Declaración de Independencia lo declaró en los términos más directos: «Sostenemos como evidentes estas verdades: que todos los hombres son creados iguales, que son dotados por su Creador de ciertos derechos inalienables; que entre estos están la vida, la libertad y la búsqueda de la felicidad».

Los padres fundadores no entendían en toda su dimensión lo que estaban afirmando, como se desprende de la horrible realidad de la esclavitud, pero desde luego tenían razón en su concepción de los derechos inalienables que su Creador concedió a cada ser humano.

Este mismo espíritu dio origen a la Primera Enmienda de la Carta de Derechos, sin la cual la propia Constitución nunca habría sido ratificada. La libertad religiosa es la primera libertad, la fundamental, de la que depende cualquier otra libertad que se nombre.

Pero el centro no aguanta. En una época secular, la libertad religiosa se vuelve frágil. De hecho, todas las libertades se vuelven frágiles en una época así. En una era secular, la idea misma de la dignidad humana no sobrevivirá mucho tiempo, ya que, en cuanto esa dignidad se basa en cualquier otra cosa que no sea el acto del Creador divino, la dignidad humana se apaga ante cualquier dignidad que la humanidad pueda concederse a sí misma. El siglo veinte debería ser una buena advertencia de lo que sucede cuando la dignidad humana se basa en una concepción meramente secular de la humanidad o la dignidad.

Pero la libertad religiosa también la consideran problemática y anticuada aquellos que ven la libertad secular como la liberación de los grilletes de las creencias religiosas, la revelación divina y la moral revelada. Vivimos ahora a contracorriente de una revolución en la sexualidad y la moralidad que amenaza con sacrificar la libertad religiosa por considerarla perjudicial para la libertad humana, la libertad sexual, la liberación transgénero y toda una serie de nuevos imperativos. Desde este punto de vista, la libertad religiosa se ve solo como otra forma de permitir a los ciudadanos religiosos amenazar las libertades recién declaradas de aquellos que por tanto tiempo han sido oprimidos e invisibilizados.

Piensa en la realidad de que la libertad religiosa se describe ahora como un privilegio religioso. Por definición, un privilegio no es un derecho. Puede ser revocado o redefinido según las circunstancias. Los tribunales pueden retirarlo o subvertirlo en nombre de la liberación y la justicia. Y, en nuestros días, el privilegio es ante todo objeto de sospecha: una vergüenza que hay que identificar y corregir.

En el 2016, el presidente de la Comisión de Derechos Civiles de Estados Unidos, Martin R. Castro, declaró en un informe oficial de la Comisión: «Las expresiones "libertad religiosa" y "libertad de culto" no significarán nada más que hipocresía mientras sigan siendo palabras clave para la discriminación, la intolerancia, el racismo, el sexismo, la homofobia, la islamofobia, la supremacía cristiana o cualquier forma de intolerancia».[2] El informe de la comisión incluía tanto la libertad religiosa como la libertad de culto, entre comillas, como si fueran términos artificiales, construcciones lingüísticas sin ninguna realidad objetiva.

El ataque a la libertad religiosa ha existido en toda la historia de la humanidad. Es una libertad frágil que puede hundirse en cualquier momento después de los constantes bombardeos de sus más enardecidos oponentes. Más recientemente, la reivindicación de la libertad erótica y la secularización marcan un nuevo capítulo en el asedio a la libertad religiosa, y este capítulo presenta problemas completamente nuevos, descorazonadores y letales para este derecho humano fundamental.

Libertad erótica frente a libertad religiosa

En los alegatos orales del caso *Obergefell*, se preguntó a Donald Verrilli, entonces procurador general de Estados Unidos, si la legalización del matrimonio entre personas del mismo sexo significaría que los colegios y universidades religiosas tendrían que ofrecer alojamiento a estas parejas casadas. La infame respuesta de Verrilli fue: «Será un problema». Sí. Será un problema. Inevitablemente.

Ahora estamos siendo testigos de un choque importante e inevitable entre la libertad religiosa y las libertades sexuales recién declaradas e inventadas. Los defensores del matrimonio homosexual lo vieron venir, al igual que los que se oponen a esta revolución legal y moral. Los jueces y los expertos juristas también sabían que se avecinaba ese choque. El juez Michael McConnell, anteriormente juez del Tribunal de Apelaciones de Estados Unidos para el Décimo Circuito y ahora director del Centro de Derecho Constitucional de la Universidad de Stanford, sugirió hace muchos años que el conflicto que se avecinaba «plantearía un choque aparentemente irreconciliable entre los que creen que la conducta homosexual es inmoral y los que creen que es una manifestación natural y moralmente inobjetable de la sexualidad humana». En consecuencia, pidió que reinara un espíritu de tolerancia y respeto, muy parecido a lo que la sociedad espera de los creyentes religiosos y los ateos, algo que él llamó «tolerancia civil».[3]

Aunque el matrimonio entre personas del mismo sexo es nuevo en la escena estadounidense, los desafíos a la libertad religiosa se hicieron patentes incluso antes de su aprobación. Poco después de legalizarse el matrimonio homosexual en el estado de Massachusetts, se celebraron varios seminarios y simposios con el fin de considerar las implicaciones de esta revolución legal para la libertad religiosa. El Fondo Becket para la Libertad Religiosa patrocinó uno de los más importantes de estos eventos, que dio lugar a muchos ensayos de prominentes expertos juristas de ambos lados de esta revolución. Hubo consenso entre todos los participantes en la conferencia en cuanto a que la normalización de la homosexualidad y la legalización del matrimonio gay producirían un choque frontal en los tribunales. Como declaró Marc D. Stern, del Congreso Judío Estadounidense: «El matrimonio entre personas del mismo sexo supondría un cambio radical en la ley estadounidense». Siguió diciendo: «Ese cambio repercutirá en el panorama legal y religioso de maneras que son impredecibles hoy».[4]

Aun así, predijo algunos de los frentes de batalla que veía venir y trató algunas de las discusiones que ya se podían reconocer. Ya entonces, Stern previó casi todos los temas que hemos citado, y otros que vendrán. Previó que los campus de las universidades religiosas y el trabajo de las instituciones religiosas serían inevitablemente escenario de conflicto legal. Señaló que el empleo es una de las cuestiones cruciales en los conflictos jurídicos y se mostró pesimista en cuanto a la capacidad de las instituciones religiosas para mantener en este contexto su libertad, por la que él aboga. Como argumentó Stern: «La legalización del matrimonio entre personas del mismo sexo representaría el triunfo de una ética basada en la igualdad por encima de una ética basada en la fe, y no solo a nivel legal». La cuestión que queda por dirimir es si los defensores de la tolerancia están dispuestos a tolerar a los defensores de una visión ética diferente. Creo que la respuesta será negativa».[5]

Stern no tardó mucho en ver ratificada su valoración por parte de los juristas del otro lado del debate. Uno de los más importantes, Chai R. Feldblum, manifestó una poco habitual franqueza y reveló que un defensor del matrimonio homosexual y de la normalización de la homosexualidad también podía ver venir estas cuestiones. Feldblum señaló lo que describió como «el conflicto que creo que existe entre las leyes que protegen la libertad de las personas lesbianas, homosexuales, transexuales y bisexuales (LGTB), para que puedan vivir vidas dignas e íntegras, y la creencia religiosa de algunas personas cuya conducta está regulada por dichas leyes».[6] Continuó afirmando su convicción de que «quienes abogan por la igualdad LGTB han subestimado el impacto de tales leyes en las creencias religiosas de algunas personas y, de igual manera, creo que quienes buscaban la exención religiosa de tales leyes de derechos civiles han subestimado el impacto que dichas exenciones tendrían en las personas LGTB».[7]

Esta nueva libertad sexual es una invención de los revolucionarios de la moral, que fue más tarde consagrada por el Tribunal Supremo de Estados Unidos, y que ahora sirve como arma en la guerra cultural y legal. Luego, mirando hacia el día en que se legalizaría el matrimonio homosexual, y en que inevitablemente se negaría la libertad religiosa, Feldblum dijo: «Me está costando mucho encontrar un caso en el que gane la libertad religiosa [...]. La libertad sexual debería ganar en la mayoría de los casos. Puede haber un conflicto entre la libertad religiosa y la sexual, pero en casi todos los casos la libertad sexual debería ganar porque es la única manera realista de que pueda afirmarse la dignidad de los gais».[8] En otras palabras, no debe haber excepciones. La libertad religiosa, en tanto que derecho fundamental basado en la Constitución de Estados Unidos, sencillamente se desvanece y pasa a un segundo plano, con el telón de fondo del compromiso social prioritario hoy: la libertad sexual.

La secularización y la libertad religiosa

La secularización se rebela contra lo trascendente, rechaza lo ontológico y subjetiviza toda pretensión de verdad. Así, la secularización, por su propia naturaleza, se enfrenta a libertades como la religiosa, que es previa a todo debate político. Por ejemplo, en el 2018, con la excusa de la protección del consumidor, la Asamblea de California aprobó una ley que prohibiría cualquier transacción que pudiera estar relacionada con cualquier afirmación de que se pueda cambiar la orientación sexual o la identidad de género. La legislación prohibiría explícitamente la venta de libros y otros materiales que representaran al cristianismo bíblico ortodoxo, el consenso de la iglesia cristiana de todos los lugares y épocas de estos dos milenios. El proyecto de ley 2943 de la Asamblea, que es como se conoce, es descaradamente inconstitucional, pero fue aprobado con una abrumadora mayoría en la Asamblea de California; una señal de los tiempos.

Europa, sobre todo la occidental y del norte, ha seguido una trayectoria de secularización más rápida que la de Estados Unidos, pero en nuestra nación está aumentando la velocidad del cambio secular. La distancia entre Europa y Estados Unidos, en lo que respecta a la secularización, se está reduciendo. Tengamos presente esa siniestra realidad al tener en cuenta que un abogado general del Tribunal de Justicia de la Comunidad Europea advirtió de que los empleadores religiosos verían restringido su derecho a discriminar por motivos de creencias religiosas a la hora de contratar personal. Una vez más, una autoridad legal habló abiertamente de hallar el equilibrio entre la libertad religiosa y la libertad individual moderna y encontró que es la libertad religiosa la que debe ceder.

The Economist, que no puede considerarse un medio marginal, publicó un titular que decía: «Un fallo judicial hace que sea más difícil para los empresarios religiosos discriminar en las contrataciones». La revista abrió el reportaje con estas palabras:

> Se trata de un problema que surge en toda democracia liberal que defiende la creencia religiosa (y, por tanto, la libertad de los organismos religiosos para gestionar sus propios asuntos) y que, al mismo tiempo, tiene el objetivo de defender a los ciudadanos, entre ellos los que buscan empleo, de una discriminación injusta. Como parte de su derecho a dirigir su propio negocio, los grupos religiosos suelen reclamar alguna exención de las leyes de igualdad cuando están seleccionando empleados. Por tomar un ejemplo extremo, sería absurdo que una iglesia estuviera obligada por ley a nombrar sacerdote a un ateo militante, aunque el candidato estuviera teóricamente bien cualificado. ¿Pero hasta qué punto deben ser generosas esas exenciones?[9]

Nótese el lenguaje del informe: «un ejemplo extremo», «sería absurdo», «obligado por ley», «ateo militante», «teóricamente bien cualificado», «hasta qué punto deben ser generosas».

Hemos bajado al terreno de la generosidad. ¿Cuán generosa será una sociedad secular comprometida con adorar en el altar de la libertad sexual a la hora de decidir si la libertad religiosa debe ser respetada y admitida, o en qué medida?

Basta con preguntarle a la Asamblea de California, o al Tribunal de Justicia de Europa, o a la Comisión de Derechos Civiles de Estados Unidos, o al comisionado Chai Feldblum de la EEOC (Comisión para la Igualdad de Oportunidades en el Empleo, por sus siglas en inglés).

O basta con que los estadounidenses les preguntemos a los proponentes de la Equality Act (Ley de Igualdad), una legislación trascendental, que supone una de las mayores amenazas para la libertad religiosa. La Ley de Igualdad, aprobada ahora por la

Cámara de Representantes de Estados Unidos, modifica la Ley de Derechos Civiles de 1964 al incluir la orientación sexual y la identidad de género como clases protegidas. En pocas palabras, la Ley de Igualdad clasifica explícitamente la cosmovisión cristiana como odio, fanatismo y, desde la perspectiva del sistema legal estadounidense, ya no es válida. Por consiguiente, esas opiniones no tienen cabida en la vida pública estadounidense y deben expresarse únicamente en los ámbitos más privados de la vida de un individuo, al menos por ahora.

En el contexto de la carrera presidencial del 2020, este tema es central y claro. Todos los aspirantes principales a la nominación demócrata apoyan la Ley de Igualdad; y el Partido Demócrata también se propone recuperar el Senado. Si conservan la Cámara, recuperan el Senado y aseguran la presidencia, los demócratas tendrán todo lo que necesitan para emprender un ataque a gran escala contra la libertad religiosa promulgando la Ley de Igualdad. De hecho, el grado de apoyo de los demócratas a la Ley de la Igualdad se puso de manifiesto durante un debate abierto para las presidenciales sobre el tema LGTBQ retransmitido por la CNN en octubre del 2019, en el que se presentaron los principales aspirantes a la candidatura demócrata para la presidencia de Estados Unidos. Lo que Estados Unidos presenció esa noche fue un terremoto moral, político y cultural. La retórica de los candidatos expresó por fin con claridad las intenciones de un Partido Demócrata vendido a las propuestas más radicales de la revolución sexual.

La particular conversación entre el presentador de la CNN Don Lemon y el excongresista Beto O'Rourke reveló hasta qué punto los postulantes a la nominación demócrata pretenden deconstruir la libertad religiosa en nombre de las libertades sexuales recién declaradas. Aunque la candidatura de O'Rourke fracasó, sus respuestas de esa noche representan la trayectoria de la perspectiva del Partido Demócrata sobre la libertad religiosa.[10]

Lemon le preguntó a O'Rourke: «Esto es de su plan LGTBQ, esto es lo que usted escribió: "La libertad de religión es un derecho fundamental, pero no debe usarse para discriminar"». Lemon entonces insistió en la pregunta: «¿Cree que las instituciones religiosas como universidades, iglesias y organizaciones benéficas deberían perder su estatus de exención de impuestos si se oponen al matrimonio homosexual?». O'Rourke respondió sin inmutarse: «Sí». Después de ese «Sí» llegó un aplauso memorable del público del estudio. O'Rourke continuó diciendo: «No puede haber ninguna recompensa, ningún beneficio, ninguna reducción de impuestos para ninguna persona ni institución u organización en Estados Unidos que niegue los derechos humanos y civiles de cada uno de nosotros. Así que, en mi presidencia, vamos a darle prioridad a eso y vamos a pararles los pies a quienes están violando los derechos humanos de nuestros compatriotas».

La respuesta de O'Rourke cayó como una bomba de neutrones en el panorama político estadounidense y es, de hecho, la imagen más clara hasta ahora de la colisión entre la libertad religiosa y la libertad sexual. El desmantelamiento de la libertad religiosa en aras de la libertad LGTBQ lleva mucho tiempo siendo la trayectoria de la era secular, pero, después de esa reunión, está claro que el Partido Demócrata está totalmente comprometido con ello.

Como comentamos antes, Donald Verrilli, durante los alegatos orales del caso *Obergefell*, bromeó con que las demandas de libertad religiosa «serán un problema» para las universidades cristianas que no quieran cambiar su ética sexual y sus convicciones religiosas. Ese «*serán*» estaba en futuro. Pero, después de la reunión retransmitida por la CNN, estamos ya hablando en *presente*. O'Rourke se posicionó, acompañado de estruendosos aplausos, como una abierta amenaza a la libertad religiosa. Declaró públicamente que despojará a las organizaciones religiosas, incluso a *las iglesias*, de su exención de impuestos si se niegan a adoptar su ortodoxia secular.

Aunque O'Rourke era el único candidato que utilizaba un lenguaje tan explícito, los demás presentaban posiciones similares, veladas tras una retórica más políticamente aceptable. Aun así, la trayectoria del Partido Demócrata es tal que ningún posible candidato a la presidencia podría hacer una declaración más moderada, ni siquiera mínimamente.

De hecho, poco después del acto, O'Rourke tuiteó su declaración, como si estuviera orgulloso de su discurso. Dejó claro que no tenía intención de retractarse de su declaración hasta veinticuatro horas más tarde, cuando dijo que no quería eliminar la exención de impuestos para las instituciones religiosas y las iglesias simplemente por *sus creencias*; sin embargo, sí se negaría a la exención de impuestos por actos *discriminatorios*. La prensa parecía satisfecha con esta «aclaración». Sin embargo, la explicación de O'Rourke no anula de ninguna manera su descarada retórica durante la retransmisión de la CNN. De hecho, donde se libra la batalla por la libertad religiosa es precisamente en la intersección entre creencias y prácticas. ¿Pueden las instituciones, escuelas o congregaciones cristianas *actuar* de acuerdo con y no en contra de sus *creencias* teológicas?

La batalla por la libertad religiosa no se da en un futuro hipotético y distópico. El choque entre la libertad religiosa y las recién declaradas libertades eróticas se produjo en la televisión en horario de máxima audiencia. Todos y cada uno de los candidatos en el debate sobre la igualdad en la CNN, de una forma u otra, lanzaron toda una andanada contra la cualidad y virtud más esencial de cualquier gobierno o civilización, a saber, la libertad de conciencia.

Durante el debate, cada candidato a la nominación demócrata contó con treinta minutos, y la velada la comenzó el senador de Nueva Jersey Cory Booker. Le preguntaron: «¿Cómo abordaría los temas, a veces yuxtapuestos, de la libertad religiosa y los derechos LGTBQ?». Booker respondió: «Es una buena pregunta, muchas gracias. Verá, esto es algo con lo que he estado lidiando toda mi vida... Y por eso, a mi juicio, no puedo permitir como líder que las personas usen la religión como excusa para la discriminación. Puedo respetar sus libertades religiosas, pero también debo proteger de la discriminación a las personas».

Esta es la misma postura que expresó más tarde esa noche Beto O'Rourke, solo que un poco más velada tras la idea de «discriminación». En esencia, el senador de Nueva Jersey defenderá la libertad religiosa solo *hasta* que esta tenga algún significado.

Justo a continuación, el senador Booker pidió la aprobación de la Ley de Igualdad, que la Cámara de Representantes aprobó a principios de este año. La ley cumple exactamente con lo que Booker y O'Rourke expresaron en el debate: pone fin a toda discriminación basada en la identidad LGTBQ, sin ninguna disposición apropiada para la libertad religiosa. Así, al apoyar la aprobación de la Ley de Igualdad, todos los candidatos presentes apoyan en efecto el mismo argumento de O'Rourke, solo que sin su franqueza y sinceridad.

Dana Bash, de la CNN, le preguntó al senador Booker: «¿Cree que las instituciones de educación religiosa deberían perder la exención de impuestos si se oponen a los derechos LGTBQ?». El senador respondió: «Como nación, debemos ponernos en pie para decir que la religión no puede ser excusa para negar a las personas el seguro médico, la educación y demás cosas». Una vez más, lo que hay que señalar es que al mencionar «la educación y demás cosas» está afirmando que se le quite la exención de impuestos a cualquier institución cristiana que mantenga los principios bíblicos y se aferre a su convicción teológica.

Entonces presionaron a Booker, le preguntaron lo mismo de otra manera: «Así pues, ¿perderían su condición de exención de impuestos?». El senador respondió: «Insisto, yo, yo me ocuparé de esta cuestión, y no estoy, no estoy diciendo, porque sé que es una batalla legal larga, y no estoy esquivando su pregunta, estoy diciendo que fundamentalmente esa discriminación es discriminación». Si no esquivó la pregunta, desde luego intentó zafarse, pues no quería decir en voz alta la esencia de su posición: reducir la libertad religiosa y todas las libertades protegidas en este derecho constitucional. De hecho, para el senador Booker, si la convicción religiosa entra en conflicto con su postura política, la considera discriminatoria.

Después del senador Booker, el exvicepresidente Joe Biden subió al escenario, donde declaró: «Sospecho que [...] este va a ser un foro en el que habrá muy poco desacuerdo entre los candidatos demócratas. Estoy orgulloso de la posición que todos tienen porque cada uno de nosotros, si discrepamos, es solo en grado y en implicación emocional».

Es difícil saber exactamente qué quiso decir el exvicepresidente con esas palabras, pero al menos parece ser una forma de ponerse a la par del vertiginoso ritmo del ala izquierda de su partido, que amenaza con dejarlo rezagado. De hecho, durante su intervención de treinta minutos, el exvicepresidente contó una larga historia de su infancia, con el objetivo de mostrar que nunca ha albergado sentimientos discriminatorios hacia los homosexuales porque, desde su infancia, ha apoyado los asuntos LGTBQ. En otras palabras, trató de posicionarse como un adelantado en cuanto al matrimonio homosexual y el movimiento LGTBQ, dando a entender que no tenía que evolucionar en estos temas como otros demócratas. Pero, por supuesto, eso no es sincero. El señor Biden no apoyó el matrimonio entre personas del mismo sexo hasta que fue políticamente conveniente, y lo mismo les ocurrió a figuras como los expresidentes Bill Clinton y Barack Obama, así como a la ex secretaria de Estado y candidata demócrata a la presidencia en el 2016, Hillary Clinton. Todos ellos «evolucionaron».

Después del exvicepresidente fue el turno de Pete Buttigieg, el alcalde de South Bend, Indiana, y el único candidato abiertamente gay que se presentó a la presidencia. De hecho, es el único candidato casado con una persona de su mismo sexo.

Horas antes del debate, Buttigieg publicó todo un programa sobre temas LGTBQ titulado «Becoming Whole: A New Era for LGBTQ+ Americans» (Ser completos; una nueva era para los estadounidenses LGTBQ+). En sus dieciocho páginas, incluye una larga lista con todos los objetivos del movimiento LGTBQ, así como algunos artículos interesantes, como «Ampliar la representación del colectivo y la historia LGTBQ en nuestra red de parques nacionales». Nadie puede acusar al alcalde Buttigieg de dejarse algún fleco.

Durante el debate, el presentador de la CNN Anderson Cooper le preguntó sobre la libertad religiosa. Buttigieg declaró: «La libertad religiosa es un principio importante en este país, y lo respetamos. También es cierto que cualquier libertad que honramos en este país tiene límites cuando hablamos de causar daño a otras personas. Lo que decimos es que el derecho a la libertad de expresión no incluye el derecho a gritar fuego en un teatro lleno de gente. Y el derecho a la libertad religiosa termina cuando la religión se usa como excusa para dañar a otras personas».

Por dañar se entiende cualquier tipo de política o acción que pueda percibirse como discriminatoria contra las personas LGTBQ. Ahí entraría una universidad cristiana que exigiera que sus profesores se atuvieran a ciertas convicciones doctrinales, o que los docentes y los estudiantes vivieran de acuerdo con un cierto código moral bíblico.

Además, Buttigieg trató de presentarse como el nuevo icono de la izquierda teológica de Estados Unidos. De hecho, se plantearon cuestiones teológicas durante la intervención de Buttigieg cuando Anderson Cooper le preguntó: «¿Ser gay es pecado?». El alcalde respondió: «No creo que lo sea. También entiendo que las personas llegan a su propia manera de entender su fe. Supongo que lo que trato de transmitirle a las personas es: ¿podemos al menos estar de acuerdo en que su tradición o compromiso de fe tiene coincidencias con los míos? ¿Que somos llamados a la compasión? ¿Que somos llamados a buscar lo mejor en el otro? ¿Y que se espera de nosotros que protejamos a los más vulnerables?».

El alcalde Buttigieg, en pocas palabras, inventó su propia teología. Aunque se presenta como cristiano, *nada* de lo que declara se asemeja ni remotamente al cristianismo ortodoxo y bíblico. La homosexualidad no es pecado porque Pete Buttigieg no quiere que lo sea. Sencillamente, ignora la Biblia.

Después del alcalde Buttigieg fue el turno de la senadora Elizabeth Warren, de Massachusetts. Durante su intervención, una persona del público le preguntó qué haría si un seguidor se le acercara y le dijera: «Senadora, estoy chapada a la antigua y mi fe me enseña que el matrimonio es algo entre un hombre y una mujer. ¿Qué responde?».

La senadora Warren respondió con un condescendiente insulto que fue ampliamente celebrado por la prensa y que encantó al público del debate. Dijo: «Bueno, voy a asumir que eso lo dijo un tipo, y le diré: "Pues tú cásate con una mujer. Me parece muy bien"». Luego, durante los fuertes aplausos a sus palabras, bromeó: «Suponiendo que puedas encontrar una». Estallaron las carcajadas en el auditorio.

En ese debate, la senadora Warren se presentaba como favorita. Lo que la candidata demócrata a la presidencia de Estados Unidos les dijo de manera condescendiente a los estadounidenses fue, de hecho: «Si no tienes el mismo punto de vista que yo sobre el matrimonio y la homosexualidad, no eres digno de que nadie se case contigo». Que una actitud así se lleve el aplauso de millones de estadounidenses debería decirnos mucho. En resumen, si no capitulas ante la revolución sexual, eres tan retrógrado que ni siquiera mereces casarte. Nadie debería querer casarse contigo.

Después de la senadora Warren le llegó el turno a la senadora Kamala Harris, de California. El presentador de la CNN Chris Cuomo le formuló las preguntas y, en los primeros segundos de su entrevista, este se encontró en una situación explosiva que se hizo viral en las redes sociales.

La senadora Harris subió al escenario después de ser presentada y dijo: «Mi pronombre es *ella*». Esto es un guiño a la semántica del movimiento LGTBQ, que considera que los pronombres de género no dependen del sexo biológico, sino de cómo uno se identifica subjetivamente. Es una forma de «honrar» la dignidad de un individuo que quiere ser identificado como hombre, mujer o cualquier otra identidad imaginada en el caótico espectro de la ética sexual LGTBQ.

Cuomo, tratando de hacer una broma, dijo: «Y el mío también», con una expresión de perplejidad. Harris respondió: «Muy bien».

Los días posteriores al debate, Cuomo intentó superar su enorme metedura de pata, que puede costarle su influencia liberal y el prestigio que tanto le costó construir en su carrera mediática.

Debería haber previsto el problema que iba a buscarse al hacer una broma con los pronombres, sobre todo entre los militantes del movimiento LGTBQ. De hecho, de todo el mundo llegan informes que detallan las consecuencias para quienes no se rinden ante la nueva ética sexual que exigen los activistas transgénero. En el Reino Unido, un médico perdió su trabajo por no reconocer los pronombres que se autoasignaba un individuo. En Estados Unidos, un profesor perdió su trabajo porque no se refería a un estudiante transexual con su pronombre de género elegido. Chris Cuomo, en un intento por recuperar su imagen, puede recibir el perdón de los activistas LGTBQ, pero solo porque está practicando el arte de la postración.

Aunque la metedura de pata de Cuomo le robó protagonismo al turno de Kamala Harris, es importante señalar que la senadora de California, al igual que todos los candidatos de esa noche, declaró su apoyo inquebrantable a la Ley de Igualdad, una legislación que declaró prioritaria para ella. Insistimos, esa propuesta de ley, en su forma actual, *no* contiene disposiciones ni consideraciones para la libertad religiosa.

Después de la senadora Harris le tocó a Beto O'Rourke. Su intervención, dada su importancia, la abordaremos con detalle a continuación. Después del excongresista, la senadora demócrata Amy Klobuchar, de Minnesota —que se identificaba como más o menos moderada— se posicionó exactamente en línea con los elementos más radicales del movimiento LGTBQ.

Su primera prioridad es la aprobación de la Ley de Igualdad, que les negará los derechos de conciencia a los cristianos, a los empresarios religiosos e incluso a las instituciones y escuelas religiosas que no reconozcan la nueva ortodoxia secular. Intentó esconder esta destrucción de la libertad religiosa bajo un comportamiento amistoso y sonrisas radiantes. De hecho, dejó clara su postura cuando dijo: «En primer lugar, nuestra Constitución, como saben, está fundamentada sobre la separación entre la Iglesia y el Estado, y en este país podemos tener diferentes creencias, pero la ley manda. Y manda cuando se trata de discriminación y otra serie de cosas. Puedo decirle que nominaré para el Tribunal Supremo a jueces que lo entiendan. Eso es lo prioritario». Caso cerrado.

Además, durante la intervención de la senadora Klobuchar, se suscitó un tema importante para muchos demócratas: la distinción entre la religión *buena* y la *mala*. La religión buena es la religión liberal, un conjunto de creencias que le sigue el paso a la revolución LGTBQ. Klobuchar se identificó con ella personalmente, declaró que se identificaba con una congregación de la Iglesia Unida de Cristo y que «Esa es la fe en la que crie a mi hija y en la que he vivido en los últimos años».

Don Lemon le preguntó: «Entonces, a este respecto, ¿debe el gobierno federal conceder fondos a una organización religiosa sin fines de lucro que se oponga al matrimonio entre personas del mismo sexo? ¿Por ejemplo, una agencia de adopción que no trabaje con padres LGTBQ?». Respondió al instante: «Bueno. Creo que hay que tener agencias que sigan la ley, y esa es una de las razones por las que quiero aprobar la Ley de Igualdad, creo que es muy importante». Incluso la senadora Klobuchar, a menudo presentada como moderada, mantiene esencialmente la misma posición que expresa con claridad Beto O'Rourke.

El exmiembro del gabinete Julián Castro también promovió la dicotomía entre religión buena y religión mala, aun cuando él se declara católico romano. Castro indicó que hay muchos católicos que están de acuerdo con la revolución LGTBQ, aunque no mencionó que tales posiciones van en contra de las doctrinas oficiales de la Iglesia Católica Romana. Una vez más, solo se puede reivindicar la religión *buena*. El dogma oficial de la Iglesia Católica Romana es un anatema porque está fuera de la ortodoxia de la revolución LGTBQ.

La última figura en subir al escenario fue Tom Steyer, un candidato multimillonario que en ese debate hacía su primera aparición importante como candidato demócrata. Steyer identificó un cambio generacional de gran calado en el público estadounidense. Les dijo a los activistas LGTBQ: «No se preocupen. Todo va como ustedes quieren. Es una cuestión de inexorabilidad generacional». Esta «inexorabilidad generacional» llevó a Steyer a abogar por la limitación de la duración de los mandatos de los miembros del Congreso de Estados Unidos. Dijo: «Si son reemplazados por personas más jóvenes, casi seguro que estarán de acuerdo con ustedes».

Pero nadie fue tan franco como Beto O'Rourke. ¿Deben perder su exención de impuestos las iglesias e instituciones que no se adhieran a la nueva ortodoxia sexual? Estaba listo con su directo «Sí». Sin lugar para la duda. Sin ninguna retórica obtusa que sirva de velo «políticamente correcto».

El primer presidente del Tribunal Supremo de Estados Unidos dijo que el poder de imponer impuestos es el poder de destruir. Eso es lo que está en juego en la respuesta de O'Rourke.

A su izquierda, O'Rourke encontró cierta oposición, no porque estuvieran en desacuerdo con su posición, sino porque descubrió el pastel.

Michael McGough, editor sénior del *Los Angeles Times*, publicó un artículo con un título que se traduce como «La idea de Beto O'Rourke del impuesto da pábulo a la paranoia conservadora sobre el matrimonio entre personas del mismo sexo».[11] Es curioso que McGough describiera a los evangélicos conservadores como paranoicos, probablemente porque prestamos atención a lo que dicen los aspirantes al más alto cargo de Estados Unidos y los líderes del Partido Demócrata. Lo que McGough llama *paranoia* podría llamarse *realidad*.

El artículo de *Los Angeles Times* dice: «Por la respuesta de O'Rourke en la CNN, parece que, si él se saliera con la suya, la Iglesia Católica perdería su exención de impuestos si no cambia sus enseñanzas sobre el matrimonio». Luego, McGough declaró: «Los conservadores llevan mucho tiempo planteando la idea de que la legalización del matrimonio homosexual conduciría a la reducción de la libertad religiosa».

Esto es categóricamente falso. Los grilletes que se puedan poner a la libertad religiosa no son solo un temor de la derecha religiosa, sino también un punto que usa la izquierda cultural. Fue el Procurador General de Estados Unidos nombrado por Obama quien declaró, ante el Tribunal Supremo, que las reivindicaciones de libertad religiosa serían un problema a tratar en el país después del caso *Obergefell*. Mark Tushnet, profesor de Derecho en Harvard, declaró sin tapujos: «Las guerras culturales han terminado. Ellos han perdido, nosotros hemos ganado».[12]

Tushnet continuó: «Para los liberales, la cuestión ahora es cómo tratar con los perdedores en las guerras culturales. Es sobre todo una cuestión de táctica. Mi opinión es que la línea dura, decirles que han perdido, que se vayan acostumbrando a la idea, es mejor que tratar de acomodar a los perdedores que, no lo olvidemos, han defendido y defienden posiciones que los liberales consideramos que no tienen ninguna fuerza normativa. Y parece ser que la línea dura funcionó razonablemente bien en Alemania y Japón después de 1945».

El profesor de la Facultad de Derecho de Harvard, William Nelson Cromwell, dijo que los cristianos conservadores, los católicos tradicionales, los judíos ortodoxos y los musulmanes que no pueden unirse a la revolución sexual deben ser tratados como un enemigo derrotado, como se trató a Alemania y Japón después de la Segunda Guerra Mundial. Esto no es una paranoia de los conservadores religiosos. Son *las* palabras de la izquierda.

Tras el debate, un portavoz de la campaña de O'Rourke dijo: «Por supuesto, Beto se refería a las instituciones religiosas que toman medidas discriminatorias. La extrema derecha está distorsionando esto para sus intereses».

Esta declaración apareció en un artículo del consejo editorial del *Dallas Morning News*. El artículo continuaba:

> La postura de O'Rourke invitaba a la derecha a acusarlo de que, en su lucha por la tolerancia, iba a castigar a los grupos religiosos que no estuvieran de acuerdo con él, de modo que fomentaba la

intolerancia. Los activistas de los derechos de los gais reaccionaron con entusiasmo, aunque algunos comentaristas advirtieron que O'Rourke solo está confirmando las sospechas que algunos cristianos conservadores tienen hacia los demócratas, y su sensación de ser perseguidos.[13]

En este punto es donde quiero plantear un reto a los otros candidatos que compiten por la nominación demócrata: si esta no es su posición, los reto a que lo digan. Desafío a cualquiera de estos candidatos a declarar que O'Rourke estaba equivocado, que no se puede separar la creencia religiosa de la acción religiosa; que el gobierno no puede, en virtud de su propia Constitución, violar la libertad de conciencia y de convicciones religiosas.

Supongo que ninguno de los candidatos principales se retractará de la posición de O'Rourke en lo más mínimo. Pueden utilizar un lenguaje diferente o decir que O'Rourke tal vez no entendió las consecuencias de su forma de expresarse. Esquivarán la pregunta y suavizarán su tono, pero no se equivoquen, se aferrarán a las costumbres de la revolución LGTBQ. En este Partido Demócrata que corre hacia la izquierda no tienen otra opción.

Nuestro orden constitucional fundamenta en la prioridad de la libertad religiosa todos los derechos subsiguientes. Las cláusulas de libertad religiosa de la Constitución son más fundamentales que cualquiera de los otros derechos que se mencionan. Pero, como era de esperar, cuando el más básico de todos los derechos se ve amenazado, todos los demás también.

Además, en la Primera Enmienda encontramos una moral básica y una lógica realista de la libertad. También encontramos una interdependencia entre las libertades. Por lo tanto, no debe sorprendernos que la libertad de expresión y la libertad de prensa también estén en peligro. Los estadounidenses se escandalizan e incluso se ofenden cuando se afirma que a menudo se niega la libertad de expresión, pero en muchos de nuestros campus universitarios más elitistas la libertad de expresión es desechada como un valor burgués. La Universidad de California en Berkeley —el campus donde nació el Movimiento por la Libertad de Expresión en los años sesenta— se ha vuelto hostil a la libertad de expresión, y muchos estudiantes y profesores argumentan que la libertad de expresión hace que el campus sea «inseguro».

Y, para demasiados, la libertad de prensa significa libertad para la prensa que les gusta, una tendencia que se puede ver tanto en la derecha como en la izquierda. Pero la libertad de prensa significa la libertad de imprimir, publicar, emitir, enviar por correo y comunicar, como una extensión lógica y necesaria de la libertad de expresión. Sin la libertad de prensa, la población no elige con qué informarse y acaba engañada, es cada vez más incapaz hasta de reconocer la verdad, y así desaparece la libertad de expresión.

Va a ser un problema para cada escuela, instituto o universidad cristiana. Va a ser un problema para todos los cristianos que sean profesionales, hombres de negocios, servidores públicos o vistan de uniforme. Será un problema para todos nosotros, y en particular para nuestros hijos y sus hijos y los hijos de sus hijos.

Es obvio que los agentes del secularismo coercitivo creen que el público estadounidense no estará seguro hasta que se quite hasta el último símbolo religioso del último centímetro cuadrado de propiedad pública. La secularización perdió algunas batallas notables en los casos de Peace Cross de Bladensburg y el pastelero Jack Phillips. Eso, sin embargo, no limita en absoluto su continuo celo por ver reducida la libertad religiosa en la vida pública estadounidense.

En respuesta, yo propongo que no podemos entender el valor trascendente de la libertad religiosa sin estas tres palabras esenciales: Dios, verdad y libertad, y en ese orden. Cada una de estas palabras es indispensable. Cada una de estas palabras es objeto de controversia. No puede haber una defensa duradera de la libertad religiosa sin entender que estas tres palabras van juntas. Solo si recuperamos el significado de estas palabras y las incorporamos a esta era secular podremos los cristianos defender con fuerza la libertad religiosa, una libertad necesaria para el desarrollo y la seguridad de la civilización occidental.

Dios

Aleksandr Solzhenitsyn habló una vez de escuchar cómo explicaban los rusos mayores los desastres que su nación había experimentado en el siglo veinte. Ellos declaraban: «Los hombres han olvidado a Dios; por eso ha sucedido todo esto». Recuerdo que los estadounidenses mayores citaban estas palabras de Solzhenitsyn, una de las voces más valientes de todos los tiempos por su denuncia de la tiranía soviética. Pero ahora estas palabras me suenan de otra manera. Estamos viviendo nuestra propia época de amenaza a las libertades. Las personas se han olvidado de Dios, y por eso ha sucedido todo esto.

Vivimos en una época de secularización acelerada. Las causas y cursos del movimiento secular son discutibles, pero la verdad básica está fuera de toda duda. La creencia en Dios, cualquier creencia teísta, está opacada. Esto es especialmente así entre las élites intelectuales y los creativos de la cultura. Hace décadas, el profesor de Derecho de Yale Stephen Carter argumentó que las élites intelectuales habían reducido a Dios a un símbolo y la religión, a un pasatiempo. Ahora, esas mismas élites ven a Dios como un símbolo peligroso y la religión, como un pasatiempo vergonzoso.

Pensemos en el argumento de Frank Bruni, columnista del *New York Times*. No hizo más que expresar concisamente lo que muchos de la clase política llevan años diciendo: que se debe tolerar la libertad religiosa siempre y cuando los creyentes mantengan su religión en sus corazones, sus hogares y sus bancas de iglesia. Sin relevancia pública. Mantén tus creencias religiosas en su sitio, fuera de la opinión pública. Eso es negación de la libertad religiosa.[14]

No discuto que entre los no creyentes no pueda haber una defensa de la libertad religiosa. No estoy diciendo que no hubiera deístas entre los padres fundadores. Lo que digo es que no puede haber una defensa sostenida de la libertad religiosa sin un respeto intelectual a la creencia en Dios y un respeto cultural a la devoción religiosa. Incluso cuando afirman que, desde un fundamento secular, apoyan su argumento a favor de la libertad, los derechos humanos y la dignidad del ser humano, los estadounidenses en realidad están tomando del capital intelectual del cristianismo. Incluso su forma de no-teísmo necesita la herencia del teísmo. Pero me temo —y es pertinente hablar de temor— que estamos siendo testigos del colapso y el retroceso de cualquier noción secular de los derechos humanos y de la dignidad humana en la que se incluya la libertad religiosa.

Verdad

Creo que esta podría ser la palabra más desatendida del vocabulario esencial de la Declaración de Independencia. Se declara: «Sostenemos como evidentes estas verdades: que todos los hombres son creados iguales; que son dotados por su Creador de ciertos derechos inalienables; que entre estos están la vida, la libertad y la búsqueda de la felicidad».

Cada una de estas palabras exige nuestra máxima atención, pero no pasemos demasiado rápido sobre la palabra «verdades». La defensa de la libertad religiosa (y de todas las demás libertades evidentes) se basa en la afirmación de la verdad, no en la mera opinión o juicio, ni mucho menos en los «valores». La cosmovisión que por sí sola sustentará la libertad es la que se establezca sobre la defensa de la verdad: la existencia objetiva de la realidad y la necesaria correspondencia entre lo que se dice y la verdad objetiva.

¿Por qué cabría esperar que una cultura académica y elitista, ahora dominada por las ideas posmodernas sobre la verdad, defendiera la libertad religiosa? Si la realidad objetiva no existe o no puede conocerse, la política se reduce a lo que la profesora de Harvard Mary Ann Glendon llama acertadamente «charla sobre derechos». La política se desmorona para convertirse en una simple sucesión interminable de batallas sobre «derechos» en disputa.

La idea moderna de la verdad, que niega que esta sea real y conocible, nos recuerda la advertencia profética del teólogo Francis

Schaeffer, quien argumentó hace medio siglo que los que creemos en la verdad objetiva tendríamos que declarar nuestra creencia en la «verdad verdadera». Los padres fundadores declararon su creencia en la verdad, no solo en la realidad objetiva, sino también en las verdades evidentes por las que estaban dispuestos a sacrificar sus vidas, sus propiedades y su honor personal. Su argumento de peso eran estas verdades, no estas opiniones, valores o construcciones sociales. Sin verdad no hay libertad.

La visión posmoderna, que ve la verdad como una construcción social y como algo no real, es algo que ya no se discute en la cultura de masas, no porque sea difícil encontrar esa visión, sino porque está en todas partes. Con el impulso del mundo académico y de los productores del capital cultural, se ha convertido en la atmósfera de la vida estadounidense. Pero, si no hay una verdad verdadera, está claro que no hay verdades evidentes, y desaparece el fundamento del experimento estadounidense de la libertad, incluida la libertad religiosa.

Libertad

Los padres fundadores no solo expresaron la afirmación de la verdad, también defendieron las libertades. Fueron más lejos con su argumento de que la función propia del gobierno es «asegurar estos derechos». Asegurarlos, no inventarlos ni crearlos, ni siquiera descubrirlos. La función del gobierno es asegurar los derechos y libertades que existen antes de que exista el gobierno, y desde luego antes de que exista el estado. La libertad religiosa es en realidad la Primera Libertad, ya que sin esta libertad previa todas las demás se vuelven frágiles y contingentes.

Como teólogo cristiano, yo diría que el fundamento de esa Primera Libertad está en el primer capítulo del primer libro de la Biblia. El libro de Génesis nos dice que Dios creó a los seres humanos a su propia imagen, siendo cada uno un alma viviente. La dignidad humana se basa en la amorosa y gloriosa creación del Dios que existe en sí mismo, omnipotente y lleno de gloria, que se reveló de manera perfecta en la encarnación de Jesucristo, de forma verbal en las Sagradas Escrituras, y con toda claridad en las estructuras mismas de la creación. Le debemos a cada ser humano, creado a imagen y semejanza de Dios, el pleno reconocimiento de la dignidad humana y el carácter sagrado de toda vida humana, incluida la vida en el útero.

No nos equivoquemos. Estas cuestiones sí tienen que ver con nosotros. El derecho a la vida y el derecho a ejercer la libertad, incluida la libertad religiosa, están íntimamente relacionados. No es casualidad que una sociedad que devalúa la vida en el útero también devalúe la libertad religiosa. Si somos accidentes cósmicos y no hay un significado inherente a nuestras vidas, la vida humana, en todas sus formas, carece de sacralidad, y la libertad es solo otra palabra para expresar mi preferencia frente a la tuya. El eclipse de la cosmovisión bíblica hace que todos los ámbitos de la vida estén en peligro, hasta de muerte, desde el útero hasta el aula, desde la sala del tribunal hasta el dormitorio.

Conclusión

Dios, verdad y libertad. Necesitamos adquirir la disciplina de pronunciar estas palabras juntas. Debemos enseñárselas a nuestros hijos y a nuestros vecinos. Debemos cuidarlas en nuestras escuelas y en nuestros hogares, y enseñarlas en nuestras iglesias. El gran reto para la libertad religiosa en nuestros tiempos no supone ninguna amenaza para la religión liberal. Esas iglesias y denominaciones se han rendido hace mucho tiempo a los revolucionarios de la moral, y sencillamente no creen en nada con el valor teológico suficiente como para causarles problemas a ninguna de ellas. Pueden permitirse el lujo de poner la libertad religiosa entre comillas.

Debemos defender el derecho a creer en la suficiente teología como para acarrearnos problemas con cualquiera, en cualquier lugar, en una época secular. Debemos defender el derecho de los cristianos, y de todos los demás creyentes, a ser fieles en la esfera pública, igual que en la privacidad de nuestros hogares, corazones e iglesias. Debemos defender el derecho de enseñar a nuestros hijos en la disciplina y amonestación del Señor. Debemos defender el derecho de las escuelas cristianas a ser cristianas y a ordenar sus instituciones en torno a la Palabra de Dios sin temer el poder aplastante del Estado. Debemos defender el derecho que las generaciones de los que aún no han nacido tienen de conocer las libertades que hemos conocido y que ahora defendemos.

Aunque parezca extraño, esto significará defender a los floristas, panaderos, jefes de bomberos, farmacéuticos, maestros, predicadores, madres y padres que se atrevan a resistir a los poderes seculares.

Estos son días que requerirán valentía, convicción y claridad de visión. Estamos en una lucha por las libertades más básicas que Dios ha dado a la humanidad, a cada uno de nosotros, creados a su imagen. La libertad religiosa se está redefiniendo como mera libertad de culto, pero no sobrevivirá mucho tiempo si se reduce a una esfera privada sin voz pública. Está en juego la libertad de predicar el evangelio de Jesucristo, y lo está también la libertad de cada estadounidense. Los derechos y la dignidad humanos son abstracciones temporales si se separan de su realidad como dones del Creador. El eclipse de la verdad cristiana conducirá inevitablemente a una trágica pérdida de la dignidad humana. Si perdemos la libertad religiosa, se perderán todas las demás libertades, una a una. Sin Dios no hay verdad. Sin verdades no hay libertad. Sin libertad ya no queda otra cosa que la bota de alguien sobre nosotros.

Los firmantes de la Declaración de Independencia se comprometieron con sus vidas, sus fortunas y su sagrado honor. De hecho, la Declaración de Independencia, nuestra carta nacional más fundamental, hablaba de «las leyes de la naturaleza y del Dios de la naturaleza». No debemos leer esta declaración sobreestimándola, pero tampoco nos atrevemos a subestimarla. Los padres fundadores reivindicaron una autoridad superior a ellos mismos, y derechos y libertades naturales que eran prepolíticos, preconstitucionales, pregubernamentales, y previos a nuestra propia estima. Cuando la creencia en Dios pierde terreno, lo pierde también el único terreno seguro para los derechos humanos y la dignidad humana. Solzhenitsyn tenía razón. Preguntemos cómo sucedió esto. Los hombres han olvidado a Dios. Así es como ha sucedido.

La Declaración de Independencia expresaba las convicciones de esta nación en su audaz afirmación de que sostenemos como evidentes estas verdades. *Sostenemos estas verdades.* Estas verdades, no meras opiniones o creencias. Sostenemos, no simplemente lo decimos o argumentamos. Sostener es ejercer una mayordomía. Sostenemos estas verdades, no solo para nosotros y para nuestro tiempo, sino también para nuestros hijos, y los hijos de nuestros hijos, y todos los que llegarán a formar parte de esta gran experiencia de autogobierno. Pero también sostenemos estas verdades para el mundo y ante el mundo. Una mayordomía así requiere la defensa y la definición cuidadosa de estas verdades; verdades que deberían ser, pero a menudo no son, reconocidas como evidentes.

La Primera Enmienda no nos salvará. Sin un compromiso previo y duradero, el texto es solo palabras sobre el papel. Como cristianos, solo damos gracias a Dios, quien nos hizo a su imagen y semejanza, nos da la vida y nos dotó de estos derechos. Solo Jesucristo puede salvar, y salva hasta el extremo. Esa es la gran buena noticia. Las libertades sagradas que valoramos aseguran nuestro derecho a adorar a Dios en espíritu y en verdad, a contar las buenas nuevas del evangelio de Jesucristo y a enseñar todo el consejo de Dios.

La Primera Enmienda no nos salvará, pero ahora nos corresponde a nosotros salvar la Primera Enmienda.

CONCLUSIÓN

En la tormenta

Las advertencias proféticas de Winston Churchill fueron ignoradas en los años treinta, en los que anduvo solo atravesando lo que se ha llamado sus «años de desierto». A finales de la misma década, se vio que Churchill tenía razón y Europa estaba demencialmente sumida en otra horrible guerra, la más horrenda y mortífera de la historia. La gran tragedia de los años treinta fue que muchos no se tomaron en serio las amenazas. Las naciones democráticas de Europa se habían dejado engañar, una vez más. Cuando llegó la realidad, era demasiado tarde.

Mi referencia a Winston Churchill no pretende evocar una metáfora militar y aplicarla indebidamente. Ahora estamos en una batalla de ideas, y estaremos en ella hasta que Jesús venga. Pero el ejemplo de Churchill me ha perseguido desde que, siendo muy joven, reflexioné sobre su lugar en la historia y su papel profético. No quiero perderme la tormenta que se avecina, y no hay duda de que nos enfrentamos a una tormenta en ciernes. A estas alturas está claro que esta tormenta es real y que no se puede evitar. El único Dios verdadero es el Señor de la historia, y ahora ha llamado a los cristianos de esta generación a la tormenta.

En cada capítulo de este libro he tratado de revelar la tormenta en ciernes de la era secular y sus consecuencias para todas las esferas de la sociedad. La descristianización de la cultura —la separación de la modernidad de la cosmovisión bíblica— ha deshumanizado a los bebés en el útero, ha redefinido el matrimonio, ha fracturado la unidad familiar y ha favorecido una revolución sexual radical que altera en sus fundamentos no solo la forma de vida de los seres humanos, sino también hasta nuestra manera de entender lo que significa ser humano. Para los estadounidenses, la intensidad de esta tormenta aumenta con el telón de fondo de unas elecciones presidenciales. Un proceso electoral sirve como una cámara de presión, obliga a salir a la superficie a todos los asuntos importantes. En el periodo de elecciones, pasan a primer plano los temas del matrimonio, la vida humana, el aborto, la familia, la educación y la sexualidad.

Los cristianos debemos darnos cuenta de que la lucha más duradera no es entre candidatos rivales, sino entre cosmovisiones rivales. En un choque de cosmovisiones se ponen de manifiesto todas las líneas de fractura de una sociedad, desde la educación y la economía hasta las artes y el entretenimiento. Al final, está en juego todo. Con el tiempo, cada cultura se adapta en términos generales a una cosmovisión, solo a una. Prevalece una moral, una imagen fundamental del mundo, una visión de la humanidad. Es un reto capital para los cristianos mantener la esperanza, el gozo y la fe plena cuando la cultura parece endurecerse contra nosotros.

Por supuesto, la negación no es una estrategia. La triste realidad es que hemos visto cómo nuestra sociedad ha ido abandonando la cordura moral en un asunto tras otro. También hemos aprendido que parte de esto es responsabilidad nuestra. Aunque hayamos fallado en el pasado, no podemos permitirnos fallar ahora.

Creo que los cristianos tenemos la mayor responsabilidad en esta era secular. Piensa en lo que se nos ha confiado. Conocemos el fundamento verdadero de la dignidad humana y de los derechos humanos. Sabemos *por qué* toda vida humana, a cualquier edad y bajo cualquier situación, es preciosa. Sabemos por qué la verdad es la verdad. Sabemos que el pecado es lo que explica que el mundo esté roto, y sabemos lo roto que está, empezando por nosotros mismos. Sabemos por qué el matrimonio solo puede ser la unión entre un hombre y una mujer, y sabemos por qué toda civilización en su sano juicio debe respetar la familia. Sabemos por qué lo correcto es correcto y lo incorrecto es incorrecto. Sabemos que la vida no carece de sentido, y que lo correcto no lo es por una simple elaboración social ni es objeto de negociaciones. Sabemos que somos criaturas responsables, que un día Dios nos juzgará por cada uno de nuestros pensamientos y acciones.

Como Russell Kirk nos recordó: «Los sabios saben qué maldades están escritas en el cielo».[1] En efecto, lo sabemos.

Solo la cosmovisión cristiana puede dar una respuesta a las demandas de la secularización. Ninguna otra cosmovisión puede establecer el marco para el verdadero y pleno desarrollo humano. En esta era, callarse no es una opción; de hecho, hablar de silencio o retirada es como hablar de fracaso. Los creyentes en Jesucristo tenemos el evangelio de Jesucristo, así como el poder del Espíritu Santo. La obediencia a Cristo exige que seamos administradores fieles, que cuidemos lo que pensamos y que seamos sabios en nuestro compromiso en medio de esta crisis apremiante. Tres grandes virtudes cristianas marcan nuestro camino. Como el apóstol Pablo escribió a los corintios: «Y ahora permanecen la fe, la esperanza y el amor, estos tres; pero el mayor de ellos es el amor» (1 Co 13.13).

Fe

El pueblo de Cristo es un pueblo de fe; para ser más exactos, de fe en Cristo. Sin esta virtud, la iglesia de Jesucristo caerá ante cualquier desafío. En una época secular, se confunde la fe. Incluso algunos secularistas hablan de «tener fe». Pero los cristianos no tenemos fe en la fe, sino fe en Cristo. Cuando vemos iglesias y denominaciones que fracasan, estamos ante una pérdida de la fe en Dios. Cuando vemos coraje, convicción y firmeza, estamos ante un pueblo de Dios con una fe activa en Cristo y sus promesas. En esta era secular, los cristianos debemos mostrar fe en al menos tres sentidos: fe en el diseño de Dios, fe en la Palabra de Dios y fe en el poder del evangelio.

Fe en el diseño de Dios

Vivimos en un momento que cuestiona toda expresión posible de una cosmovisión bíblica. A lo largo de este libro hemos visto la transformación radical de la familia y los efectos de la revolución sexual en el matrimonio, el género y la sexualidad. Esto cabía esperarlo de una cultura que es secular y que se aleja de su cosmovisión moral cristiana, pero no lo esperamos de las iglesias y denominaciones que supuestamente reivindican el nombre de Cristo y se presentan como parte de la esposa de Cristo. Sin embargo, como hemos visto, una iglesia tras otra y una denominación tras otra se han rendido ante esta visión del mundo y sus demandas. Estas iglesias han sacrificado la fidelidad a la Biblia en el altar de la relevancia cultural; están dispuestas a deshacerse del cristianismo bíblico para estar «en el lado correcto de la historia».

Las iglesias y los ministerios cristianos, sin embargo, están en primera línea ante los desafíos culturales. Los cristianos que se aferran a una visión bíblica del matrimonio y la sexualidad y la enseñan representan una amenaza para las fuerzas seculares que tratan de redefinir la civilización occidental. Según los partidarios de esta revolución, la cosmovisión cristiana es un vestigio de una época que no solo se está desvaneciendo, sino que también es inherentemente dañina para la humanidad y la felicidad del ser humano. Por eso la cultura presiona a las iglesias, exige su capitulación (o su silencio) en temas sociales como el aborto y el matrimonio homosexual. Por eso, incluso algunos candidatos a la nominación demócrata han reivindicado un «cristianismo» progresista en un intento de suplantar la fe ortodoxa histórica por una nueva religión sintética. Eso no es cristianismo.

Los cristianos, sin embargo, debemos tener fe en el orden creativo de nuestro Dios y su diseño para el pleno desarrollo humano. Esta fe debe llevarnos a expresar la visión bíblica del matrimonio, a mostrar la gloria de la masculinidad y la feminidad bíblicas, y a mostrar la dignidad de la vida humana a esta nación cada vez más secularizada. La secularización sustituye la verdad ontológica de

Dios por una mentira, sustituye la verdad bíblica por una nueva ideología. Los cristianos debemos tener fe en que el diseño de Dios no solo es verdadero y bueno, sino que también es el único camino para el pleno desarrollo humano. Si Dios lo diseñó, es correcto. Como Dios mismo declaró después de cada día de la creación, «es *bueno*».

Pero la fe en el diseño de Dios va más allá de un mero asentimiento intelectual. La fe en los mandatos de Dios en la creación es el fundamento de nuestra visión del mundo y ordena todo nuestro pensamiento. Los cristianos, por lo tanto, manifiestan su fe en el plan de Dios para el matrimonio no solo diciendo la verdad, sino también viviendo esa verdad. Como dice la Biblia en Santiago 2.18: «Pero alguno dirá: Tú tienes fe, y yo tengo obras. Muéstrame tu fe sin tus obras, y yo te mostraré mi fe por mis obras». Los cristianos muestran su fe en el diseño de Dios cuando viven de una manera fiel en ese diseño. Nuestros matrimonios, por lo tanto, deben ser duraderos. Nuestros hijos deben conocer las Escrituras y la historia que cuenta la Biblia. Nuestras familias deben estar totalmente ligadas a la iglesia local y experimentar una comunión regular con el cuerpo de Cristo. Nuestra oposición al aborto debe ir acompañada de familias cristianas que adopten y acojan a niños necesitados.

Fe en la Palabra de Dios

Allí donde encontramos iglesias fieles, encontramos personas comprometidas con la Biblia, la infalible, inspirada e inerrante Palabra de Dios. A lo largo de este libro, hemos visto cómo algunas denominaciones e iglesias han sucumbido ante el espíritu de esta era. ¿Por qué? Sobre todo porque perdieron la fe en las Sagradas Escrituras. Cuando las iglesias abren la puerta a un texto que puede contener error, que es culturalmente limitado y anticuado, esas iglesias ya van camino de apartarse de la verdad cristiana.

J. I. Packer, uno de los teólogos evangélicos más influyentes de nuestro tiempo, pronunció un discurso titulado «La guerra de los treinta años: la batalla por la Biblia». Lo pronunció en 1985, hace más de treinta años. Mi tesis es sencilla: estamos en una batalla larga y continuada por la total veracidad y la autoridad de las Escrituras en la iglesia. En cierto sentido, lleva siendo así desde el amanecer de la era moderna. La Reforma protestante consagró como uno de sus principios centrales la *sola Scriptura,* una afirmación de que la Biblia es la única fuente de autoridad. La «doctrina eclesiástica de la Escritura», como nos recordó el gran teólogo B. B. Warfile, es que «cuando la Escritura habla, Dios habla». Confiamos en que la Biblia es la Palabra de Dios escrita. Sin la Biblia, la iglesia no tiene una palabra con autoridad ni un orden doctrinal.

La primera afirmación que la iglesia debe declarar sobre la Biblia es su inspiración. Como nos dice 2 Pedro 1.21: «Porque nunca la profecía fue traída por voluntad humana, sino que los santos hombres de Dios hablaron siendo inspirados por el Espíritu Santo». Esta es una hermosa forma de referirse a la Biblia: la inspiración divina. Los autores bíblicos fueron «inspirados por el Espíritu Santo», palabra a palabra. Cada palabra es inspirada por Dios, cada palabra es plenamente inspirada.

Gran parte de lo que hemos visto en nuestra época de secularismo es una batalla entre la revolución y la revelación. La cosmovisión secular acabó desplazando a la bíblica. Con el tiempo, todas las declaraciones que afirman la revelación divina pierden su sentido en un espacio secular. En el mundo académico, existe una hostilidad cada vez mayor hacia cualquier afirmación de la revelación. En otras partes, afirmar que la Biblia es la Palabra de Dios implica que te avergüencen en el plano intelectual. La iglesia es el último lugar de una sociedad hipermoderna donde la declaración «Dios dice» tiene algún sentido. Pero más vale que no tenga algún sentido, sino pleno sentido en la iglesia.

La segunda afirmación que debemos declarar los cristianos es que la Biblia es veraz. Esto mana de la afirmación de la inspiración divina. Si Dios es el autor final de la Escritura, entonces esta es totalmente verdadera. Como en la oración de Jesús al Padre por la iglesia en Juan 17.17: «Santifícalos en tu verdad; tu palabra es verdad».

La veracidad total de la Escritura está vinculada a la inerrancia de la Biblia (que no contiene error). Y nunca falla, por lo que es infalible. La veracidad de la Biblia es crucial para que la iglesia se mantenga constante y coherente mientras el mundo que nos rodea cambia constantemente su brújula moral.

¿Cómo sabemos qué es el matrimonio? La Biblia lo define. ¿Cómo sabemos cómo entender lo que es el hombre y la mujer? En Mateo 19.4-5, Jesús explicó ambas cosas volviendo a Génesis 1 y 2: «¿No habéis leído que el que los hizo al principio, varón y hembra los hizo, y dijo: Por esto el hombre dejará padre y madre, y se unirá a su mujer, y los dos serán una sola carne?». El modelo ha sido revelado, es totalmente confiable.

La tercera afirmación que los cristianos debemos declarar sobre la Biblia es que es *suficiente*. Es una triste realidad que muchos cristianos en realidad nunca aprendieron sobre la suficiencia de las Escrituras. Dicho claramente, esto significa que Dios ha dado a las iglesias todo lo que necesitan para ser fieles. Nos ha dicho lo que necesitamos saber. Además, esto significa que los cristianos no buscamos ninguna autoridad terrenal para corregir o completar ese conocimiento. Esto no significa que los cristianos no aprendamos nada de la ciencia moderna o de otras formas de conocimiento moderno. Significa que ninguna autoridad externa nos aporta un conocimiento que corrija a la Biblia o que proporcione un mensaje de autoridad.

La suficiencia de las Escrituras le asegura a la iglesia que no estamos esperando ninguna palabra nueva de Dios ni ningún conocimiento actualizado sobre asuntos de los que habla la Biblia. Somos un pueblo definido y enseñado por Cristo en las Escrituras.

La otra gran verdad a tener en cuenta es que Dios es siempre fiel a su Palabra. La iglesia no corre el riesgo de pasar vergüenza ante el mundo por aferrarse a la Palabra de Dios. Cuando vemos el dilema entre la revelación o la revolución, estamos reconociendo la bondad de Dios al darnos la Biblia, al revelarse a sí mismo y sus caminos a nosotros. Como Carl F. H. Henry dijo de forma tan bella, Dios nos amó tanto que «renunció a su privacidad personal» para que lo conociéramos y lo amáramos.[2]

Si basamos nuestra posición en la revelación de Dios, ninguna revolución —ni siquiera una revolución sexual y del género— puede confundirnos. Si nos basamos en cualquier otra autoridad, cualquier revolución nos engullirá.

Fe en el poder del evangelio

La fe en el evangelio de Jesucristo significa, en primer lugar, fe en que Jesús salva. Este es, en pocas palabras, el hecho más fundamental del cristianismo. El versículo más famoso de las Escrituras es seguramente Juan 3.16: «Porque de tal manera amó Dios al mundo, que ha dado a su Hijo unigénito, para que todo aquel que en él cree, no se pierda, mas tenga vida eterna».

Como Jesús le dijo a Nicodemo: «Os es necesario nacer de nuevo» (v. 7). La buena noticia del evangelio es que la salvación es para todos los que creen en Cristo y se arrepienten de sus pecados. Además, somos salvos por gracia, no por nada que debamos o podamos hacer. La salvación viene por la pura misericordia de Dios.

Pero su precio es muy alto. Como el apóstol Pablo les dijo a los cristianos de Corinto, el evangelio significa que Cristo murió por nuestros pecados y que Dios lo resucitó de entre los muertos, conforme a las Escrituras. Por cierto, obsérvese que Pablo hizo justo lo que nosotros debemos hacer: descubrir lo que es verdad «conforme a las Escrituras» (1 Co 15.3).

Por supuesto, el evangelio es la gran noticia de que Dios salva a los *pecadores*, y ese es otro aspecto de la verdad bíblica que debemos tener siempre presente. El ser humano se enfrenta a muchos problemas, pero el problema humano más esencial es algo que no podemos arreglar: ninguna terapia puede resolverlo, ninguna plataforma política puede aliviarlo. Esto es algo crucial que los cristianos debemos tener en cuenta. Esto nos aleja de cualquier confusión cultural o política. El gobierno tiene su función, pero no puede salvar.

Los cristianos no podemos sucumbir ante ningún mesianismo político. El reino de Cristo no se esconderá en una plataforma política.

La cosmovisión cristiana subraya la importancia de la política y el gobierno enraizados en la soberanía de Dios y el mandamiento de amar al prójimo. Pero la cosmovisión bíblica también pone a la política en su lugar. Nos involucramos en el proceso político como en cualquier otra dimensión de la cultura de la que somos administradores, pero nuestra última y única esperanza está en Jesús.

Recuerda lo que escribió el apóstol Pablo en Romanos 1.16: «Porque no me avergüenzo del evangelio, porque es poder de Dios para salvación a todo aquel que cree». Ahí está, más claro imposible.

Esperanza

La esperanza no es una cualidad, es una convicción. Como seres humanos, no podemos ser constantes a la hora de mantener ninguna cualidad. La esperanza, como cualidad, no es permanente. Pero nuestra esperanza es en realidad nuestra confianza en Cristo. *Él* es nuestra esperanza.

Teniendo eso en mente, ¿qué significa la esperanza para los cristianos en esta vida? En primer lugar, significa creer que, en Cristo y para su gloria, podemos marcar una diferencia en este mundo. Nuestras vidas no son meros accidentes de la historia. Dios tiene un propósito para nosotros, aquí y ahora.

Uno de los verbos más interesantes del Antiguo Testamento lo encontramos en el profeta Jeremías, que habló al pueblo de Dios cuando estaba bajo una grave opresión. Hablando a través de Jeremías, Dios le dijo al pueblo que no se desanimara y que siguiera dedicándose a sus tareas. Estas eran las instrucciones para Israel: «Edificad casas, y habitadlas; y plantad huertos, y comed del fruto de ellos» (Jer 29.5).

Es una instrucción asombrosa, e increíblemente útil para los cristianos de hoy. ¿Qué hacemos ante una era secular? Construimos casas y vivimos en ellas. Nos casamos y tenemos bebés y formamos familias y plantamos iglesias y marcamos una diferencia en el mundo. Una de las dimensiones más tristes y reveladoras de la cosmovisión secular moderna es que se argumenta, basándose en el cambio climático, que no deberíamos tener más hijos.

Pero la esperanza cristiana obra en otra dimensión importante. Nos libera de poner nuestra esperanza final en ninguna cosa o persona aparte de Cristo. Incluso hace que no tengamos que esperar la resolución final de *todos* los problemas en este mundo. No hay victorias finales, hay una manera realista de entender el mundo tal como es. Por lo que respecta a los cristianos, conocemos tanto la victoria como la derrota, una y otra vez, y ninguna derrota ni victoria es definitiva.

Las elecciones nacionales se celebran cada pocos años. Todo plan económico y toda política fiscal acaban siendo reemplazados por otros. Los jueces se retiran y mueren. Los partidos surgen y desaparecen.

La cosmovisión cristiana puede explicar por sí sola por qué todas estas cosas son *realmente* importantes, pero nunca *definitivas*. Nuestra esperanza final no está en este mundo, sino en el mundo venidero. El reino de Dios está llegando en su plenitud y Jesucristo es el Señor. Ponemos en Cristo nuestra suprema esperanza, *no* como una cualidad, sino como una convicción.

Recordemos: «Es, pues, la fe la certeza de lo que se espera, la convicción de lo que no se ve» (Heb 11.1).

Amor

El mayor de ellos es el amor, escribió Pablo. Así como el concepto bíblico de esperanza no es una cualidad, el concepto bíblico de amor no es sentimentalismo. El amor cristiano es *sustancial*. Adquiere la forma de compromiso.

El ordenamiento bíblico del amor entiende que nosotros amamos porque Dios nos amó primero. Recordando Juan 3.16, sabemos que nuestra salvación vino solo por el poder soberano del amor de Dios, y su amor es previo al nuestro. Él nos ama mucho antes de que nosotros lo amemos a él.

El amor llevó a Jesucristo a la cruz. La naturaleza radical del amor de Dios es sencillamente asombrosa. El primer versículo que memoricé de niño fue este: «Dios es amor» (1 Juan 4.8).

Pero la Biblia también nos dice que los cristianos debemos amarnos los unos a los otros. El apóstol Juan nos advirtió incluso de que, si no amamos a nuestro hermano o hermana en Cristo, no somos la iglesia de Dios, sino los hijos del diablo (1 Juan 3.10).

Y no solo eso, Jesús nos dijo que amáramos a nuestro prójimo como a nosotros mismos. En ese mandamiento encontramos nuestras responsabilidades políticas y sociales como creyentes. El más grande de los padres de la iglesia, Agustín, enseñó que los cristianos debemos pensar en dos ciudades, la ciudad de Dios y la ciudad del hombre. Cada una tiene su propio y poderoso amor. En la ciudad de Dios, el gran amor es el amor de Dios. En la ciudad del hombre, es el amor al hombre, a los seres humanos. Con tan profunda perspectiva, Agustín nos mostró que ambos amores son reales, pero que solo el amor de Dios es eterno. La ciudad de Dios la habitan los que llegan a tener fe en Cristo. La ciudad del hombre la forman todos los seres humanos nacidos. La ciudad de Dios es eterna. La ciudad del hombre es temporal.

Pero el gran mérito de Agustín fue mostrarnos cómo la ciudad del hombre, el mundo que conocemos ahora, es importante para Dios. Dios hizo este mundo y todas las cosas que hay en él. Él *ama* este mundo y a todas las criaturas que ha creado, en especial a las que fueron creadas a su imagen. Dios quiere que trabajemos por el bien de este mundo. A los cristianos se nos dice que trabajemos por el bien y por la gloria de Dios en este mundo caído; se nos ha dado ese mandamiento. Nuestra ciudadanía final está en el cielo, la ciudad de Dios, pero ahora también somos ciudadanos de los reinos terrenales, y no por casualidad.

Esto significa que los cristianos *tenemos* una responsabilidad política y que la política sí es importante. Los gobiernos son importantes. Las leyes son importantes. Las elecciones son importantes. Las políticas económicas son importantes. Todo es importante. ¿Pero cómo vamos a reflexionar sobre esta responsabilidad? ¿Qué nos motiva y nos guía?

La respuesta es el amor.

Jesús trató todo esto en Mateo 22. Cuando le preguntaron cuál era el primer y más grande mandamiento, respondió: «Amarás al Señor tu Dios con todo tu corazón, y con toda tu alma, y con toda tu mente. Este es el primero y grande mandamiento. Y el segundo es semejante: Amarás a tu prójimo como a ti mismo». Jesús añadió entonces: «De estos dos mandamientos depende toda la ley y los profetas» (vv. 37–40).

Ahora puedes ver el modelo con claridad. La ciudad de Dios la mueve el amor de Dios, puro y perfecto. Lo que mueve la ciudad del hombre es el amor al hombre, real pero imperfecto. En nuestra manera bíblica de entenderlo hay más. Por sí solo, el amor del hombre se convierte en un peligroso humanismo. La principal cosmovisión rival del cristianismo bíblico en nuestros días es el humanismo secular. Esta forma de humanismo es idólatra y corrupta. La humanidad no tiene existencia en sí misma ni es autosuficiente; y adorar a la humanidad se convierte rápidamente en algo letal. El humanismo secular presenta a la humanidad como autónoma y libre de toda autoridad externa. Eso lleva al desastre.

Los cristianos, sin embargo, sostenemos a una cosmovisión diferente, y nos mueve una motivación diferente. Nuestra motivación es el amor al prójimo. Tenemos el llamado, el mandamiento, de amar a nuestro prójimo como a nosotros mismos. ¿Y quién es nuestro prójimo? Cristo dejó claro que todo ser humano es nuestro prójimo.

Así que la esperanza nos da la motivación para construir un hogar y vivir en él. El amor nos da la motivación para construir un hogar para los demás, para que vivan en él. Porque amamos a nuestro prójimo, trabajamos por leyes justas, por la rectitud y la justicia, por la protección de la vida humana, por el bien de nuestro prójimo en todas las cosas.

Esto añade mucho contenido a nuestra responsabilidad como ciudadanos de la ciudad del hombre que amamos a nuestro prójimo y la gloria de Dios. Podemos involucrarnos en casi todas las tareas —economía, política, elecciones, entretenimiento, leyes, gobierno, hospitales, agencias de adopción, iglesias, ministerios cristianos, y casi todo lo que podamos imaginar—, todo para la gloria de Dios.

Esto depende de nuestra mayordomía y vocación. Al final, permanecen la fe, la esperanza y el amor, pero el mayor de ellos es el amor.

La tormenta que se avecina es real, y podemos verla, y nos atrevemos a verla como lo que es. Pero Jesucristo es el Señor, y él prometió que las puertas del infierno no prevalecerán contra su iglesia. Con eso nos basta.

APÉNDICE

La tormenta sobre los tribunales

El sistema de gobierno estadounidense, nuestra preciada experiencia de gobierno constitucional y libertad ordenada, depende de la separación de poderes. Por su temor a caer en la tiranía, los padres fundadores dividieron el gobierno en las ramas ejecutiva, legislativa y judicial. Alexander Hamilton comentó que la judicatura, los tribunales, representaría «la rama menos peligrosa» del gobierno.[1]

La opinión de Hamilton pareció ser acertada por mucho tiempo, pero recientemente han cambiado las cosas. Desde hace varias décadas, los tribunales, y el Tribunal Supremo en particular, han asumido poderes que deberían estar en manos del Congreso o de la Casa Blanca. En la mayoría de los casos, los tribunales se han ocupado de cuestiones que el Congreso no quería o no podía resolver. En otros casos, el poder judicial ha usurpado poderes que no le corresponden.

Al mismo tiempo, es importante reconocer que el impulso para el giro general del activismo de los tribunales se lo dieron principalmente los políticos liberales y progresistas, que se sentían frustrados por la lentitud del cambio en muchas cuestiones. Pero el activismo liberal que caracterizó a los tribunales federales por décadas estaba cada vez más controlado por presidentes conservadores que nombraron a juristas conservadores para el tribunal federal. Por esa razón, vemos muchas evoluciones nuevas y preocupantes.

Joshua Jamerson, del *Wall Street Journal*, escribió un artículo titulado «Democratic Candidates Urged to Back Supreme Court Overhaul» (Se insta a los candidatos demócratas a respaldar la renovación del Tribunal Supremo). Como informó Jamerson:

> Grupos de activistas progresistas están presionando a los candidatos presidenciales demócratas para que apoyen las propuestas de cambios en el Tribunal Supremo, una medida que podría provocar las protestas de los votantes que no quieren que se destroce esa seria institución. Pack the Courts, un grupo de reciente constitución dirigido por el profesor de la Universidad Estatal de San Francisco, Aaron Belkin, está tratando de presionar a los candidatos para que apoyen una ampliación del número de miembros del alto tribunal. Demand Justice, una organización que aboga por un poder judicial más liberal, está presionando para que se lleve a cabo una serie de revisiones más amplias: poner límites en la duración de los mandatos de los jueces e imponer algún tipo de directrices éticas, como la publicación de sus declaraciones de impuestos.[2]

Los cambios recientes en el Tribunal Supremo, sobre todo con el nombramiento de los magistrados Neil Gorsuch y Brett Kavanaugh, dan impulso a la creciente animosidad entre los principales miembros del Partido Demócrata. Como el artículo de Jamerson deja claro, algunos liberales exigen ya cambios radicales en la estructura del Tribunal Supremo. ¿Por qué?

Los liberales son conscientes del poder que tiene el más alto tribunal de la nación para resolver los principales asuntos a que se enfrenta el país: la legalización del aborto y la del matrimonio entre personas del mismo sexo no se produjeron mediante un debate abierto en los salones del Congreso, sino mediante una decisión legal tomada por una mayoría simple de los miembros del Tribunal Supremo. Lo que el movimiento por el derecho al aborto y el movimiento por el matrimonio homosexual no pudieron conseguir en el Congreso, lo consiguieron en el Tribunal Supremo.

De hecho, los principales cambios en la formación de la cultura en asuntos como el aborto y las cuestiones LGTBQ no han llegado generalmente por la acción legislativa, sino por los tribunales. Pensemos en fallos de la Corte Suprema como *Roe contra Wade* o *Obergefell contra Hodges*. Así, en muchos casos, las resoluciones del Tribunal Supremo han servido como el mayor motor de cambio social para el programa moral liberal.

Sin embargo, los liberales siguen preocupados porque su influencia en los tribunales está disminuyendo. La elección de Donald Trump y de una mayoría republicana en el Senado ha llevado a dos nombramientos en el Tribunal Supremo y al nombramiento del 25 % de la judicatura federal en solo los últimos tres años. Los presidentes George W. Bush y Barack Obama nombraron solo dos jueces cada uno para la Corte Suprema durante sus ocho años de mandato.

A este respecto, algunos demócratas argumentan ahora que un presidente demócrata recién elegido debería «llenar» el Tribunal Supremo, agregando nuevos puestos. Otros argumentan a favor de medidas aún más radicales como redefinir el más alto tribunal de la nación cambiando el carácter vitalicio de los cargos mediante límites de duración. La profunda división que existe en la política estadounidense se refleja en la profunda división con respecto a los tribunales federales.

Las visiones que compiten por el Tribunal Supremo se centran en una hermenéutica divergente: en diferentes maneras de leer un texto. En este caso, el texto es la Constitución de Estados Unidos y los estatutos federales. Durante décadas, los jueces y profesores de Derecho más liberales defendían la idea de una «Constitución viva» que evolucionaría a medida que madurase la nación. Los conservadores, por su parte, sostenían que todo texto, incluida la Constitución, debía interpretarse a la luz del significado original del autor, teniendo en cuenta el texto real en cuestión. Esta tendencia hermenéutica liberal comenzó a principios del siglo veinte bajo el liderazgo de Woodrow Wilson.

Los progresistas como Wilson creían que el método hermenéutico conservador restringía el progreso estadounidense. Creían que la misma Constitución era demasiado conservadora, sobre todo en lo relativo a la limitación de los poderes del gobierno federal. Vieron que la forma de salir de su dilema era redefiniendo cómo se debía leer la Constitución. Los progresistas plantearon que el texto de la Constitución estaba vivo, que su significado puede evolucionar incluso si llega a contradecir las palabras reales del documento. En los años cincuenta y sesenta, los dos principales partidos políticos se adhirieron a esta lógica de interpretación legal progresista.

De hecho, en 1958, el presidente del Tribunal Supremo de Estados Unidos, Earl Warren, redactó el dictamen de la mayoría en el caso conocido como *Trop contra Dulles.* Warren argumentó en su decisión que el Tribunal reconocerá «las normas en evolución sobre la decencia que marcan el progreso de una sociedad madura». Esta breve declaración resume el ideal mismo de la jurisprudencia y la moral progresistas. Argumentó que el Tribunal Supremo debe leer la Constitución mediante las «normas en evolución», aun cuando esto signifique inventar nuevos derechos o dictar sentencias sobre la base de lo que, en su opinión, *debe* decir la Constitución, y no de lo que el texto dice en realidad.

El presidente del Tribunal Supremo argumentó que la sociedad avanza en el plano de la moral, de modo que sus normas de decencia cambian y evoluciona hacia la aceptación de cosas que antes condenaba. Esta argumentación y filosofía fue la que movió a la Corte Suprema y al poder judicial de la nación desde los años cincuenta y sesenta, y así sigue hasta hoy. Es una filosofía judicial verdaderamente radical que ha alterado el paisaje moral de la sociedad estadounidense. En esencia, los progresistas sostienen que el lenguaje de la Constitución debe leerse con la lente del momento cultural actual. Se debe actualizar el significado de sus palabras en función de las necesidades actuales de la sociedad contemporánea. Argumentaron que el Tribunal (y a menudo también los tribunales federales) debe actualizar la Constitución mediante sus interpretaciones. Una vez más, vemos el patrón que siguen las fuerzas más liberales para ganar en los casos que no pueden conseguir en un debate público en una república constitucional. La Constitución se cambia con enmiendas, no por decretos judiciales.

Este consenso hermenéutico constitucional entre republicanos y demócratas a mediados del siglo veinte condujo a una serie de sentencias del alto tribunal que prepararon el terreno para sentencias trascendentales como *Roe contra Wade* en 1973. El movimiento conservador moderno en los círculos jurídicos surgió como un método de interpretación constitucional alternativo, con una interpretación de la Constitución *basada* en las palabras, la gramática y la intención del documento que rige la nación.

Pero la mayoría de los jueces más progresistas forjaron un camino legal hacia el aborto (y con el tiempo hacia el matrimonio homosexual) al hallar, primero, un derecho constitucional a la privacidad, no en las palabras reales de la Constitución, sino en lo que el juez William O. Douglas llamó «penumbras formadas por emanaciones de las garantías [de la Carta de Derechos] que contribuyen a darles vida y sustancia».[3] En otras palabras, el juez Douglas, en su escrito para el Tribunal, acababa de invocar un nuevo derecho y declaró que debería haber estado en la Carta de Derechos, pero *no está.*

En unos pocos años, los progresistas del Tribunal fallaron a favor de los anticonceptivos en el caso *Griswold* y luego a favor del derecho al aborto. Por supuesto, la Constitución de Estados Unidos ni siquiera menciona el aborto —ni de lejos—, pero la mayoría la forzó a mencionarlo de todos modos. Con el tiempo, esa misma lógica se extendería a la homosexualidad y al matrimonio entre personas del mismo sexo.

Los conservadores no sostienen que la Constitución no pueda contener esos derechos, sino que *no* los contiene y *no debería* contenerlos. Si el pueblo estadounidense quería legalizar el aborto y el matrimonio entre personas del mismo sexo, el Congreso podía haberlos legalizado en un proceso legislativo. Pero no había forma política de forzar la legalización del aborto en el Congreso en 1973 ni la legalización del matrimonio homosexual en el 2015. Así que los activistas fueron a los tribunales y los jueces activistas les dieron lo que pedían.

A estas alturas ya debería estar claro. Quien designa a los jueces de los tribunales federales y a los del Tribunal Supremo controla, en gran parte, el futuro de la nación.

Un renacimiento conservador

Los conservadores, sin embargo, respondieron a la deriva progresista de los tribunales con una nueva ola de candidatos a la magistratura federal y al Tribunal Supremo. Estos jueces representaban una hermenéutica constitucional ligada directamente a las palabras, la intención y el texto de los documentos de gobierno de la nación. Uno de los actuales miembros de la Corte Suprema, Clarence Thomas, es uno de los jueces más consistentemente conservadores que se han sentado en el más alto tribunal de la nación, y su método de interpretación preocupa a muchos izquierdistas, incluido al veterano reportero judicial del *New York Times,* Adam Liptak.

En marzo del 2019, Liptak escribió otro artículo para el *New York Times* con el título «Precedent, Meet Clarence Thomas. You May Not Get Along» (Precedente, le presento a Clarence Thomas. Puede que no se lleven bien).[4] Liptak escribió: «El juez Clarence Thomas estuvo ocupado en febrero. Como de costumbre, no hizo preguntas durante los alegatos del Tribunal Supremo. Pero compensó su silencio con tres dictámenes en ocho días que discrepaban con parte de la jurisprudencia más importante de la Corte».

El juez Thomas expresó dudas sobre la constitucionalidad del caso *New York Times contra Sullivan,* una sentencia de 1964 que, como argumentó Liptak, «proporcionó a la prensa una amplia protección bajo la Primera Enmienda contra las demandas por difamación presentadas por cargos públicos. El caso Sullivan, y los fallos que lo amplían, según escribió el juez Thomas, "fueron decisiones políticas disfrazadas de ley constitucional"».

Luego, el 20 de febrero, Thomas criticó la legalización del aborto en Estados Unidos por medio del caso *Roe contra Wade* como «manifiestamente incorrecta». Liptak resumió la opinión de Thomas, afirmando que *Roe* era «un producto de los errados esfuerzos por identificar y proteger los derechos fundamentales bajo la cláusula de garantías procesales de la decimocuarta enmienda». El juez Thomas criticó directamente el argumento del juez Douglas sobre las «penumbras» y las «emanaciones».

El dictamen final que Thomas escribió en febrero del 2019 «expresaba su desconfianza con respecto al caso *Gideon contra Wainwright*, la sentencia de 1963 que decía que la Sexta Enmienda exige que el gobierno proporcione abogados a las personas pobres acusadas de delitos graves. El juez Thomas escribió que la Sexta Enmienda, tal como la entendieron los que la redactaron y ratificaron, garantizaba solo el derecho a contratar un abogado».

En este punto, la intención de Liptak en su artículo es escandalizar a su lector. ¿Cómo se atreve un juez del Tribunal Supremo a cuestionar la legalidad y la legitimidad de tres decisiones históricas de la Corte Suprema de Estados Unidos? Liptak escribió entonces: «Los dictámenes subrayaban dos aspectos distintivos de la jurisprudencia del juez Thomas. Intenta desenterrar el significado original de la Constitución, y no le sirve la jurisprudencia que se ha desviado de ese sentido original».

Lo que Liptak pretendía que fuese una acusación contra Thomas, en realidad resumía la esencia de la filosofía jurídica de este, una filosofía que vincula el razonamiento y los planteamientos con el texto de la Constitución. Cuando el Tribunal se ha desviado de la Constitución, esas decisiones no deberían servir como autoridad para sentar jurisprudencia. Liptak acusa a Thomas de atreverse a mantener sus convicciones, por la audacia de querer decir lo que dice y decir lo que quiere decir. De hecho, el juez Thomas podría escuchar la acusación de Liptak y decir: «¡Me declaro culpable de los cargos!».

La disputa de Liptak con el juez Thomas tiene su origen en cómo trata la jurisprudencia que sienta precedentes muy valiosos para los progresistas. La jurisprudencia de los precedentes ha dominado como un importante principio rector en la teoría legal estadounidense. «*Stare decisis*», o «Atenerse a lo decidido», significa que las sentencias previas deben tener una relación de autoridad sobre los casos actuales ante cualquier tribunal. El juez Thomas, como indica Liptak, no considera que los precedentes sean más importantes que el texto constitucional. Liptak da a entender que el juez Thomas es un peligro como miembro del más alto tribunal de la nación.

Pero el juez Thomas no desecha por completo la *stare decisis*. Un tribunal perdería su credibilidad si fuera errático. Sin embargo, cuestiona la validez de la doctrina si se aplica a los casos decididos de forma errónea que distorsionan la Constitución y exceden los límites de la autoridad del Tribunal Supremo como órgano deliberativo encargado de evaluar la constitucionalidad. Cuando el Tribunal se aparta de este principio jurídico comienza a legislar desde arriba haciendo que la voluntad de cinco personas (la mayoría entre los miembros de la Corte) sea la ley suprema del país.

El juez Thomas, por lo tanto, cree en *primar* el texto de la Constitución incluso sobre el texto de la jurisprudencia de los precedentes del Tribunal Supremo, algunos de los cuales él cree que se han apartado del sentido de la Constitución. Hace un llamamiento a una lectura de la Constitución coherente, fundamentada y de principios, que vincule la decisión legal con el lenguaje y las palabras del documento constitucional. La interpretación jurídica liberal, por su parte, *inventa* derechos interpretándolos en el texto de la Constitución.

El juez Thomas señala la invalidez de las sentencias del Tribunal Supremo que adoptan este tipo de lectura creativa legislativa de la Constitución, una lectura que echa por tierra las palabras del documento e inserta una agenda política en el texto. Esos casos, aunque sean precedentes jurídicos, no tienen autoridad vinculante porque no representan en modo alguno el significado original de la Constitución.

Si los ideólogos liberales querían que el aborto o el matrimonio homosexual fueran legales en todo Estados Unidos, esa discusión pertenece al Congreso o a una Convención Constitucional que traiga cambios mediante la voluntad expresa del pueblo en una nueva enmienda. Si no estamos de acuerdo con la Constitución o creemos que necesita proteger otro tipo de derechos, ella misma nos presenta una manera de lograr ese objetivo, pero no es mediante una declaración judicial impuesta desde arriba por una mayoría simple de los jueces del Tribunal Supremo. El juez Thomas, por lo tanto, censura las sentencias de los tribunales que se inventan derechos de la nada, y cierra efectivamente un debate que nunca se dio.

Vivimos en una época que rechaza la autoridad, que quiere quitarse de encima la opresiva y audaz afirmación de que los textos tienen un significado al que debemos ceñirnos y que hay que respetar. No nos equivoquemos, este es un tema vital para la vida pública estadounidense. O la Constitución tiene un significado o no lo tiene. O la ley y las interpretaciones legales se basan en el texto real o podemos hacer que el texto diga lo que queramos.

Los conservadores comenzaron a entender esto y respondieron en consecuencia. Ahora, con el 2020 en el horizonte, el Tribunal Supremo es uno de los asuntos con mayor carga política en torno a la elección presidencial. Mientras los conservadores celebraban las ratificaciones de Gorsuch y Kavanaugh, los liberales respondieron con indignación y ahora han centrado sus esfuerzos en revertir este resurgir conservador y en volver a situar los tribunales en una vía más «progresista».

De hecho, si los conservadores entraron en pánico en la segunda mitad del siglo veinte, los liberales se enfrentan a la misma consternación a medida que más y más jueces conservadores ocupan los cargos de la judicatura estadounidense. Los liberales piden a todos los candidatos principales del Partido Demócrata que llenen de los suyos los tribunales y modifiquen las principales políticas, como la de limitar el tiempo de los jueces en el cargo y aumentar el número de puestos en el Tribunal Supremo.

Sin embargo, muchos demócratas entienden que cambiar las leyes para tratar de conseguir un tribunal más liberal podría terminar beneficiando a la agenda conservadora. Los demócratas más moderados y oficialistas comprenden los riesgos que implica cambiar cualquier ley relativa al número de puestos en el Tribunal o imponer límites de mandato a sus magistrados; aunque esas leyes pueden dar una ventaja a los liberales, también pueden llevar a que ocupen esos puestos jueces incluso más conservadores.

A pesar de este riesgo, el Partido Demócrata está en una crisis de identidad. Ha surgido un grupo más joven de liberales en las filas del Partido Demócrata, no para continuar una reforma, sino para instigar una revolución.

Los revolucionarios de la moral saben que una mayoría conservadora en el Tribunal Supremo es la principal barrera para su agenda política y moral. También los conservadores creen ahora que los tribunales son la última línea de defensa contra una agenda sin límites y radicalmente liberal. La Corte Suprema, sin embargo, no fue concebida para tener que soportar este nivel de politización. Es demasiado para la «rama menos peligrosa».

Conclusión

Que tanto los republicanos como los demócratas centren su foco como un rayo láser en el Tribunal Supremo y, en menor medida, en el poder judicial federal dice algo sobre nuestro momento político. Millones de votantes piensan en las elecciones presidenciales teniendo en mente el futuro de la Corte Suprema.

Está claro el porqué. El Tribunal Supremo y, a menudo, los tribunales federales desempeñan ahora un papel de gran envergadura en la vida pública de la nación, un papel que no estaba en la mente de sus creadores. La profunda división política en el Congreso explica en gran medida el fracaso del poder legislativo a la hora de tratar las cuestiones polémicas mediante la legislación. Una presidencia aún más fuerte significa que cada vez más políticas se hacen a través de canales administrativos en lugar de a través de la legislación. Los que no están conformes con la política administrativa van a los tribunales federales para conseguir un bloqueo de esas políticas. Por lo tanto, cada vacante en un tribunal federal es ahora una obsesión política.

Para la izquierda, lo que está en juego es una serie de decisiones judiciales que están consagradas en su cosmovisión y que han fomentado la revolución moral y sexual que nos rodea. El tema central para los progresistas de la moral es proteger la sentencia *Roe contra Wade* a toda costa. Pensemos en la confirmación de los cargos de los jueces Neil Gorsuch y Brett Kavanaugh. En casi todas las inaguantables intervenciones (sobre todo durante la confirmación de Kavanaugh) se citó el caso *Roe contra Wade* como la gran cuestión inminente.

La obsesión por *Roe* tiene mucho sentido si se considera que, si desapareciera esa sentencia, la legislación proabortista no podría conseguir en el Congreso un proyecto de ley que permitiera el aborto a la carta. Ese fue el argumento de Charles Krauthammer en el 2015. Aunque los estadounidenses se han vuelto más liberales en muchos asuntos, Estados Unidos está más dividido en cuanto al aborto ahora que en ningún otro momento de nuestra historia. Krauthammer le atribuyó eso a la ecografía. Si bien la ecografía ha desempeñado un papel importante al revelar la humanidad inherente del niño no nacido, hay que reconocer también el esfuerzo del movimiento provida para presentar la causa moral contra el aborto.

Los revolucionarios de la moral también saben que el aborto es un elemento clave en su argumento. Si se reconoce en la ley estadounidense la personalidad del niño, y si se revoca *Roe contra Wade*, está en juego toda su línea de sentencias judiciales, incluidos el matrimonio entre personas del mismo sexo y más cosas.

Esto explica la obsesión fanática de la izquierda con el aborto, y especialmente con el caso *Roe*. El «derecho a la privacidad» que se inventó el Tribunal en 1965 en el caso *Griswold* llevó directamente al «derecho» al aborto en 1973 y al «derecho» al matrimonio homosexual en el 2015. Ninguno de estos supuestos «derechos», tan apreciados por los revolucionarios de la moral, se menciona ni por asomo en la Constitución.

Tengamos en cuenta que el descontento original de los liberales con respecto a la Constitución no tenía que ver en absoluto con cuestiones morales, sino con las limitaciones constitucionales contra el crecimiento y la acumulación de poder del gobierno federal. Pensemos en las palabras de Dean Acheson, secretario de Estado de Estados Unidos de 1949 a 1953; explicando su descontento con las restricciones de la Constitución, dijo: «Si miro atrás, el problema más grave al que tuve que enfrentarme fue cómo dirigir, en la era atómica, la política exterior de una potencia mundial que tiene que cargar con la Constitución de una pequeña república campesina del siglo dieciocho».[5] Acheson se limitó a decir lo mismo que otros habían estado argumentando más indirectamente. En su opinión, la Constitución, con su limitación y acotación del poder del gobierno, está simplemente obsoleta.

Obsérvese el importante vínculo que aparece aquí. Los progresistas querían que el gobierno federal se zafara de la Constitución y asumiera nuevos poderes y autoridad. Saltemos a 1965, a la sentencia de *Griswold*, y a la de *Roe* en 1973, y a la de *Obergefell* en el 2015. ¿Cuál es el vínculo? El vínculo es el aumento de las funciones del gobierno federal, que ahora emite decretos acerca de lo que los estados deben aceptar como política en cuestiones sobre las que la Constitución *no* concede al gobierno federal *ningún* derecho a gobernar.

Esto nos trae de vuelta a la actualidad, y a los desafíos que enfrentamos los cristianos en Estados Unidos. Con la proximidad de las elecciones del 2020, el futuro del Tribunal Supremo y de todo el poder judicial federal vendrá determinado por la elección del presidente de Estados Unidos, que tiene la autoridad exclusiva de designar sus cargos, y del Senado de Estados Unidos, que tiene la autoridad exclusiva de confirmarlos. Quien sea elegido presidente nominará a todos los jueces federales y, si hay alguna vacante, a cualquier juez del Tribunal Supremo. En el curso de la campaña del 2020, ambos candidatos nos dirán qué tipo de jueces y magistrados nominarán. Los candidatos a la presidencia no tienen dónde esconderse. De su decisión dependen muchas cosas.

El aborto y *Roe contra Wade* sirven ahora como test para ambas candidaturas. El candidato demócrata se comprometerá a nombrar solo a los jueces que prometan defender el caso *Roe*. El candidato republicano se comprometerá a nombrar solo a aquellos jueces que tengan una visión de la Constitución contraria a la sentencia *Roe*.

Los cristianos entendemos que en la tormenta que se avecina sobre los tribunales hay más en juego, como el futuro de la libertad religiosa. En ningún momento de la historia de nuestra nación han recibido los tribunales una atención tan grande, y con razón.

En la apertura de cada día de trabajo del Tribunal Supremo, el alguacil inaugura la jornada declarando: «¡Dios salve a los Estados Unidos y a su Honorable Tribunal!».

Esa debe ser nuestra oración también.

AGRADECIMIENTOS

Tengo una deuda con muchas personas cuyas contribuciones a mi vida y trabajo están representadas en este libro. Habría que extender esa deuda a todas las personas con las que he comentado estos temas desde una preocupación común, y a las muchas congregaciones, universidades, seminarios y organizaciones que me han invitado a hablar sobre estos asuntos.

En mi entorno más cercano, no podría hacer mi trabajo sin el equipo de excelentes líderes del Seminario Teológico Bautista del Sur y del Boyce College, entre los que están sus vicepresidentes sénior Craig Parker y Matthew Hall. Jon Austin es mi jefe de personal, es una mano increíblemente firme, cuyos grandes dones son esenciales para la marcha de todo el despacho y el equipo. Cada uno es un líder siervo muy entregado, y estoy orgulloso de servir con ellos.

Estoy particularmente agradecido por el equipo de asistentes y becarios que trabajan conmigo cada día. Cory Higdon ejerce como director de investigación teológica, y aprecio mucho su don de inusitada inteligencia y su corazón entusiasta en todo lo que hace, incluida la edición. Me insta sin cesar a llevarle un capítulo tras otro, y hace que todos los proyectos vayan dentro de su plazo. Todo escritor sabe que alguien tiene que hacer esto. Pocos lo hacen con la capacidad de Cory.

Caleb Shaw es el director de comunicaciones y productor de *The Briefing*. Doy gracias por su espíritu, dedicación y pulso firme mientras trabajamos en lo que solo puede describirse como un caos diario. Caleb no levantaría la voz ni aunque tuviera que venir a decirme que unos insurgentes comunistas han invadido nuestra oficina. Simplemente preguntaría: «¿Cuál es el plan? Bien, vamos».

Ryan Modisette, el ingeniero técnico de *The Briefing*, tiene un gran talento y es increíblemente flexible. A menudo trabaja en las horas más tempranas de la mañana. Y sin una queja. Estoy agradecido, y mi voz está segura en sus manos.

Cada día, al final de la tarde, estoy acompañado en mi despacho por un ejército de los más brillantes, entusiastas, fieles y alegres becarios. Son de gran ayuda, aunque me hacen sentir más viejo cada año que pasa. Pasan por mi lado en su camino hacia el llamado de Dios en sus vidas. Cada uno deja una marca, y por cada uno doy gracias. A lo largo de este proyecto, los becarios han sido Patrick Vestergaard, Graham Faulkner, Mark Kiefer, David Bunce, Jay Williams, Aaron Woodall, Adam Cole, Anthony Aviles, Jack Cella y James Power. Muchas gracias a cada uno de estos jóvenes.

A lo largo de mi trabajo de redacción, Robert Wolgemuth ha sido mi agente, pero, más que eso, ha sido un amigo fiel. Sabe más de publicaciones que nadie que yo conozca, y siempre ha mejorado los proyectos. Más recientemente, Andrew Wolgemuth ha aportado ese mismo espíritu y experiencia a un proyecto tras otro. Siempre ayuda.

En Thomas Nelson, Webster Younce sirve no solo como editor, sino también como defensor, amigo y guía. Estoy agradecido por el trabajo que hemos hecho juntos, y por la amistad que hemos labrado.

Por último, quiero agradecer porque cada uno de mis proyectos se vea animado con las interrupciones de dos nietitos y con las conversaciones con Riley, Katie y Christopher. Qué grandes regalos.

Por encima de todo lo demás en este mundo, quiero darle las gracias a mi dulce esposa, Mary, cuyo amor, sabiduría, fidelidad, alegría e inteligencia se dejan ver en todo lo que hago. Después de décadas de matrimonio, no puedo calcular la contribución que ha hecho a mi vida, trabajo y corazón. De eso se trata, ¿no? Siempre el amor.

NOTAS

Introducción

1. Winston Churchill, vol. 1, *The Gathering Storm, The Second World War* (Boston, MA: H. Mifflin, 1948). Edición en español, *Memorias: la Segunda Guerra Mundial* (Barcelona: Libros de nuestro tiempo, 1949).
2. «In U.S., Decline of Christianity Continues at Rapid Pace», Pew Research Center, 17 octubre 2019, https://www.pewforum.org/2019/10/17/in-u-s-decline-of-christianity-continues-at-rapid-pace/.
3. Oliver Roy, *Is Europe Christian?* (Londres: Hurst and Company, 2019), trad. al inglés por Cynthia Schoch, p. 35.
4. Tom Holland, *Dominio: una nueva historia del cristianismo* (Barcelona: Ático de los libros, 2020), p. 517 de la edición en inglés.
5. Citado y resumido por Jurgen Habermas en Jurgen Habermas y Joseph Ratzinger, *The Dialectics of Secularization: On Reason and Religion* (San Francisco: Ignatius, 2006), p. 21.
6. D. Elton Trueblood, *El dilema del hombre moderno* (Buenos Aires: La Aurora, 1947), p. 59 del original en inglés.
7. Patrick J. Deneen, *¿Por qué ha fracasado el liberalismo?* (Madrid: Rialp, 2018), p. 10.
8. Churchill, *The Second World War*, p. 667.

Capítulo 1: La tormenta que se avecina sobre la civilización occidental

1. Stephen Carter, *The Culture of Disbelief: How American Law and Politics Trivialize Religious Devotion* (Nueva York: Basic Books, 1993), p. 115.
2. Peter Berger, *The Sacred Canopy: Elements of a Sociological Theory of Religion* (Nueva York: Anchor Books, 1990).
3. Charles Taylor, *La era secular* (Barcelona: Gedisa, 2014).
4. Carl F. H. Henry, *God, Revelation, and Authority*, vol. 6, *God Who Stands and Says Part 2* (Wheaton, IL: Crossway, 1999), p. 454.

5. Carl F. H. Henry, *God, Revelation, and Authority*, vol. 1, *God Who Speaks and Shows, Preliminary Considerations* (Wheaton, IL: Crossway, 1999), p. 1.

Capítulo 2: La tormenta que se avecina sobre la iglesia

1. «Church of Canada May Disappear by 2040, Says New Report», CEP Online, 18 noviembre 2019, https://cep.anglican.ca/church-of-canada-may-disappear-by-2040-says-new-report/.
2. Catherine Porter, «A Canadian Preacher Who Doesn't Believe in God», *New York Times*, 1 febrero 2019, https://www.nytimes.com/2019/02/01/world/canada/grettavosper-reverend-atheism.html.
3. Colin Perkel, «Atheist United Church Minister to Keep Her Job After Reaching Agreement Ahead of "Heresy Trial"», *Globe and Mail*, 9 noviembre 2018, https://www.theglobeandmail.com/canada/article-atheist-united-church-minister-to-keep-her-job-after-reaching/.
4. Stephanie Armour, «Trump Exempts Christian Social-Services Group From Non-Discrimination Rule», *Wall Street Journal*, 23 enero 2019, https://www.wsj.com/articles/trump-exempts-christian-social-services-group-from-non-discrimination-rule-11548282932.
5. Oliver Thomas, «American Churches Must Reject Literalism and Admit We Got It Wrong on Gay People», *USA Today*, 29 abril 2019, https://www.usatoday.com/story/opinion/2019/04/29/americanchurch-admit-wrong-gays-lesbians-lgbtq-column/3559756002/.
6. Isaac Stanley-Becker, «"He Knows Better": Pete Buttigieg Has Made Mike Pence His Target, and the Vice President Isn't Pleased», *Washington Post*, 11 abril 2019, https://www.washingtonpost.com/nation/2019/04/11/he-knows-better-pete-buttigieg-has-made-mike-pence-his-target-vicepresident-isnt-pleased/.

Capítulo 3: La tormenta que se avecina sobre la vida humana

1. Charles Krauthammer, *The Point of It All: A Lifetime of Great Loves and Endeavors* (Nueva York: Random House, 2018), p. 117.
2. Mike DeBonis y Felicia Sonmez, «Senate Blocks Bill on Medical Care for Children Born Alive After Attempted Abortion», *Washington Post*, 25 febrero 2019, https://www.washingtonpost.com/politics/senate-blocksbill-on-medical-care-for-children-born-alive-after-attemptedabortion/2019/02/25/e5d3d4d8-3924-11e9-a06c-3ec8ed509d15_story.html.

3. Lisa Respers France, «Hollywood Comes Out in Opposition to Georgia's "Heartbeat" Bill», CNN, 29 marzo 2019, https://www.cnn.com/2019/03/29/entertainment/hollywoodgeorgia-heartbeat-bill/index.html.
4. George F. Will, «"Heartbeat Bills" Are Wholesome Provocations in the Abortion Debate», *Washington Post*, 3 mayo 2019, https://www.washingtonpost.com/opinions/heartbeat-bills-are-wholesome-provocations-in-the-abortion-debate/2019/05/03/6b81f5d8-6cfb-11e9-a66d-a82d3f3d96d5_story.html.
5. Alan Blinder, «Louisiana Moves to Ban Abortions After a Heartbeat Is Detected», *New York Times*, 29 mayo 2019, U.S., https://www.nytimes.com/2019/05/29/us/louisiana-abortion-heartbeat-bill.html.
6. Consejo editorial, «A Woman's Right», *New York Times*, 28 diciembre 2018, https://www.nytimes.com/interactive/2018/12/28/opinion/pregnancy-women-pro-life-abortion.html.

Capítulo 4: La tormenta que se avecina sobre el matrimonio

1. Paul A. Murtaugh y Michael G. Schlax, «Reproduction and the Carbon Legacies of Individuals», *Global Environmental Change* 19, no. 1 (2009).
2. Paul Ehrlich, *The Population Bomb* (Cutchogue, NY: Buccaneer Books, 1968).
3. Russell Shorto, «No Babies?—Declining Population in Europe», *New York Times*, 29 junio 2008, sec. Magazine, https://www.nytimes.com/2008/06/29/magazine/29Birth-t.html.
4. Anna Louie Sussman, «Opinion | The End of Babies», *New York Times*, 16 noviembre 2019, sec. Opinión, https://www.nytimes.com/interactive/2019/11/16/opinion/sunday/capitalism-children.html.
5. Obergefell v. Hodges, 135 S. Ct. 2584 (2015). Véase la opinión discrepante del presidente del Tribunal Supremo John Roberts en las páginas 3 y 18.

Capítulo 5: La tormenta que se avecina sobre la familia

1. Christopher Lasch, *Refugio en un mundo despiadado: la familia, ¿santuario o institución asediada?* (Barcelona: Gedisa, 1984).
2. Brigitte Berger y Peter L. Berger, *The War over the Family: Capturing the Middle Ground* (Garden City, NY: Anchor Press, 1983).
3. Jeremiah Keenan, «Canadian Court Rules Parents Can't Stop 14-Year-Old From Taking Trans Hormones», *Federalist*, 1 marzo 2019,

https://thefederalist.com/2019/03/01/canadian-court-rules-parents-cant-stop-14-year-old-taking-trans-hormones/.

4. Jill Croteau, «Gay-Straight Alliance Law Challenged at Alberta Court of Appeal», Globalnews.Ca, 3 diciembre 2018, https://globalnews.ca/news/4725221/gay-straight-alliance-bill-24-court-of-appeal-alberta/.
5. Callum Paton, «"Mother" and "Father" Replaced with "Parent 1" and "Parent 2" in French Schools under Same-Sex Amendment», *Newsweek*, 15 febrero 2019, https://www.newsweek.com/mother-and-father-replaced-parent-1-and-parent-2-french-schools-under-same-1332748.
6. Ruth Woodcraft, «First They Came for the Home Schoolers», *Evangelicals Now*, 2019 mayo, https://www.e-n.org.uk/2019/05/uk-news/first-they-came-for-the-home-schoolers/.
7. Lasch, *Refugio en un mundo despiadado*, p. 189 de la edición en inglés.

Capítulo 6: La tormenta que se avecina sobre el género y la sexualidad

1. Moisés Kaufman, «A Dangerous Euphoria», *New York Times*, 16 junio 2019, U.S., https://www.nytimes.com/2019/06/16/us/moises-kaufman-stonewall-50.html.
2. Kaufman, «A Dangerous Euphoria».
3. Kaufman, «A Dangerous Euphoria».
4. Jeremy Allen, «Chasing the L.G.B.T.Q. Millennial American Dream», *New York Times*, 13 junio 2019, U.S., https://www.nytimes.com/2019/06/13/us/lgbtq-millennial-marriage.html.
5. Nathaniel Frank, «A Match Made in Heaven», *Washington Post*, 21 junio 2019, https://www.washingtonpost.com/news/posteverything/wp/2019/06/21/feature/a-match-made-in-heaven/.
6. Martina Navratilova, «The Rules on Trans Athletes Reward Cheats and Punish the Innocent», 17 febrero 2019, comentario, https://www.thetimes.co.uk/article/the-rules-on-trans-athletes-reward-cheats-and-punish-the-innocent-klsrq6h3x.
7. Amy Harmon, «Which Box Do You Check? Some States Are Offering a Nonbinary Option», *New York Times*, 29 mayo 2019, U.S., https://www.nytimes.com/2019/05/29/us/nonbinary-drivers-licenses.html.
8. Daniel Bergner, «The Struggles of Rejecting the Gender Binary», *New York Times*, 4 junio 2019, Magazine, https://www.nytimes.com/2019/06/04/magazine/gender-nonbinary.html.
9. Revoice, «Vision», https://revoice.us/about/our-mission-and-vision/.

10. Revoice, «Vision», https://revoice.us/about/our-mission-and-vision/.
11. Revoice, «Creation and Design», https://revoice.us/about/our-beliefs/statements-of-conviction/statement-on-sexual-ethics-and-christian-obedience/.
12. Mark Galli, «Revoice's Founder Answers the LGBT Conference's Critics», *Christianity Today*, 25 junio 2018, https://www.christianitytoday.com/ct/2018/july-web-only/revoices-founder-answers-lgbt-conferences-critics.html.
13. Gregory Coles, *Single, Gay, Christian* (Downers Grove, IL: InterVarsity Press, 2017), p. 110.
14. Denny Burk y Heath Lambert, *Transforming Homosexuality: What the Bible Says About Sexual Orientation and Change* (Phillipsburg, NJ: P&R Publishing, 2015).
15. Denny Burk y Rosaria Butterfield, «Learning to Hate Our Sin Without Hating Ourselves», *Public Discourse*, 4 julio 2018, https://www.thepublicdiscourse.com/2018/07/22066/.
16. Wesley Hill, *Spiritual Friendship: Finding Love in the Church as a Celibate Gay Christian* (Grand Rapids: Brazos, 2015), p. 78.
17. Nate Collins, *All but Invisible: Exploring Identity Questions at the Intersections of Faith, Gender, and Sexuality* (Grand Rapids: Zondervan, 2017).

Capítulo 7: La tormenta generacional que se avecina

1. Christian Smith, *Soul Searching: The Religious and Spiritual Lives of American Teenagers* (Nueva York: Oxford University Press, 2005), p. 3.
2. Christian Smith, *Souls in Transition: The Religious and Spiritual Lives of Emerging Adults* (Nueva York: Oxford University Press, 2009), p. 4.
3. Smith, *Souls in Transition*, pp. 45–46.
4. Smith, p. 12.
5. Smith, p. 30.
6. Smith, p. 84.
7. Smith, p. 155.
8. James Davison Hunter, *Evangelicalism: The Coming Generation* (Chicago: University of Chicago Press, 1987), p. 34.
9. Gerald F. Seib, «Cradles, Pews and the Societal Shifts Coming to Politics», *Wall Street Journal*, 24 junio 2019, Política, https://www.wsj.com/articles/cradles-pews-and-the-societal-shifts-coming-to-politics-11561382477.

10. Jeffrey M. Jones, «U.S. Church Membership Down Sharply in Past Two Decades», 18 abril 2019, Gallup.com, https://news.gallup.com/poll/248837/church-membership-down-sharply-past-two-decades.aspx.
11. Consejo editorial, «America's Millennial Baby Bust», *Wall Street Journal*, 28 mayo 2019, Opinión, https://www.wsj.com/articles/americas-millennial-baby-bust-11559086198.
12. Roni Caryn Rabin, «Put a Ring on It? Millennial Couples Are in No Hurry», *New York Times*, 29 mayo 2018, Well, https://www.nytimes.com/2018/05/29/well/mind/millennials-love-marriage-sex-relationships-dating.html.
13. David Brooks, «The Coming G.O.P. Apocalypse», *New York Times*, 3 junio 2019, Opinión, https://www.nytimes.com/2019/06/03/opinion/republicans-generation-gap.html.

Capítulo 8: La tormenta que se avecina y los motores de la cultura

1. Alvin y Heidi Toffler, *El shock del futuro* (Barcelona: Plaza & Janés, 1993).
2. Megan Townsend, «GLAAD's "Where We Are on TV" Report Shows Television Telling More LGBTQ Stories Than Ever», glaad.org, 25 septiembre 2018, https://www.glaad.org/blog/glaads-where-we-are-tv-report-shows-television-telling-more-lgbtq-stories-ever.
3. Jessica Shortall, «Why Many Businesses Are Becoming More Vocal in Support of LGBTQ Rights», *Harvard Business Review*, 7 marzo 2019, https://hbr.org/2019/03/why-many-businesses-are-becoming-more-vocal-in-support-of-lgbtq-rights.
4. Mike Isaac y Kevin Roose, «Facebook Bars Alex Jones, Louis Farrakhan and Others from Its Services», *New York Times*, 2 mayo 2019, Tecnología, https://www.nytimes.com/2019/05/02/technology/facebook-alex-jones-louis-farrakhan-ban.html.
5. Bret Stephens, «Facebook's Unintended Consequence», *New York Times*, 3 mayo 2019, Opinión, https://www.nytimes.com/2019/05/03/opinion/facebook-free-speech.html.
6. Isaac y Roose, «Facebook».
7. «Charles Murray on Elites» *Inside Higher Ed*, 2 septiembre 2008, https://www.insidehighered.com/blogs/university-diaries/charles-murray-elites.
8. Bill Savage, «Lessons Learned», *Stranger*, 9 junio 2005, https://www.thestranger.com/seattle/lessons-learned/Content?oid=21744.

Capítulo 9: La tormenta que se avecina sobre la libertad religiosa

1. Edwin Meese, *Major Policy Statements of the Attorney General, Edwin Meese III, 1985–1988* (Ann Arbor: University of Michigan Library, 1989), p. 168.
2. Billy Hallowell, «U.S. Civil Rights Commission Chairman Says Religious Freedoms "Stand for Nothing Except Hypocrisy"», DeseretNews.com, 14 septiembre 2016, https://www.deseretnews.com/article/865662326/US-Civil-Rights-Commission-chairman-says-religious-freedoms-stand-for-nothing-except-hypocrisy.html.
3. Michael McConnell, «The Problem of Singling Out Religion», *DePaul Law Review* 50, no. 1 (2000): pp. 43–44.
4. Marc D. Stern, «Same-Sex Marriage and the Churches», en *Same-Sex Marriage and Religious Liberty: Emerging Conflicts*, eds. Douglas Laycock, Anthony R. Picarello, y Robin Fretwell Wilson (Lanham, MD: Rowman & Littlefield, 2008), p. 1.
5. Stern, «Same-Sex Marriage and the Churches», p. 57.
6. Chai R. Feldblum, «Moral Conflict and Conflicting Liberties», en *Same-Sex Marriage and Religious Liberty: Emerging Conflicts*, eds. Douglas Laycock, Anthony R. Picarello, y Robin Fretwell Wilson (Lanham, MD: Rowman & Littlefield, 2008), pp. 124–125.
7. Feldblum, «Moral Conflict and Conflicting Liberties», p. 125.
8. Maggie Gallagher, «On Chai Feldblum's Claim That I Misquoted Her», *National Review* (blog), 28 octubre 2014, https://www.nationalreview.com/corner/chai-feldblums-claim-i-misquoted-her-maggie-gallagher/.
9. Erasmus, «A Court Ruling Makes It Harder for Faith-Based Employers to Discriminate», *Economist*, 26 abril 2018, https://www.economist.com/erasmus/2018/04/26/a-court-ruling-makes-it-harder-for-faith-based-employers-to-discriminate.
10. «Equality in America Town Hall with Beto O'Rourke (D), Presidential Candidate», CNN, Transcripción, 10 octubre 2019, http://transcripts.cnn.com/TRANSCRIPTS/1910/10/se.06.html.
11. Michael McGough, «Opinion: Beto O'Rourke's "Church Tax" Idea Plays into the Conservative Narrative about Same-Sex Marriage», *Los Angeles Times*, 11 octubre 2019, https://www.latimes.com/opinion/story/2019-10-11/beto-orourke-church-tax-same-sex-marriage-lgbtq.
12. Mark Tushnet, «Abandoning Defensive Crouch Liberal Constitutionalism», Balkinization, 6 mayo 2016, https://balkin.blogspot.com/2016/05/abandoning-defensive-crouch-liberal.html.

13. Todd J. Gillman, «Trump Calls Beto O'Rourke "Wacko" for Threat to Revoke Tax-Exempt Status of Religious Groups That Oppose Same-Sex Marriage», *Dallas News*, 14 octubre 2019, https://www.dallasnews.com/news/politics/2019/10/11/beto-orourke-says-hed-revoke-tax-exempt-status-of-religious-groups-that-oppose-same-sex-marriage/.
14. Frank Bruni, «Religious Liberty, Bigotry and Gays», *New York Times*, 10 enero, 2015, Opinión, https://www.nytimes.com/2015/01/11/opinion/sunday/frank-bruni-religious-liberty-bigotry-and-gays.html.

Conclusión

1. Russell Kirk, *The Wise Men Know What Wicked Things Are Written on the Sky* (Washington, DC: Nueva York: Regnery Gateway; distribuido por Kampmann, 1987).
2. Carl F. H. Henry, *God, Revelation, and Authority, Vol 3: The God Who Speaks and Shows* (Wheaton, IL: Crossway, 1999), p. 405.

Apéndice

1. *The Federalist Papers* No. 78.
2. Joshua Jamerson, «Democratic Candidates Urged to Back Supreme Court Overhaul», *Wall Street Journal*, 25 marzo 2019, sec. Política, https://www.wsj.com/articles/democratic-presidential-candidates-face-calls-to-embrace-supreme-court-overhaul-11553518800.
3. *Griswold v. Connecticut*, 381 U.S. 479 (1965). Ver el razonamiento del voto mayoritario.
4. Adam Liptak, «Precedent, Meet Clarence Thomas. You May Not Get Along», *New York Times*, 4 marzo 2019, U.S., https://www.nytimes.com/2019/03/04/us/politics/clarence-thomas-supreme-court-precedent.html.
5. Según se cita en Erik von Kuenelt-Leddhin, *The Intelligent American's Guide to Europe* (New Rochelle, NY: Arlington House, 1979), p. 407.

ACERCA DEL AUTOR

R. Albert Mohler Jr. ha sido calificado como «uno de los evangélicos más influyentes de Estados Unidos» (*Economist*) y el «intelectual más destacado del movimiento evangélico» (Time.com). Es presidente del Seminario Teológico Bautista del Sur, escribe un popular blog y comentarios regulares disponibles en AlbertMohler.com, además de presentar dos pódcast: *The Briefing* y *Thinking in Public.* Es autor de muchos libros, como *The Apostles' Creed, No podemos callar* y *La oración que revoluciona al mundo,* y ha aparecido en el *New York Times,* el *Wall Street Journal, USA Today,* y en programas como *Today* de NBC, *Good Morning America* de ABC, y *NewsHour with Jim Lehrer* de *PBS.* Él y su esposa, Mary, viven en Louisville, Kentucky.

Coalición por el Evangelio es un grupo de pastores, iglesias, y líderes comprometidos con la centralidad del evangelio para toda la vida y el ministerio. Logramos este propósito mediante diversas iniciativas, incluyendo nuestra página web, eventos, y publicaciones. Además, hemos unido esfuerzos con diferentes casas editoriales para producir recursos que enfocan nuestra fe en Jesucristo, y moldean nuestras prácticas conforme a las Escrituras.

Cuando un libro lleva el logotipo de Coalición por el Evangelio, usted puede confiar que fue escrito, editado, y publicado con el firme propósito de exaltar la verdad de Dios y el mensaje del evangelio.

TGC COALICIÓN POR EL EVANGELIO

www.coalicionporelevangelio.org